Edition Akzente
Herausgegeben von
Michael Krüger

Felix Philipp Ingold

Haupts Werk Das Leben

Carl Hanser Verlag

ISBN 3-446-14003-4
Alle Rechte vorbehalten
© 1984 Carl Hanser Verlag München Wien
Umschlag: Klaus Detjen
unter Verwendung eines Fotos
von Rebecca Horn
Satz: LibroSatz, Kriftel/Taunus
Druck und Bindung: Pustet, Regensburg
Printed in Germany

Inhalt

I
Haupt
7

II
Werk
117

III
Leben
253

für Simon Morris

I
Haupt

... setzt Haupt sich so ins Werk: indem er die Grenze zwischen dem Eigenen und dem Fremden verwischt.

> »*Sie wissen, wertes Sie, daß ich ein Geist der dunkelsten Art bin. Sie wissen es aus Erfahrung . . .*« (Paul Valéry)

Ja, ich kann mir durchaus denken, daß der, den man »Jack the Ripper« nannte, weil er unter diesem eher trivialen, aber sehr rasch populär gewordenen Pseudonym in den späten achtziger Jahren zahlreiche Gedichte und offene Briefe erscheinen ließ, mit jenem »Doctor Stanley« identisch ist, von dem die neuere Forschung, trotz fortbestehenden Beweislücken, nunmehr übereinstimmend anzunehmen scheint, er sei niemand anderer und also kein Geringerer gewesen als der Leibarzt Ihrer Majestät der Königin Viktoria und habe, um seinen an Syphilis erkrankten Lieblingssohn zu rächen, kurz vor Weihnachten 1888, nach einer längeren Versuchsreihe im Londoner Milieu, die zwanzigjährige Prostituierte Mary Kelly, genannt »Miss K.«, auf ihrem Zimmer ermordet, ausgeweidet und zerstückelt – nicht ohne deren Kleidung, wie Franklin rapportiert, sorgsam zu falten und sie, wohl zur Wiederherstellung der verlorenen Harmonie, am Fußende des Bettes mit symmetrisch ausgebreiteten Ärmeln niederzulegen.

Doch nicht genug damit, daß der Mörder ein »ingeniöser Chirurg« und »diabolischer Ästhet« gewesen sein soll; vor kurzem hat ein literarisch versierter Publizist den gewiß erstmaligen Versuch unternommen, Jack Stanley als Verbrecher zu entlasten und ihn, unter Hinweis auf den in seinen Gelegenheitsversen mehrfach vorkommenden – fast perfekten – Reim *killer:pillar*, als »Stütze einer Gesellschaft« herauszustellen, welche in ihrem verlogenen Puritanismus die Sexualität verketzert und gleichzeitig, stillschweigend, die Prostitution geduldet, ja gefördert habe, indem sie durch »soziale Diskriminierung« und »organisierte Arbeitslosigkeit« allein in London, unter andern, achtzigtausend Frauen auf die Straße trieb. Und nichts, meint jener Publizist, könne uns das viktorianische Paradies näherbringen als die Antwort eines der Mädchen aus dem East End, als man ihr vom Strichgang abriet, um sie vor dem Ripper zu warnen: »Pah, soll der doch kommen! Je früher desto besser für eine wie mich . . .«

Nur vermag dieses eindrückliche – weil für den Anwalt riskante – Plädoyer zur Rechtfertigung des Täters als »Autor« in keiner Weise zu verdeutlichen und schon gar nicht zu erklären, worin letztlich die Originalität von Stanleys Leistung, die Unverwechselbarkeit seiner Handschrift besteht.

Im Gegensatz zu Cortázar bin ich der Meinung, es gehe nicht an, die Ripperschen Verbrechen am »heuchlerischen Völkermord« zu messen, »der in vielen Teilen der Welt noch bei weitem nicht aufgehört hat«, um sie sodann, aufgrund dieses logisch unhaltbaren Vergleichs, als »Werke der Wohltätigkeit« auszugeben. Denn weder qualitativ noch quantitativ, weder künstlerisch noch technisch haben Stanleys Prostituiertenmorde mit Völkermord auch nur das geringste zu tun; auch läßt sich Völkermord, in seiner heutigen Ausprägung, historisch gewiß nicht auf die umsichtig geplanten und stets in demselben – unverkennbar persönlichen – Stil ausgeführten Verbrechen des Rippers zurückführen. Und überhaupt geht es ja nun hier um etwas ganz anderes; nicht um das Verbrechen als solches, nicht um den Verbrecher an sich. Sondern um den Täter als »Autor«, um die Tat als »Werk«; um den »*Mord, als eine der Schönen Künste betrachtet*«.

Und von daher ließe sich möglicherweise auch für ein besseres Verständnis des Rippers die rechte Perspektive finden; eine Perspektive, die den »Doctor Stanley« nicht in der Vergangenheits-, vielmehr in der Zukunftsform – nämlich in der Optik eines Baudelaire, eines Poe oder Dostojewskij – zur Erscheinung brächte. Erst dann würde wohl erkennbar, *wer* und *was* sich hinter jenem geheimnisvollen Namen verbirgt, den wir, um nicht uns selber ins Auge sehen zu müssen, einem unmenschlichen, am Ende also harmlosen Schreckgespenst zugeschrieben haben. Wohl erst dann vermöchten wir uns vorzustellen, daß Jack Stanley, der seine Opfer mit dem Skalpell zu zerlegen und die Gedärme über einem Spiegel aufzuhängen pflegte, dereinst unser Ahne werden könnte – der *schlechterdings* moderne Mensch, der das »Leben« ausweidet, um sein »Werk« zu schaffen und darin zu überdauern; der Führer, der die Sanften zum Brüllen, die Störrischen zum Schnauben, die Mageren zum Miauen, die Fetten zum Blöken bringt; der Künstler, der die Zeitform des Unzusammenhängenden, die Kraft der Paradoxe, die Schönheit und Widerstandsfähigkeit der verbrauchten Dinge hochhält, damit sich Mode und Ewigkeit im Clinch umklammern können; der Autor, der Pseudonyme prägt und Ismen einführt, um aus den Kulissen der »Wirklichkeit« dem Schauspiel jener ungeheuerlichen Taten beizuwohnen, die man heute noch als verbrecherisch ahndet, um sie vielleicht morgen schon als *intellektuell* zu feiern.

Nach seiner Freilassung, irgendwann im frühen zwanzigsten Jahrhundert, wird der Ripper ein weiteres Mal seinen Namen wechseln und als »Herr Haupt« ein neues Leben beginnen.

. . . käme als *Wunschbiographie* für Haupt das folgende »Leben« in Frage:

VORLÄUFIG LETZTES KAPITEL
»... fast völlig vergessen ...«

VORLETZTES KAPITEL
»... ein ziemlich bekannter Unbekannter ...«

VIERUNDZWANZIGSTES KAPITEL
»Was für eine Katastrophe! ...«

DREIUNDZWANZIGSTES KAPITEL
»... sollte ich jetzt eigentlich nach New York fahren.«

ZWEIUNDZWANZIGSTES KAPITEL
»Zurück an die Front, ans Licht, in den Kampf!«

EINUNDZWANZIGSTES KAPITEL
»Meine besten Jahre, naja, vielleicht sind sie vorbei ... Aber ich möchte sie nicht noch einmal erleben; nicht mit dem Feuer, das ich in mir habe, jetzt.«

ZWANZIGSTES KAPITEL
»... gibt es doch nichts Lächerlicheres, als glücklos zu sein ...«

NEUNZEHNTES KAPITEL
»... mache ich keinen Schritt voran; aber auch keinen zurück ...«

ACHTZEHNTES KAPITEL
»Und jetzt? Irgendwie festgefahren, festgelegt auf dieses triste Geschäft.«

SIEBZEHNTES KAPITEL
»Eigentlich alles in Ordnung. Aber allmählich verliere ich die Stimme.«

SECHZEHNTES KAPITEL
»Eine großartige Zeit! Jetzt die Befreiung!«

FÜNFZEHNTES KAPITEL
»Einsitzend im eigenen Zimmer.«

VIERZEHNTES KAPITEL
»... nicht etwa symbolisch, jedenfalls so nicht gewollt ...«

DREIZEHNTES KAPITEL
»Unterwegs.«

ZWÖLFTES KAPITEL
»Ganz gleich, wie's weitergeht; ich bleibe da.«

ELFTES KAPITEL
»Ich lasse merklich nach.«

ZEHNTES KAPITEL
»Wer ist das – Haupt? . . . Hat er, bin ich überhaupt etwas? Und wie?«

NEUNTES KAPITEL
»Zeit, diese Stätte umzupflügen!«

ACHTES KAPITEL
»Bin ziemlich niedergeschlagen, ziemlich verwirrt.«

SIEBTES KAPITEL
». . . starb mein Vater, als ich noch ein Junge war. Ansonsten . . .«

SECHSTES KAPITEL
»Ich bleibe hier, bis ich tot bin. Nur kann das Ich des Buches nicht sterben im Buch . . .«

FÜNFTES KAPITEL
». . . verloren das Beste.«

VIERTES KAPITEL
»Ein junger Mann, der meistens schweigt und folglich nichts zu sagen hat.«

DRITTES KAPITEL
»Ein hinreißend verrückter Schweizer! Oder Ire?«

ZWEITES KAPITEL
»Ständiges Befremden über diesen Fremden inmitten vertrauter Gesichter.«

ERSTES KAPITEL
»Man könnte sagen, daß ich eine glückliche Kindheit hatte; ja, sag es ihnen! Weiter!

... beginnt Literatur, nicht anders als das Reden über Haupt, mit dem Ende; erst von daher – schon von hier an – wird sie *ohne weiteres* verständlich ...

•

Mit seinen Geschichten reagiert Haupt auf die Zeit – also dagegen; und doch vergehen sie wie diese, wie Träume. Träumt Haupt davon, die Zeit mit der Zeit zu vergessen? Wenn der Papagei jedoch am Fuß seiner geknickten Säule hockt, hat er neun oder zehn Uhr ohne Zeiger um sich geschart. So hockt er und hockt und bleibt, was er ist. Nein, denkt Haupt, man kann die Zeit weder messen noch vergessen, und wie sollte man auch, da die Unruh fehlt und »ich« alle historischen Namen übereinander trägt? die Klamotten! Er träumt also immerhin davon, eine Epoche für die andere zu nehmen. Mit der ganzen Zärtlichkeit, die seinem Werk innewohnt, mit einer Art von furchtsamer Aufmerksamkeit läßt er einen minderen Medici im vorchristlichen Rom ein Spielpferd aus dem neunzehnten Jahrhundert bewegen. Die darauffolgende Geschichte wiederum trägt die Überschrift »Fräulein Klios ägyptische Merode«; sie vermengt Geologisches und Pharaonisches zu einem Gesellschaftstanz der zwanziger Jahre. Selbst Kleopatra ist vor Klio nicht sicher, da ihr diese zum Verwechseln ähnlich sieht. Ohne sich in seinen Geschichten im geringsten um die Geschichte zu kümmern, ist Haupt, so scheint es jedenfalls, bemüht, zu retten, was vom Untergang bedroht ist; das Schwindende festzuhalten, indem er es benennt. So stellt er, außerhalb der Zeit, Gegenwart her, perfektes Präsens. Deshalb ist es wohl auch so gemütlich in diesen Geschichten; eine wird von der andern, die andere von dieser warmgehalten wie die Puppe in der Puppe in der Puppe. Ein kaum zerstörbares, aus Wörtern gemachtes, mit Phantasie verstrebtes Museum, in welchem das Hinfälligste gehütet wird; der Augenblick. So die eben erst einer Schauspielerin zugeworfene, jetzt auf der leeren, vom Leuchtwort NOTAUSGANG spärlich erhellten Bühne liegende Rose. So der zerrinnende, fast schon zerronnene Rest eines Eiswürfels im Whiskyglas. So ein fast gleichzeitig mit dem Feuerbefehl in die Knie sinkender Kurde. So ein Spion, der sich im Transitraum unversehens (unerwartet für sich selbst) zum Überlaufen entschließt. So eine vom kreischenden Vorderrad erfaßte Taube. Und so – für den Bruchteil einer Sekunde im Raum über dem Orchestergraben schwebend – der dem Dirigenten entglittene Taktstock.

Haupt pflegt für seine Geschichten eher einfache, bisweilen fragile Konstruktionen zu verwenden, nicht selten auch unvollständige oder defekte Elemente, als wollte er auf solche Weise die Schönheit des Verschwindenden und die Schönheit des Verschwindens zugleich bezeugen. Ein Widerspruch, gewiß. Keine Unruh, aber auch nichts Beunruhigendes. Manche mögen es – sie werden es – vielleicht bedauern. Es fehlt Haupt, sobald er erzählt, an Schärfe, an Schwärze, das heißt: an Humor. Denn dort, wo in seinen Geschichten das Treibholz fault, wo Schlittenkufen oder Büroklammern rosten, geschieht es, könnte man meinen, bewußt; mit Stil. Und doch sind die Dinge, die er für uns vorm Verschwinden bewahrt, mehr als bescheiden. Sie sind banal, sie sind unersetzbar wie jene schrundige Murmel, in der sich damals plötzlich der Nachthimmel spiegelte, das Große im Kleinsten, das Ganze im Vereinzelten. Aber Haupt übersieht die Geraden, er zieht Kreise und Spiralen nach, sucht einfach zu merkende Namen für die seltensten Farben, behaucht dann und wann einen halbblinden Spiegel, beobachtet, wie seine flüchtige Unterschrift entsteht und vergeht. Und nun will ich Ihnen, fährt Haupt flüsternd fort, ein Geheimnis verraten: nein, es war kein Traum! . . .

» . . . daß im Grund jeder Name in der Geschichte ich bin . . .«

In diesen Tagen hat Haupt, nach längerer vergeblicher Abwesenheit, das sinkende Meer verlassen, um sich an der ersten besten Lände unsern Behörden zu stellen. Als Grund für seinen Absprung gab er – angeblich – an, der Ozean habe vor zwei-, dreihundert Jahren plötzlich so laut zu denken begonnen und sei danach so rasch und so vollkommen ausgedacht gewesen, daß –

.

. . . vorbei!
Was? getrennt habt ihr euch? seid auseinander? Schluß gemacht?
. . . gegangen!
Also doch? und vielleicht schon geschieden, was? und wer von wem?
. . . ja!
Ihr habt also Schluß gemacht? aus?
. . . fertig, definitiv.
Naja, aber ist so was denn überhaupt, ist es, sag mal, ist das denn möglich überhaupt? und wer war das eigentlich? was war die denn überhaupt für eine, was? war die überhaupt wer?
. . . nicht für mich!
Aber du hast sie doch gehabt, nicht wahr? gehabt hast du sie doch?
. . . nein, ich meine, würde sagen, wüßte nicht . . .
Was? und wie hieß sie doch gleich? die hat mich – nicht wahr? – nie gemocht, nie!
. . . nicht einmal gekannt! nichts!
Wir sind einander immer aus dem Weg gegangen, völlig aus dem Weg, einfach so.
. . . und jetzt also für länger.
Für wen? und du hast sie einfach so gehen lassen? und sie ist einfach so gegangen?
. . . so nicht.
Und von wem bist du denn nun *wirklich* geschieden? sag schon! wer ist das eigentlich?

... Gaby, du weißt doch –
Aber wo, Mann!
... ist zur Konkurrenz übergelaufen, lebt jetzt mit ihrem Ghostwriter.
Wie denn? und ich hab immer gedacht – mein Ghostwriter, das wärst *du*! ...

•

Da!

Die erste Einstellung, und damit ist dieser Film eigentlich schon gelaufen, zeigt Hohls Kopf in Nahaufnahme von der Seite, ohne Raumandeutung, ohne Hintergrund, einfach das pathetisch gereckte Löwenhaupt, das, ganz Aug, einen ferneren, weit außerhalb des Bildrands und jenseits aller Bücher sich erhebenden Gipfel im Blick hält –

– eine ungewöhnlich lange, in ihrem Pathos banale Einstellung, deren Provokation, ganz in Hohls Sinn, darin besteht, daß sie den auf den Tisch gesenkten oder bereits zwischen die Knie gesunkenen Kopf des Josef K. souverän ignoriert und das angespannteste Interesse der *Hölle dort oben* zuwendet, wo nicht mehr die Andern, sondern die Ahnen die größeren Heere sind.

Ja?

»Wo ist der Weg?« fragt Hohl; und sagt: *»Gib alles drum! Dann wird es einfach.«*

Vom richtigen Weg abgekommen – im dichtesten Nebel; im Schneesturm; in der Wüste – beginnen wir *im Kreis* zu gehn und kommen nun endlich voran, lungernd um die unbekannte, einzig wahre Mitte; draußen, am innern Rand: *»Das Richtige tun!«*

Der erste »deutschstämmige Rückwanderer« aus der Sowjetunion, der dem Bundeskriminalamt im Zusammenhang mit der Rasterfahndung nach den Entführern des Arbeitgeberpräsidenten Schleyer als »verdächtiges Element« gemeldet wurde, war der 1933 in Moskau als Sohn des Altkommunisten Max Haupt* geborene Historiker Konrad »Kostja« Golowin, den man am 15. Oktober 1977 bei einem Grenzübertritt nach Frankreich angehalten und wegen Mitführens »extremistischen Schrifttums« – wozu insbesondere mehrere Exemplare eines Westberliner Raubdrucks von Arschinow (über den Machnowismus) sowie eine anonyme Broschüre über »Marx, Lenin und die Dichter« aus den dreißiger Jahren gehörten – vorschriftsgemäß registriert hatte. Golowin war Ende 1974 ohne Anhang in die Bundesrepublik Deutschland eingereist, nachdem er während mehr als zwei Jahren auf die Ausbürgerungsakten der zuständigen Moskauer Behörde hatte warten müssen. Den Entscheid, die UdSSR zu verlassen, hatte Golowin, der durch die Veröffentlichung mehrerer ideengeschichtlicher Studien zur russischen revolutionären Bewegung des ausgehenden 19. Jahrhunderts in wissenschaftlichen Kreisen bekannt geworden war, erst dann gefaßt, als er sich mehr und mehr – ohne der innersowjetischen Opposition nahegestanden oder ihr gar angehört zu haben – in seiner Forschungstätigkeit eingeschränkt sah: seit 1970 blieb ihm (abgesehen davon, daß er im westlichen Ausland weder publizieren noch an Fach-

---

* Max Haupt (1890-1933) war der erste prominente Exildeutsche, welcher in der UdSSR den beginnenden Säuberungen zum Opfer fiel. Seine Liquidierung erfolgte nach anderem Muster als die späteren; aber ein Mord war es trotzdem. Nachdem Haupt wegen seiner revolutionären Tätigkeiten während der sogenannten März-Aktion von 1921 eine achtjährige Gefängnisstrafe abgesessen hatte, war er 1929 in die Sowjetunion emigriert, wo er zusammen mit seiner russischen Lebensgefährtin ausgedehnte Informationsreisen unternahm, jedoch schon bald, angesichts des realen Sowjetkommunismus, seine Illusionen – schlimmer noch: seine Hoffnungen – verlor.

Schon bei seiner Einreise hatte Haupt, wie man heute weiß, die Aufmerksamkeit der GPU auf sich gezogen. Er stand im Verdacht, ein »trotzkistischer Kurier« Wollenbergs gewesen zu sein, den er bei seinem mehrtägigen Zwischenhalt in Prag besucht und der ihm die Adresse eines Moskauer Bekannten gegeben hatte. Überdies bekam Haupt recht bald Unannehmlichkeiten wegen seiner »Weigerung sich anzupassen«;

kongressen teilnehmen durfte) wegen seines angeblich zu weitgehenden »historischen Objektivismus« der Zugang zu wichtigen Archivmaterialien verschlossen, und ein Jahr darauf, nachdem er wiederholt gegen diese verfassungswidrigen Einschränkungen protestiert hatte, verlor er nicht nur seine Assistentenstelle bei der Akademie, sondern auch die Möglichkeit, in den öffentlichen Universitätsbibliotheken Moskaus zu arbeiten: mit der eher vagen Begründung, er habe »das in ihn gesetzte Vertrauen« mißbraucht und »die seit Generationen bewährten Prinzipien der vaterländischen Geschichtsschreibung« mißachtet, entzog man Golowin den Benützerausweis *(tschitatelskij bilet)*, was den unmittelbaren Abbruch seiner vielversprechenden, wenn auch keineswegs spektakulären Karriere bedeutete und ihn zudem vom wissenschaftlichen Informationsangebot fast völlig ausschloß.

Nach der Emigration ließ sich Golowin in Frankfurt am Main, der Geburtsstadt seines Vaters, nieder, wo man ihm, als Rücksiedler, zwar das übliche Startkapital zur Verfügung stellte, jedoch keinen passenden Arbeitsplatz zuweisen konnte. Auch war sein Bekanntheitsgrad zu gering, sein Forschungsgebiet zu abgelegen, als daß er die begonnene akademische Laufbahn sogleich an einer bundesdeutschen Hochschule hätte fortsetzen können. Golowin entschloß sich deshalb, sein Auskommen vorübergehend freiberuflich, sei es als Journalist, sei es als Übersetzer, zu

---

dennoch wurde er Mitglied der sowjetischen KP und erhielt das sowjetische Bürgerrecht.

Einen ersten kritischen Punkt scheint Haupts Enttäuschung über das Leben in der UdSSR erst im Mai 1933 erreicht zu haben; nach einem Zusammenstoß mit sowjetischen KP-Funktionären, die ihm »Maßnahmen« androhten, wenn er den Mund nicht halte, soll er einen Nervenzusammenbruch gehabt haben. Aus Angst vor Verhaftung floh er in die Wohnung eines Beamten der Deutschen Botschaft in Moskau, den er um Erlaubnis zur Rückkehr nach Deutschland bat. Dann aber glaubte er in eine Falle geraten zu sein, ergriff erneut die Flucht und verbarrikadierte sich in seinem Zimmer im Hotel Metropol. Dort drohte er, mit seinen letzten sechzig Revolverpatronen neunundfünfzig GPU-Leute und sich selbst zu töten, wenn die GPU den Versuch einer Verhaftung wagen sollte. Schließlich konnte er aber beruhigt und davon überzeugt werden, daß niemand ihm etwas antun wolle. Bald darauf wurde Haupt mit seiner Freundin aus Moskau nach Gorkij (Nishnij

suchen. Für beides brachte er dank seiner nahezu perfekten Zweisprachigkeit recht gute Voraussetzungen mit; dennoch gelang es ihm kaum, entsprechende Aufträge zu erhalten. Besonders schwer tat sich Golowin mit der Presse, wobei vor allem die der sozial-liberalen Koalition nahestehenden Blätter wenig Interesse zeigten, einen Mitarbeiter »aus dem Osten« zu beschäftigen, von dem sie selbstverständlich annahmen, daß er – in welchem Ressort auch immer – sich durch antisowjetische Vorurteile würde leiten lassen, was gerade damals, zwischen Entspannungseuphorie und Radikalenerlaß, nicht eben erwünscht gewesen wäre. Bei Blättern der bürgerlichen Mitte und der Rechten wiederum begegnete Golowin, der sich – im Sinn Medwedews – »der sozialen Demokratie verpflichtet« fühlte, jenen andern Befürchtungen, die darin bestanden, es könnte sich bei ihm um einen »Mann von drüben« handeln, um einen Schein-Emigranten, der in fremdem Auftrag den »Marsch durch den bundesdeutschen Pressewald« antreten sollte . . . Einzig im Tagesfeuilleton der Frankfurter Allgemeinen Zeitung vermochte Golowin ab 1976 hin und wieder einen Beitrag, zumeist Rezensionen geschichtswissenschaftlicher Neuerscheinungen, zu plazieren, doch zog die FAZ es vor, auf seine Mitarbeit zu verzichten, nachdem er eine unter dem Titel »Deutsche Kraftbrühe« eingereichte, von der Redaktion jedoch abgelehnte satirische Glosse zur Sympathisanten-Diskussion – es war darin, etwas pathetisch, von der »urtrüben

---

Nowgorod) abgeschoben, wo er die Möglichkeit der Gründung eines deutschsprachigen Verlags prüfen sollte. Schon bald kehrten die beiden dann aber insgeheim nach Moskau zurück. Als wenig später in Gorkij ein Schriftsetzer – ein Wolgadeutscher, der aus Saratow geholt worden war, da unter den Einheimischen niemand für diese Arbeit geeignet zu sein schien – verhaftet wurde, der dann Haupt denunzierte, schickte man diesen, jetzt ohne Begleitung, im Juni erneut ins »innere Exil« nach Gorkij. Seine Verschickung hatte in Moskau eine Zusammenkunft von Parteiaktivisten und Mitarbeitern der Verlagsgenossenschaft Ausländischer Arbeiter zur Folge, auf der jedermann sich von Haupt distanzieren mußte. Sein Jugendfreund Schaelicke wurde besonders hart hergenommen, indem man ihm mehrfach eindringlich die Frage stellte, weshalb er nicht »wachsamer« gewesen sei. Schaelicke, der sich nun seinerseits verunsichert und bedroht fühlte, gab schließlich zu: »Na ja, ich erinnere mich jetzt daran, daß er damals *eine Bemerkung* gemacht hat.« Trotzdem wurde Haupt vorerst nicht verhaftet. Die Rückkehr nach Moskau blieb ihm freilich

Tiefe« und den »obenaufschwimmenden blinden Flecken der deutschen Volksseele« die Rede – in einem Studentenorgan der trotzkistischen Linken hatte erscheinen lassen. Um von seinem nachteiligen, meist mißverstandenen Status als »Rückwanderer« – oder eben als »Ostblock-Flüchtling« – wenigstens äußerlich loszukommen, stellte Golowin im Frühjahr 1977 formell das Gesuch, seinen russifizierten Familiennamen aufgeben und sich statt dessen wieder, in Übereinstimmung mit seinem ererbten deutschen Namen, »Haupt« nennen zu dürfen. Da das Gesuch während längerer Zeit unbearbeitet blieb und die beantragte Namensänderung ohnehin ein aufwendiges juristisches Verfahren voraussetzte, begann Golowin, dem amtlichen Entscheid vorgreifend, von sich aus damit, seinen eigentlichen Namen zu verwenden, indem er zunächst seine publizistischen und übersetzerischen Arbeiten mit »Konrad Haupt« signierte, jedoch bald auch persönlich von dieser ebenso eingängigen wie unauffälligen Namensform Gebrauch machte. Doch sein berufliches Fortkommen wurde dadurch nicht gefördert. Nirgends konnte Haupt eine feste, seinen Fähigkeiten und Interessen entsprechende Anstellung finden. Auch fiel es ihm zunehmend schwer, statt mit Archivmaterialien, wie er es in der Sowjetunion gewohnt war, ausschließlich mit Sekundärliteratur umzugehen, und es machte ihm zu schaffen, als Publizist wie auch als Übersetzer ständig dem unberechenbaren Druck der Aktualität ausgesetzt zu sein und

---

verwehrt, und in Gorkij, wo er nun praktisch unter Hausarrest stand, mußte er in niedrigster Charge für das Ortskomitee der KP arbeiten. Noch einmal soll er, angeblich um seine schwangere Freundin zu besuchen, Ende August unerlaubterweise nach Moskau zurückgekehrt sein und bei dieser Gelegenheit in mehreren Gesprächen mit Schwob, der als Leiter des Deutschlanddienstes von Radio Moskau kurz zuvor abgesetzt worden war, den Plan einer gemeinsamen Flucht über Prag zurück nach Deutschland erwogen haben – offenbar ohne zu einer Entscheidung zu gelangen, denn Haupt kehrte in den ersten Septembertagen, wiederum allein, nach Gorkij zurück, wo er übrigens, wie es später hieß, mit der Niederschrift eines selbstkritischen Rechenschaftsberichts beschäftigt war.

Im September 1933 forderte der russische Altbolschewik Pjatnitzkij gänzlich unerwartet einige der führenden deutschen KP-Emigranten auf, mit ihm zu Haupts Begräbnis nach Gorkij zu fahren; Haupt sei am 26. September beim Schwimmen in der Oka (oder der Wolga) ertrunken. Pinkus, einer der Delegationsteilnehmer,

doch nur »bei Gelegenheit« veröffentlichen zu können. Haupt, dessen wachsende Irritation über das Leben in der fremden Heimat bald in Enttäuschung, ja in Verzweiflung überging, war nicht zuletzt aus materiellen Gründen mehr und mehr darauf angewiesen, in linken Blättern gedruckt zu werden und für linke Verlage arbeiten zu können, was ihn aber anderseits, da hier – falls überhaupt – nur sehr bescheidene Honorare zu erwarten waren, zu beträchtlicher Mehrarbeit zwang.

Als Haupt schließlich, wie schon erwähnt, aus trivialem Anlaß die Aufmerksamkeit der Polizei auf sich zog und mit zusätzlichen Unannehmlichkeiten zu rechnen hatte, wurde die Verzweiflung zum Haß. Am Tag nach seiner Rückkehr aus Frankreich geriet er, wiederum rein zufällig, in eine Straßensperre und verlor, als sein PW nach irgendwelchem »belastendem Material« und er selbst nach Waffen durchsucht wurde, plötzlich die Nerven, griff einen Polizeibeamten tätlich an, worauf er sofort niedergeschlagen und in Haft genommen wurde. Obwohl außer jener Meldung bezüglich des von ihm nach Frankreich eingeführten »extremistischen Schrifttums« nichts gegen ihn vorlag und seine Gewaltanwendung gegenüber dem Beamten eindeutig als Kurzschlußhandlung, und nicht als vorab geplante Aggression zu werten war, wurde Haupt provisorisch in Untersuchungshaft behalten, da die im Verhör zutage getretene Tatsache, daß er sich verschiedener Namen bediente, der Abklärung bedurfte.

---

berichtete später, bei der Beerdigung sei Haupts Sarg von derart vielen Blumen umgeben gewesen, daß niemand sehr nahe habe herantreten können; dennoch seien an der Leiche mehrere Gesichts- und Schädelverletzungen zu erkennen gewesen. Am Tag nach dem Begräbnis reisten – so Pinkus – »mehrere bekannte Bolschewiken« heimlich nach Gorkij, um Haupts Tod zu untersuchen. Es gelang ihnen, einen Fischer ausfindig zu machen, der beobachtet hatte, wie zwei Männer einen dritten zusammenschlugen – alle drei in einem Boot, mitten auf der Wolga. Der dritte Mann, der »in einer fremdländisch klingenden Sprache um Hilfe schrie«, sei schließlich unter die Wasseroberfläche gedrückt und dort festgehalten worden.
Ob der Vorfall aber *wirklich* so oder doch ganz anders verlief – darüber läßt sich auch aus Haupts letzten Notizen, die in seiner Mansarde gefunden, aber erst viel später von Pinkus im Rahmen einer biographischen Skizze veröffentlicht wurden, keinerlei Aufschluß gewinnen: *(12. Sept.)* »Ich sitze an einem hohen schmalen Tisch in einer Dachstube, zur linken Hand das Ufer und die stille und weite Wolga, die auf

Vierundzwanzig Stunden später war Haupt wieder auf freiem Fuß, geriet aber schon kurz nach seiner Entlassung, aus Angst vor einer neuerlichen Verhaftung, in eine solche Panikstimmung, daß er, statt in seine Wohnung zurückzukehren, das Sowjetische Konsulat aufsuchte und um Erlaubnis zur Rückkehr nach Moskau bat. Dann aber glaubte er, schon wieder in eine Falle gelaufen zu sein und verließ fluchtartig – über die Feuertreppe, wie später präzisiert wurde – die in einem Hochhaus untergebrachten Büroräume. Haupt hastete nach Hause, schloß sich in seiner Wohnung ein und drohte der wenig später anrückenden Polizei, er werde sich umbringen, wenn diese den Versuch machen sollte, ihn noch einmal zu verhaften. Durch die verschlossene Wohnungstür redete einer der Beamten beschwichtigend auf ihn ein; doch ohne Erfolg. Haupt lamentierte weiter, man hörte, wie er irgendwo in der Wohnung eine Glasscheibe zerschlug, worauf für zwei, drei Minuten erwartungsvolle Stille eintrat. Inzwischen war Herta T., eine Studentin, mit der Haupt seit einiger Zeit zusammenlebte, ahnungslos am Ort des Geschehens eingetroffen und versuchte nun ihrerseits, Haupt davon zu überzeugen, daß niemand ihm etwas antun wolle. Doch er war nicht zu beruhigen; laut – halb brüllend, halb klagend – wiederholte er seine Drohung. Und erneut trat Stille ein. Hinter der verbarrikadierten Tür schien Haupt zu keuchen. Dann entfernte er sich mit schweren Schritten durch den Korridor, man vernahm, wie eine Tür geöffnet, wieder geschlossen und verriegelt wurde. Die Polizei

---

der Gegenseite der Horizont begrenzt. Es ist leidlich ruhig hier; die Motoren der Kutter, die hier vorbeifahren, machen ein Geräusch, das man umso lieber hat, als es einem erlaubt, vom Geschriebenen manchmal aufzuschauen und das Schiffchen in Augenschein zu nehmen. Zeitungen kommen hierher übrigens mit so großer Verspätung, daß man sich eher als zu Hause das Herz nimmt, sie aufzuschlagen.«
– *(14. Sept.)* »Ich stieg; andere Treppen führten in die Tiefe. Auf einem Treppenabsatze nahm ich wahr, daß ich auf einem Gipfel zu stehen gekommen war. Ein weiter Blick über alle Lande tat sich da auf. Ich sah andere auf anderen Gipfeln stehen. Einer von diesen andern wurde plötzlich von Schwindel ergriffen und stürzte ab. Dieser Schwindel griff um sich; andere Menschen stürzten von anderen Gipfeln nun in die Tiefe. Als auch ich von diesem Gefühl ergriffen wurde, erwachte ich.«
Nach Haupts Verschwinden wurden in der Sowjetunion *zwei* »autorisierte« Versionen seines Ertrinkungstodes verbreitet.

drang nun gewaltsam in die Wohnung ein, was ihr nicht ohne Mühe gelang, da Haupt seine ganze Bibliothek – Hunderte von Bänden – hinter der Tür zu einer Art Halde aufgeschichtet und durch eine alte schwere Kommode abgestützt hatte. In der Wohnung standen alle Zimmertüren und Fenster offen. Nur das Badezimmer war verschlossen. Während nun auch diese Tür aufgebrochen wurde, zwängte sich Haupt, wohl auf dem Klosettrand stehend und diesen als Rampe benutzend, durch das zuvor eingeschlagene Lüftungsfenster und ließ sich, kopfüber, in die Tiefe fallen.

Freitod – so lautete das schon wenig später vorliegende offizielle Untersuchungsergebnis zum »Fall Golowin«.

Die offizielle Version, die 1933 in einer zur ehrenvollen Erinnerung an ihn veröffentlichten Broschüre abgedruckt wurde, behauptet, er habe die Nacht vor seinem Tod bei einer befreundeten Familie in Gorkij verbracht. Am nächsten Morgen habe er mit dem Boot den Fluß überqueren wollen, doch sei das Boot in den stürmischen Wogen der Oka gekentert, wobei Haupt ertrunken sei.
In der inoffiziellen (aber gleichwohl autorisierten) Version, die seinerzeit von der GPU verbreitet wurde, hieß es dagegen, Haupt habe »seine zivile Frau« zu einer »Bootsfahrt« auf dem Fluß eingeladen, er sei »betrunken« gewesen und habe sie zu »vergewaltigen« versucht. »Die Frau« habe »sich gewehrt«, das Boot sei »gekippt« und Haupt »ertrunken«. Kurz nach seinem »Tod« wurde die Frau »präsentiert«, wobei sie den Vorgang »bestätigt« haben soll.
Dies – oder jenes – war also Max Haupts Ende.

Denn bis zum Ende des achtzehnten Jahrhunderts gibt es in der Tat so etwas wie das Leben nicht, es gibt bloß Lebewesen, Lebensläufe. Im Anfang aber – dort! – sei das Wort gewesen; in Stein geritzt, ins Wasser geschrieben. Noch heute ist, hält man das Negativ ins Gegenlicht, die Wüste zu sehen, jene neue Konfiguration, die den alten Raum der Naturgeschichte endgültig – bis zur vollkommenen Schwärze – trüben sollte. Haupt, dies sei vorweggenommen, ist der Mann des strukturierten Sichtbaren und der charakteristischen Benennung, er ist jedoch nicht der Mann des Lebens. Man sollte folglich die Naturgeschichte, so wie sie sich inzwischen entwickelt hat, nicht als Lebensphilosophie verkennen, und sei diese auch noch so dunkel, noch so stammelnd. Sein Eigen- und Innenleben ersetzt Haupt in der Tat durch heroische Geometrie: er ist nach jeder Richtung begrenzt. Die Grenzen bestimmen Haupts Gestalt. Haupt tritt auf, zeigt Eigenschaften, steht zu seinem Namen. Die Oberfläche ist Haupts Grenze, bestimmt sein Gesicht und kündigt manches an. Haupt steht ausschließlich im Raum, versteckt sich allerdings nicht selten in der Weile, um sich mit deren Hilfe zu bewegen. Die Ausdehnung des Raums ist dergestalt, daß man nach allen Seiten kleine oder auch gar keine Behauptungen aufstellen kann. Tritt die Weile ein, beginnen die Behauptungen, wenn auch bloß vorübergehend, zu wuchern. Nein, schon gar nicht mit Haupt ist unser Raum identisch, ja, Haupt hat etwas Heroisches. Haupt ist da!*

---

* Vgl. den Auftritt Konrad Bayers, in *»Der Stein der Weisen«* (Berlin 1963), S. 9.

(Denn *wirklich* da – vorhanden, gegenwärtig – ist nur das, was einen Namen hat.)

Oft ist es zwar die Projektion, also ein Bild und zugleich eine Methode, die unsern Umgang mit Autoren und Helden vorbestimmt, wenn nicht gar ausmacht.

(»Welcher Name würde den Charakter dieses Menschen treffen?«)

Manchmal – weit seltener – ist es aber ganz anders; umgekehrt. Dann lassen wir den Menschen, den Charakter mit seinem Namen zusammenfallen und legen ihn darauf fest – auf den Eigennamen als das immer schon Gegebene, das Bestimmende. Und so kann es uns vorkommen, als trage dieser Autor oder jener Held gerade *den* Namen, der seinem Werk, seiner Tat am besten entspricht. So stünde denn der Name eher für ein Verdienst als für Pflicht und Vermächtnis; man gilt ihn ab, indem man ihn auslebt.

(»Haupt« wäre folglich das, was ich, geworden, *bin.*)

(Als er gerade eben Assistenzarzt geworden sei, habe er – so ließ ich mir unlängst, auf einer Bahnfahrt zwischen Bern und Lausanne, von H. berichten – den Auftrag erhalten, einen Monat lang den ihm befreundeten Oberarzt einer am Genfersee gelegenen psychiatrischen Anstalt zu vertreten:)

Eines Abends sei mit dem Transalpin-Express aus Wien ein bekannter russischer Exilschriftsteller eingetroffen, der sich unter dem Pseudonym N. A. Bokow einen Namen gemacht habe. Bereits zweimal habe der Mann, laut Krankengeschichte, zuvor schon versucht, sich das Leben zu nehmen. Er sei von einem Fenster des zweiten Stockwerks auf die Straße gesprungen, habe sich dabei aber nur eine leichte Knöchelfraktur am Fuß zugezogen. Dann sei er, mehrere Stufen auf einmal nehmend, nochmals in den zweiten Stock hinaufgerannt, um sich wieder aus dem Fenster zu stürzen. Diesmal habe der Versuch mit einer Kreuzbeinfissur geendet.

Der Patient sei, obwohl er hinkend habe gehen können, auf einer Bahre eingeliefert worden. Man habe ihn in einer offenen Abteilung untergebracht, wo er Tag und Nacht unter strenger Aufsicht geblieben sei. Zunächst habe er ausführlich von seinem Leid und seinem unwiderstehlichen Todeswunsch erzählt, später habe er sich dann in hartnäckiges Schweigen gehüllt. Und als ihm einmal zur Essenszeit die Krankenschwester kurz den Rücken zugekehrt habe, sei es ihm gelungen, sich mit einem Tischmesser erheblich zu verletzen.

Psychotherapie und Sedativa hätten sich bald als nutzlos erwiesen. Man habe den Schriftsteller deshalb in eine geschlossene Abteilung verlegt, was ihm offenbar schwer zu schaffen gemacht habe. Nur sehr selten komme es vor, daß bei Suizidkandidaten Zwangsmaßnahmen das Gegenteil der erwünschten Wirkung zur Folge hätten. Wenige Tage später habe der Schriftsteller nämlich erklärt, daß er, um endlich Schluß zu machen, einen Bleistift verschluckt habe. Als man ihn darauf aufmerksam gemacht habe, daß dies doch wohl recht schwierig sei, habe er mit einer stummen Geste zu verstehen gegeben, daß er den Bleistift zuvor entzweigebrochen habe.

Der Patient habe in der Folge keinerlei Beschwerden gehabt, er habe sogar mit auffallend gutem Appetit gegessen. Eine Röntgenuntersuchung habe man deshalb nicht für nötig erachtet, und es sei nicht mehr über den Vorfall gesprochen worden.

Nachdem der Oberarzt zurückgekehrt sei, habe dieser selbst die weitere Betreuung des Kranken übernommen. Wenig später habe er berichten können, dem Schriftsteller gehe es bedeutend besser, er sei heiterer und äußere keine Selbstmordabsichten mehr. Man habe ihm danach gestattet, täglich in Begleitung einer Pflegerin im Park der Anstalt zu spazieren. Bald sei er mit ihr auch auf die Straße und sogar bis zum Bahnhof gegangen, wo er gerne die ungebremst durchfahrenden Züge beobachtet habe. Dabei habe er sich stets freundlich mit der Schwester unterhalten, die schon etwas älter und nicht mehr sehr beweglich gewesen sei. Er habe Pläne geschmiedet, habe immer häufiger von seiner Heimkehr und seiner ferneren Zukunft, ja sogar von der Gründung einer literarischen Zeitschrift gesprochen.

Eines Morgens, beim gewohnten Spaziergang in unmittelbarer Nähe des Bahndamms, habe er seine Begleiterin gebeten, sich etwas ausruhen zu dürfen. Als der 11-Uhr-Express, dessen Ankunftszeit er sich genau gemerkt habe, herangebraust sei, habe er der verdutzten Schwester seinen Mantel zugeworfen und sei mit raschen, entschiedenen Schritten direkt vor die Lokomotive gelaufen.

Bei der Bergung seiner verstümmelten Leiche habe man auf den Geleisen, zwischen verstreuten Teilen seiner Eingeweide, den entzweigebrochenen Bleistift gefunden ...

(... auch ein Erzählschluß: Lebensende)

Man denkt, denke ich, wohl nicht so, wie man spricht, wenn man laut denkt, auch nicht so, wie man, ohne etwas zu denken, spricht; man denkt, denke ich, dann erst recht, wenn man an nichts Bestimmtes, aber etwas Unbestimmtes denkt. – Denken mit Akkusativ, ohne Präposition. – Reflektieren: sich etwas denken, ohne zu *wissen*. – Was?

Vielleicht denkt man aber, einfacher, so, wie es einen dünkt? Vielleicht so, wie man gedacht wird; also wie man träumt? Das wäre, denke ich, ein Denken, das sich selbst, im Kopf, als Welt nicht darstellt, sondern herstellt; und das sich selbst, im Kopf, behält. Ein Denken, das zugleich Gedächtnis wäre; jenseits der Geschichte, jenseits des Geschlechts. Das Denken in Gestalt eines Engels, für den Hans und Fritzi, Hansi und Fritz noch eins sind; fast alles.

Am schwersten, denke ich, wäre jener Denker zu verstehen, der die Welt *wie im Traum* bedächte, ohne ein Träumer zu sein; der Nachdenkliche.

»In Schmerzen sollst du dich erinnern!« schrie sie.
»Vor Schmerzen?« fragte er.
»Ganz Ohr sein!« schrie sie.
»Haupt werden?« fragte er.
»Aber so heißt du doch!« schrie sie.

.

Am liebsten ist mir, aber was heißt schon, aufs große Ganze gesehen, am liebsten, am besten paßt mir, am deutlichsten wird, wenn auch gar nicht so eindeutig, scheint mir der Autor dort – *im August* – zu sein, wie immer mit sich selbst allein, beschäftigt, schön entschieden zwischen »Wahn« und »Vergehen«; ein Täter, wie er sich gehört.

.

Indem Haupt den Tag verneint, stellt er den Tag wieder her als Verhängnis; indem er die Nacht bejaht, wird ihm die Nacht zur Unmöglichkeit der Nacht.

Wäre dies eine Entdeckung?

Die seine!

Erst müßte er freilich ihre Frucht loswerden . . .

. . . *die Furcht vor der vertagten Nacht.*

BORGES WAR DA; da er weiß, daß
jedermann weiß, daß er blind
ist, läßt er sich lieber sehen als hören. Er
überläßt es einer bemühten,
rasch ermüdenden
Ulrike, ihn am grünen
Tisch ausgiebig zu zitieren, während
er seine fleckigen Hände wie ein altes aufgeschlagenes
Buch dicht vors Gesicht
hält. Fragen
beantwortet er mit lakonischen Gegenfragen; geistreich,
verächtlich. Seine
Worte sind Akkorde lauten Denkens, vorübergehend
lautgewordenen Denkens, Worte aus einem *jetzt*
im Entstehen
begriffenen Urtext. Denn nicht mit uns
spricht Borges; er kommuniziert
mit den Quellen. Und für einen einzigen
treffenden Begriff würde er wohl gleich von seinen Feinden
– den Lesern –
ablassen und uns allesamt verkaufen.

(Emmat, an einem 30. Oktober; mit M. K.)

... TRITT ER, VON REICHLICH LEEREM
Raum umgeben, ein
(oder auf) und ist in schwerem
Rausch noch fast allein,
faßt sie ihn mitten
aus dem Publikum von bloßem Auge
an, fällt ihm beim dritten
»Fffrau!....« ins Wort, und ob sein Glück nun tauge
oder nicht – die beiden fallen
ganz exakt
zusammen und zerfallen
gleich, fein säuberlich entschlackt,
zu Asche ...

Der Autor lebt neuerdings mit einer Frau zusammen, die er selbst erfunden, beiläufig in den Mund genommen, mit schweren Architektenhänden aufgebaut, seinen Freunden, den Präsidenten, vorgeführt und auch schon mehrfach an den Mann gebracht hat. Jedenfalls ist sie jetzt namentlich bekannt und öffentlich greifbar.

(Noch eine Frau, die dem Bild, das dieser Autor sich von Frauen – nach eher schwankenden Erinnerungssequenzen – zu machen pflegt, recht genau entspricht; wenn auch ungern.)

Und sie selbst? »Seit langem war ich entschlossen, nach Europa zurückzukehren«, wird sie dereinst, in sorgsam gebrochenem Deutsch, ihrem Heimpublikum zurufen: »Und kaum war mein Autor so richtig vergessen, entschied ich mich denn auch fürs Überleben; hier in der Wirklichkeit.«

»Ich bin«, sagte er, »du. Aber ich habe dich nicht.«

Worauf sie, vom Stuhl hochfahrend, fast den Tisch umwerfend, ihr Messer fallen ließ.

»Was ich geschrieben habe«, schrie sie, »habe ich.«

Und in schweigendem Einverständnis, als hätten sie keinerlei Aufsehen erregt, kauten sie weiter.

Nach einer regnerischen, ziemlich unruhig verbrachten Nacht – es ging schon gegen Morgen – träumte Haupt sehr freundlich von seiner Frau, die, als er endlich eingeschlafen war, aus der Stadt anrief und heiter, etwas hastig vielleicht, aber ganz entspannt zu reden begann – – –

Ja – du – ich bin hier – ich habe mich – ja hier bei ihm – wir haben uns ganz toll gemocht – ganz wirklich – ja du – komm doch mal vorbei – doch unbedingt – du mußt naja – du solltest ihn doch kennenlernen – wirklich komm – – –

Und so fort, bis Haupt erneut erwachte, weil – es war noch dunkel draußen – seine Frau anrief, um ihn zu fragen, wie er denn – so ganz allein – allein geschlafen habe dort – daheim – – –

Und ob.

DIE TÜCKE DES SUBJEKTS ist, objektiv
zu sehen, Es. Gleich irritiert ein »Frau«,
das sich neutral – steckt noch so tief!
– zu machen schafft, als »Man« genau

verwandt, zu recht. Mal wieder das getan,
was von der Hand geht, angesengte
Haut. Und kaum zu Fall gedacht, in Tran
statt Bernstein abzulagern, mengte

wer das Frau – wie Sie – nicht ohne Aufruhr
(wenn auch Flügel eingefahren, längst
verwachsen mit dem Schulterfleisch) stur

neben Sächlichkeiten und verdrängst,
daß Wissenschaft: der Tücke zu genügen
muß Man gegen Stand sein, werden, fliegen!

»Ich kann«, schrie Schwimmer, »genauso schreiben wie die andern!« Und etwas leiser, als hätte ihn seine eigene Lautstärke erschreckt, fügte er hinzu: »Nur – *ich habe ein besseres Gedächtnis als jene*; ich habe das einstige Nicht-schreiben-Können nicht vergessen, und weil ich es nicht vergessen habe«, fuhr er, fast schon flüsternd, fort, »hilft mir mein jetziges Können auch nicht weiter: ich beherrsche das Schreiben genauso wenig wie Sie . . .«

•

. . . meinen die einen, »Kafka« stamme aus dem Slawischen und suchen auf Grund dessen die Bedeutung dieses Namens nachzuweisen. Andere wiederum sagen, er stamme aus dem Deutschen und sei vom Slawischen nur beeinflußt. Die Unsicherheit beider Deutungen läßt aber wohl mit Recht darauf schließen, daß keine zutrifft; dies schon deshalb, weil weder das Deutsche noch das Slawische für »Kafka« einen rechten Sinn ergibt, so daß auch seine Herkunft unklar bleibt.*

Natürlich würde sich niemand mit solchen Fragen befassen, wenn es nicht *wirklich* einen Autor gäbe, der Kafka heißt und der sich selbst, soweit die erhaltenen Photographien dies erkennen lassen, ausgesprochen ähnlich sieht. Man ist versucht zu glauben, dieser Autor habe zu Lebzeiten irgendeinen bürgerlichen Beruf gehabt, an dem er schließlich zerbrochen ist. Dies scheint aber nicht der Fall gewesen zu sein, denn nirgends auf all den vorliegenden Bildern sind Narben oder gar offene Wunden zu sehen, die auf etwas Derartiges hinweisen würden. Näheres läßt sich von

---

* Vgl. Hugo Siebenschein (Česko-německý slovník, I, Praha 1968): KAVKA [kaf-], w. 1. e Dohle; II (ugs.) r Gimpel; *sedl na lep jako kavka* (er ließ sich wie ein Gimpel ins Netz locken).

ihm im übrigen nicht sagen, da Kafka, obwohl erstaunlich seßhaft, kaum zu fassen ist.

Er hält sich, seitdem der Ruhm ihn einzuholen droht, abwechselnd auf dem Dachboden, im Treppenhaus, im Kellergeschoß auf, ohne seinen Bau je zu verlassen. Manchmal bleibt er monatelang verschwunden; dann ist er wohl unterwegs, daheim – wie der chinesische Maler im Bild. Manchmal aber, wenn man den Kopf hebt, kann man sehen, daß er unten am Treppengeländer lehnt, und man hat, vom Lesen müde, Lust, ihn anzusprechen; mit Namen.

Doch zumeist lebt er, wie es sich für einen Autor gehört, zurückgezogen, einsam, nur mit seinen hoffnungslosen, ihm aber unentbehrlichen Untersuchungen beschäftigt. So lebt er hin, ohne freilich aus der Ferne den Überblick über seine spärliche Leserschaft zu verlieren; auch dringen im Flur öfter mal Nachrichten zu ihm, und hie und da läßt er gar von sich hören. Man behandelt ihn mit Hochachtung, versteht seine Seins- und Schreibweise nicht, nimmt sie ihm aber keineswegs übel, vielleicht fühlt man sich, da einem das Verständnis, sobald man ihm näherkommt, unwillkürlich abgeht, in seiner Schuld. Auch junge Autoren, die da und dort in der Ferne vorüberziehen (eine neue Generation, an deren Kindheit Kafka sich kaum dunkel erinnert), versagen ihm nicht den ehrerbietigen Gruß.

Man darf eben nicht außer acht lassen, daß er trotz seinen Sonderbarkeiten, die offen zutage liegen, bei weitem nicht völlig aus der Art schlägt. Es ist ja, wenn man's bedenkt, mit der Autorschaft überhaupt wunderbar bestellt. Gibt es doch außer den Autoren vielerlei Arten von Menschen ringsumher, arme, geringe, fast schon stumme, auf einzelne Schreie eingeschränkte Wesen, denen die Autoren Namen zu geben und auf jede Weise zu helfen versuchen, um sie, wie es an einer Stelle bei Kafka heißt, »zu erziehen, zu veredeln und dergleichen...«. Dennoch sind sie ihm, darüber täuscht kein Wort hinweg, eher gleichgültig, er verwechselt bisweilen sogar die Menschen mit Leuten und sieht gänzlich von ihnen ab. Eines aber ist zu auffallend, als daß es ihm auf Dauer entgehen könnte; wie wenig sie nämlich, auch nur schon mit Hunden verglichen, zusammenhalten, wie fremd und wortfaul, ja feindselig sie aneinander vorübergehen; wie nur das niedrigste Interesse sie äußerlich – etwa durch einen Biß – verbinden kann und wie bei ihnen selbst ein solch gemeines Interesse von Haß diktiert bleibt.

Autoren dagegen!

Man kann doch wohl sagen, daß sie alle förmlich zuhauf leben, alle, so ähnlich sie sich selbst und so unähnlich sie einander sind mit ihren zahllosen Eigenarten und tiefliegenden Differenzen, die sich in langen Vorzeiten herausgebildet haben müssen.

Alle sind sie eins; ein Haufen!

Es drängt sie zueinander, also gegeneinander, und nichts kann sie hindern, diesem Drängen nachzugeben, denn alle ihre Konventionen und Institutionen, jene insbesondere, die sie längst vergessen haben, gehen zurück auf die Sehnsucht nach dem größten Glück, dessen sie überhaupt fähig sind (falls sie dazu auch willens wären) – dem wahren Beisammensein.

Nun ist aber, was Kafka heute betrifft, das Gegenteil der Fall. Kein anderer Autor lebt – und es geht hier, versteht sich, ums Überleben im Buch – so weithin zerstreut, keiner kennt so viele, gar nicht mehr überblickbare Unterschiede der Deutung, der Wertung wie er. Gerade sie, die Autoren, die, wo es um Versicherungsprämien, um Altersrenten und Ehrenmitgliedschaften geht, stets zusammenhalten wollen, was ihnen in überschwenglichen Augenblicken auch immer mal wieder gelingt, gerade sie leben in Tat und Wahrheit weit voneinander getrennt, in eigentümlichen, oft schon dem nächsten Kollegen unverständlichen Professionen, festhaltend an Interessen, die nicht die der Autorschaft sein können, ja eher gegen sie gerichtet sind; denn was hätte der Hauptberuf eines Versicherungsagenten oder Kathedervorstehers mit Schriftstellerei zu schaffen?

Schwierige Dinge sind das, Dinge, an die zu rühren nicht lohnt, solang man es als Leser mit den allemal unbescheiden aufwartenden Autoren nicht ganz verderben will. Fragt sich letztlich bloß, warum Kafka nicht freiwillig ins Netz geht, wo er, auf dem Rücken liegend, einer erdrückenden Mehrheit das Zappeln beibringen und zugleich sein eigenes Verenden beschleunigen könnte. Ja:

»Warum tue ich es nicht wie die andern«, lamentiert der Gimpel, der doch eigentlich 'ne Dohle ist und dies auch weiß, »und lebe einträchtig mit meinem schwarzen Volk und nehme das, was die Eintracht stört, stillschweigend hin, vernachlässige es als kleinen Fehler in der großen Rechnung und bleibe immer zugekehrt dem, was glücklich bindet, nicht dem, was, freilich immer wieder unwiderstehlich, uns aus dem Volkskreis zerrt?...«

»Ja!«

»Aber warum?«

»Ja, dies alles habe ich vor sehr langer Zeit geschrieben, und dann habe ich die gleichen Gedanken erneut entdeckt, und es ist mir bewußt geworden, daß ich sie bereits einmal in Worte gefaßt hatte. Was bei mir immer wieder vorkommt. Gelegentlich stoße ich auch auf Texte, die von andern verfaßt sind, und glaube doch, daß *ich* sie geschrieben habe. Daß es immer ein anderer ist, der schreibt«, sagte er noch . . .

. . . und mit welcher Melancholie, mit welch ruhiger Gewißheit fühlte er nun, daß er niemals wieder würde sagen können: »Ich«!

Wenn ich schreie, wenn ich schreibe, bin ich außer mir; und also bei der Sache.

Ob ich »ich« schreie oder schreibe, ich *bin* es nicht; *es* allein könnte »ich« sein – dasselbe statt meiner selbst.

Vor Jahren hat H. ein erfolgreiches, inzwischen mehrfach nachgedrucktes und in verschiedene Sprachen übersetztes Werk über *»Einsamkeit und Gesellschaft«* veröffentlicht. Noch heute gilt er, obwohl – oder weil – jenes Buch sein einziges geblieben ist, in breiten Kreisen als Experte in Sachen Einsamkeit und wird immer wieder von Lesern, die sich selber als einsam bezeichnen, um Rat gefragt. Dabei scheint es, wie H. nun im Vorwort zur neusten Auflage berichtet, so zu sein, daß die Leser in ihrer überwiegenden Mehrheit den Autor als ihresgleichen ansprechen, offenbar in der zweifelsfreien Annahme, daß einer, der über Einsamkeit schreibe, seinerseits einsam sein müsse.

Dieses Mißverständnis ist ebenso trivial, wie es fruchtbar sein könnte. Es beruht auf der nach wie vor üblichen Gleichstellung und somit auf der Verwechslung des Autors mit seinem Gegenstand; es wird aber auch genährt durch die allgemein verbreitete Vorstellung, daß einer, der schreibt, stets transitiv schreibe, indem er *über* etwas (Bestimmtes) schreibt oder es beschreibt. Die ohnehin fluktuierende Demarkationslinie zwischen Primär- und Sekundärliteratur, zwischen Text und Kommentar wird hier, bewußt oder unbewußt, vollends verwischt. Und tatsächlich hat, wer von seinem Friseur, seinem Briefträger oder dem Nachbarn im Strandkorb nach seiner beruflichen *Tätigkeit* gefragt wird und das *Schreiben* als eine solche ausgibt, mit Sicherheit die Zusatzfrage zu gewärtigen, »worüber« oder »für wen« er denn schreibe.

H. also hat ein Buch über die Einsamkeit geschrieben; und gerade dies läßt darauf schließen, daß er bei dessen Niederschrift *nicht* einsam – wenn auch möglicherweise allein – gewesen ist. Er hatte ja doch sein vorgegebenes Thema und ein vorgefaßtes Ziel, etwas, das außerhalb seiner selbst lag: von der Einsamkeit konnte es handeln, weil es sich dabei um die Einsamkeit der andern handelte; weil die Einsamkeit sein Gegenstand, nicht aber sein Problem war; weil die Position, von der aus er über die Einsamkeit schrieb, diesseits der Einsamkeit lag.

(Grundsätzlich einsam bleibt demgegenüber die Position dessen, der intransitiv schreibt. Das Schreiben um des Schreibens willen, wie es vor allem im Tagebuch, gelegentlich auch in der Poesie, in der Philosophie praktiziert wird, ist die einsame Geste schlechthin; eine irre, eine subversive, folglich »verbotene« Geste; eine Provokation. Der in solchem Verständnis einsame Autor kann, weil er schreibt wie er *lebt*, nicht mehr beschreiben, *wie* er lebt; er lebt, weil er schreibt; sein Ort und sein Wort sind eins: Einsamkeit als schon immer – für immer – verlorener Posten.)

Der einsam Schreibende kann nicht aus seinem Text heraustreten; er kann aber auch nicht sterben darin. *Darin* lag Amiels Triumph: daß sein viele tausend Seiten umfassender Text erst nach seinem Tod allmählich lesbar wurde und in dem Maß, wie man ihn las, zu werden begann.

(im Namen Marinas:)

ICH BIN WÜSTE, lasse Wanderdünen
Über mich ergehen, brichst mich auf
Wie Stein, bringst mich zum Grünen,
Bist mein Grenzfluß, Lebenslauf...

... bin ich dir und deiner Kreide Tafel,
Nehme alles an, wie schwarze Seide
Wahre ich auch Güte. Laut Geschwafel –
Schwamm darüber – wirst du Griffel: gleite.

»Auch beim Vögeln«, schrie sie, »kommt ihr nicht über euer Spiegelstadium hinaus!...« Und weiter schrieb sie: »Ihr wollt uns immer nur stückweise haben, nur als Provinz, als Provokation, Kopf oder Bauch, Hand oder Fuß, immer den Ausschnitt, der in euren Rahmen paßt. Mal annektiert ihr die innere, mal die äußere Mongolei. Ständig verändert ihr die Karte, weil ihr die Wirklichkeit nicht ertragen könnt; weil ihr euch selber nicht ertragen könnt. Weil euch die Erde zu schwer ist. Weil wir für euch zu viele sind. Also greift ihr durch. Also braucht ihr Gewalt. Und wäre es auch nur in jener sanfteren Form: geliebt sein zu wollen; um selbst ganz zu sein! Wie Trümmerflora kriecht ihr über uns hinweg und wachst durch uns hindurch und wuchert in uns fort. Ihr seid immer ein klein wenig mehr als was ihr habt; mehr als nur ›ich‹. Während wir viel weniger haben als wir sind. Und dieses Wenige, versteht sich, das ist es, was ihr euch nehmt. Und was bleibt uns? Was uns bleibt, ist nichts; nichts anderes als was ihr bleiben laßt: Rest. Alle sind wir für euch gleich. Alle sind wir ›die da‹, die Frau. Denn eine Frau, was wäre das schon? wer? wir vielleicht? Noch schöner! Was aber, wenn auch ›wir‹ plötzlich nur noch ›ich‹ sein wollten? Statt einfach so gelebt zu werden; selber sein. So. Komm. Aber komm mir nicht zu nah. Ich will, daß du mich ganz hast. So wie du bist.«

»Die Bovary – das bin ich!«

Also kann Haupt, wenn er schreibt, nicht »ich« – er selber – sein. Wohl bleibt er, als Autor, die erste Person, doch es liegt ihm daran (und wie!), in der Mehrzahl zu stehen: gelesen zu werden; gelassen zu sein.
Wirklich wird er dann, wenn »Ich« und »Du« zusammenfinden in einem »Es«; im Buch.

Haupt – das sind wir!

Der Autor ist im Buch (und nur im Buch). Wird »er« gelesen, wird *er* zum Buch. Man liest, man zitiert ihn: ja – man hat ihn; denn im Buch kann »ich« nicht enden.

»Ich rede, du vernimmst mich, also sind wir.«

Haupt, Leser und Werk definieren sich gegenseitig; sie bestimmen *einander* als das jeweils *Andere* – Name, Person, Sache.

»Platokrates! . . .«

Wer – wie wir – Haupt liest (sein Werk und ihn selbst in einem), kommt zu sich; nur als Werdende sind Leser und Autor wirklich.

Das »Wir« faßt uns nicht; deshalb wird es erst.

»Der Staat – das bin ich!«

Indem ein Selbstbewußtsein – hier das Selbstbewußtsein dessen, der zitiert, des Autors also – der Gegenstand ist, ist er ebensowohl Ich wie Gegenstand: Ich, das Wir, und Wir, das Ich ist. Ein Bewußtsein, das man *unser* Bewußtsein nennen könnte, findet erst in *meinem* Selbstbewußtsein den Wendepunkt, von dem her es aus der bunten Scheinwelt in die Wirklichkeit der Schrift einfällt.

Beide Momente sind wesentlich; – da sie zunächst ungleich und entgegengesetzt sind und ihre Reflexion in die Einheit sich noch nicht ergeben hat, so *sind* sie als zwei entgegengesetzte Gestalten des Bewußtseins; die eine das selbständige, welchem das Fürsichsein, die andere das unselbständige, dem das Leben oder das Sein für ein Anderes das Wesen ist; jenes ist der Autor, dieses der Leser.

Der Autor ist das *für sich* seiende Bewußtsein, aber nicht mehr nur der Begriff desselben, sondern für sich seiendes Bewußtsein, welches durch ein *anderes* Bewußtsein mit sich vermittelt ist, nämlich durch ein solches, zu dessen Wesen es gehört, daß es mit selbständigem *Sein* oder der Dingheit überhaupt synthesiert ist. Der Autor bezieht sich auf diese beiden Momente, auf den Text als solchen, den Gegenstand der Begierde, und auf das Bewußtsein, dem die Dingheit das Wesentliche ist; und indem er a) als Begriff des Selbstbewußtseins unmittelbare Beziehung des *Fürsichseins* ist, aber b) nunmehr zugleich als Vermittlung oder als ein Fürsichsein, welches nur durch ein Anderes für sich ist, so bezieht er sich a) unmittelbar auf beide und b) mittelbar auf jedes durch das andere. Der Autor bezieht sich *auf den Leser mittelbar durch das selbständige Sein*; denn eben hieran ist der Leser gehalten; es ist seine Kette. Der Autor aber ist die Macht über dies Sein, denn er bewies, daß es ihm nur als ein Negatives gilt; indem er die Macht darüber, dies Sein aber die Macht über den Anderen ist, so hat er in diesem Schlusse diesen Anderen unter sich. Ebenso bezieht sich der Autor *mittelbar durch den Leser auf den Text als Gegenstand*; der Leser bezieht sich als Selbstbewußtsein überhaupt auf den Text auch negativ und hebt ihn auf; aber er ist zugleich selbständig für ihn, und er kann darum durch sein Negieren nicht bis zur Vernichtung mit ihm fertig werden, oder er *bearbeitet* ihn nur. Dem Autor dagegen *wird* durch diese Vermittlung die *unmittelbare* Beziehung als die reine Negation desselben oder der *Genuß*; was der Begierde nicht gelang, gelingt ihm: damit fertig zu werden und im Genusse sich zu befriedigen. Der Begierde gelang dies nicht wegen der Selbständigkeit des Textes; der Autor aber, der den Leser zwischen ihn und sich eingeschoben, schließt sich dadurch nur mit der Unselbständigkeit des Textes zusammen und genießt ihn rein; die Seite der Selbständigkeit aber überläßt er dem Leser, der ihn bearbeitet.

In diesen beiden Momenten *wird* für den Autor sein Anerkanntsein durch ein anderes Bewußtsein; denn dieses setzt sich in ihnen als Unwesentliches, einmal in der Bearbeitung des Textes, das andere Mal in der Abhängigkeit von einem bestimmten Dasein; in beiden kann es nicht über das Sein Meister werden und zur absoluten Negation gelangen. Es ist also hierin dies Moment des Anerkennens vorhanden, daß das andere Bewußtsein sich als Fürsichsein aufhebt und hiermit selbst das tut, was das erste gegen es tut. Ebenso das andere Moment, daß dies Tun des zweiten das eigene Tun des ersten ist; denn *was der Leser tut, ist eigentlich Tun des Autors*; diesem ist nur das Fürsichsein, das Wesen; er ist die reine negative Macht, für die der Text nichts ist, und also das reine wesentliche Tun in diesem Verhältnis; der Leser aber ein nicht reines, sondern unwesentliches Tun. Aber zum eigentlichen Anerkennen fehlt das Moment, daß, was der Autor gegen den Anderen tut, er auch gegen sich selbst, und was der Leser gegen sich, er auch gegen den Anderen tue. Es ist dadurch ein einseitiges und ungleiches Anerkennen entstanden.

Das unwesentliche Bewußtsein ist hierin für den Autor der Text als Gegenstand, welcher die *Wahrheit* der Gewißheit seiner selbst ausmacht. Aber es erhellt, daß dieser Gegenstand seinem Begriffe nicht entspricht, sondern daß darin, worin der Autor sich vollbracht hat, ihm vielmehr ganz etwas anderes geworden als ein selbständiges Bewußtsein. Nicht ein solches ist für ihn, sondern vielmehr ein unselbständiges; er ist also nicht des Fürsichseins als der Wahrheit gewiß, sondern seine Wahrheit ist vielmehr das unwesentliche Bewußtsein und das unwesentliche Tun desselben.

Die *Wahrheit* des selbständigen Bewußtseins ist demnach des Lesers *Bewußtsein*. Dieses erscheint zwar zunächst außer sich und nicht als die Wahrheit des Selbstbewußtseins. Aber wie die Autorschaft zeigte, daß ihr Wesen das Verkehrte dessen ist, was sie sein will, so wird auch wohl die Leserschaft vielmehr in ihrer Vollbringung zum Gegenteil dessen werden, was sie unmittelbar ist; sie wird als in sich *zurückgedrängtes* Bewußtsein in sich gehen und zur wahren Selbständigkeit sich umkehren.

Wir sahen nur, was die Leserschaft im Verhältnis zur Autorschaft ist. Aber sie ist Selbstbewußtsein, und was sie hiernach an und für sich selbst ist, ist nun zu betrachten. Zunächst ist für die Leserschaft der Autor das Wesen; also *das selbständige für sich seiende Bewußtsein* ist ihr *die Wahrheit*, die jedoch *für sie* noch nicht *an ihr* ist. Allein sie hat diese Wahrheit der reinen Negativität und des Fürsichseins *in der Tat an ihr selbst*; denn sie hat dieses Wesen an ihr *erfahren*. Dies Bewußtsein hat nämlich nicht um dieses oder jenes, noch für diesen oder jenen Augenblick Angst gehabt, sondern um sein ganzes Wesen; denn es hat *die Furcht des Todes, des absoluten Autors*, empfunden. Es ist darin innerlich aufgelöst worden, und alles Feste hat in ihm gebebt. Diese reine allgemeine Bewegung, das absolute Flüssigwerden alles Bestehens, ist aber das einfache Wesen des Selbstbewußtseins, die absolute Negativität, das reine Fürsichsein, das hiermit an diesem Bewußtsein ist. Dies Moment des reinen Fürsichseins ist auch *für es*, denn im Autor ist es ihm sein Text als *Gegenstand*. Es ist ferner nicht nur diese allgemeine Auflösung überhaupt, sondern im Dienen vollbringt es sie wirklich; es hebt darin in allen einzelnen Momenten seine Anhänglichkeit an natürliches Dasein auf und arbeitet dasselbe hinweg.

Das Gefühl der absoluten Macht über Haupt und auch im einzelnen des Dienstes ist nur die Auflösung an sich, und obzwar die Furcht des Autors der Anfang der Weisheit ist, so ist das Bewußtsein darin *für es selbst*, nicht das Fürsichsein. Durch die Arbeit kommt es aber zu sich selbst. In dem Moment, welches der Begierde im Bewußtsein des Autors entspricht, schien dem dienenden Bewußtsein zwar die Seite der unwesentlichen Beziehung auf den Text zugefallen zu sein, indem der Text darin seine Selbständigkeit behält. Die *Begierde* hat sich das *reine Negieren des Textes* und dadurch das unvermischte Selbstgefühl vorbehalten. Diese *Befriedigung* ist aber deswegen selbst nur ein *Verschwinden*, denn es fehlt ihr die gegenständliche Seite oder das Bestehen. *Das Schreiben hingegen ist gehemmte Begierde, ist aufgehaltenes Verschwinden.* Die negative Beziehung auf den Text wird zur Form desselben und zu einem Bleibenden, weil eben für den Schreibenden der Gegenstand Selbständigkeit hat. Diese negative Mitte oder das formierende Tun ist zugleich die Einzelheit oder das reine Fürsichsein des Bewußtseins, welches nun beim *Schreiben* in das Element des *Bleibens* tritt; das arbeitende Bewußtsein kommt hierdurch zur Anschauung des selbständigen Seins als seiner selbst.

Das Formulieren hat aber nicht nur diese positive Bedeutung, daß das dienende Bewußtsein sich darin als reines Fürsichsein zum Seienden wird, sondern auch die negative gegen sein erstes Moment, die Furcht. Denn bei der Niederschrift des Textes wird ihm die eigene Negativität, sein Fürsichsein, nur dadurch zum Gegenstand, daß es die entgegengesetzte seiende Form aufhebt. Aber dies gegenständliche Negative ist gerade das fremde Wesen, vor welchem es gezittert hat. Nun aber zerstört es dies fremde Negative, setzt sich als ein solches in das Element des Bleibens und wird hierdurch für sich selbst ein Fürsichseiendes. Im Autor ist ihm das Fürsichsein ein Anderes oder nur für es; in der Furcht ist das Fürsichsein an ihm selbst; *beim Schreiben wird das Fürsichsein als sein eigenes für es*, und es kommt zum Bewußtsein, daß es selbst an und für sich ist. Die Form wird dadurch, daß sie *hinausgesetzt* wird, ihm nicht ein Anderes als es; denn eben sie ist sein reines Fürsichsein, das ihm darin zur Wahrheit wird. Es wird also durch dies Wiederfinden seiner durch sich selbst *eigener Sinn*, gerade in der Arbeit des Schreibens, worin es nur fremder Sinn zu sein schien. – Es sind zu dieser Reflexion die beiden Momente der Furcht und des Dienstes überhaupt sowie der Schriftstellerei notwendig, und zugleich beide auf eine allgemeine Weise. Ohne die Zucht des Dienstes und Gehorsams bleibt die Furcht beim Formellen stehen und verbreitet sich nicht über die bewußte Wirklichkeit des Daseins. *Ohne in die Schrift eingebracht zu werden, bleibt die Furcht innerlich und stumm.* Schreibt sich das Bewußtsein ohne die erste absolute Furcht in den Text ein, so ist es nur ein eitler eigener Sinn; denn seine Form oder Negativität ist nicht die Negativität an sich; und sein sich Formulieren kann ihm daher nicht das Bewußtsein seiner als des Wesens geben. Hat es nicht die absolute Furcht, sondern nur einige Angst ausgestanden, so ist das negative Wesen ihm ein Äußerliches geblieben, seine Substanz ist von ihm nicht durch und durch angesteckt. Indem nicht alle Erfüllungen seines natürlichen Bewußtseins wankend geworden sind, gehört es *an sich* noch bestimmtem Sein an; der eigene Sinn ist *Eigensinn*, eine Freiheit, welche noch innerhalb der Leserschaft stehenbleibt. Sowenig ihm die reine Form zum Wesen werden kann, sowenig ist sie, als Ausbreitung über das Einzelne betrachtet, Schriftstellerei, absoluter Begriff, sondern eine Geschicklichkeit, welche nur über einiges, nicht über die allgemeine Macht und das ganze gegenständliche Wesen mächtig ist.

(Hegel wiedergelesen; und wie!)

Ja, man sollte eher viel als vieles lesen; dasselbe immer wieder neu.

Zu sehr ist man abhängig von den Umständen, unter denen man liest; von den Licht- und Lebensverhältnissen. Was erschreckend deutlich wird, wenn man beim Wiederlesen auf seine eigenen Unterstreichungen oder Randnotizen stößt und sie – und sich selber – nicht mehr erkennt.

> (So erging es mir mit Hohl, der mich, als ich achtzehn war, ausschließlich durch sein konsequentes Neinsagen faszinierte, durch seinen aggressiven Welt-Schmerz, seinen pathetischen Zynismus. Damals las ich »*Die Notizen*« mit raffendem Schwung, fand auf jeder Seite Bestätigung für Eigenes, noch Unartikuliertes, fühlte mich, entgegen aller Evidenz, als »Meister« und lieh Hohl, wie ich glauben mochte, »meine« Stimme. Ich fand ihn herrlich, diesen Mann – einen Schweizer! – ohne Eigenschaften; diesen Autor, der Autorität nur für sein Werk, nie für sich selber beanspruchte; diesen unbegabten Schriftsteller, der fehlendes Talent durch heroischen Krampf wettzumachen suchte, wobei er bis zur Lächerlichkeit, immer strebend und doch ohne Ziel, sich abmühte ... Naja, ein Irrtum, grobe Verkennung war's, wenn ich, Hohl heute lesend, daran zurückdenke; und doch war es damals die wahre Empfindung dessen, der »ich« gewesen ist. Gewiß, ich lese Hohl jetzt anders; ich lese ihn anders, weil ich ihn anders lesen kann. Denn ich habe, mühsam genug, gelernt, zwischen Erfahrungen und Leseerfahrungen einen Unterschied zu machen; so daß ich bei Hohl nicht mehr nach Geistes- und Gefühlsverwandtschaft suchen muß, um ihm näherzukommen, ganz im Gegenteil – als Autor ist er mir dort am nächsten, wo er mir als Person am fremdesten ist. Auch brauche ich seinen Text nicht mehr als Arma-

tur der Selbstbestätigung, vielmehr als Anleitung zur Selbstbefragung. Jedenfalls kenne ich kaum ein neueres und schon gar kein zeitgenössisches literarisches Werk, das soviele Antworten auf soviele Probleme bereithält wie »*Die Notizen*« – Antworten, die nichts anderes sind als richtig gestellte Fragen.)

Was Haupt sei, soll sich aus seinem Werk entnehmen lassen; nicht aus seinem Leben. Was das Werk sei, können wir aus dem Wesen Haupts erfahren. Jedermann bemerkt leicht, daß wir uns im Kreis bewegen. Aber wir müssen den Kreisgang wagen. Das ist kein Notbehelf, kein Mangel. Nicht nur der Schritt vom Werk zu Haupt ist als der Schritt von Haupt zum Werk ein Zirkel, sondern jeder einzelne Schritt, den wir versuchen, wird in diesem Kreis getan. Um Haupts Wesen und Anwesenheit zu bestimmen, suchen wir sein Werk auf und befragen es nach dem, was und wie er sei. Wenn wir das Werk auf seine unangetastete Wirklichkeit hin ansehen und uns selber dabei nichts vormachen, dann zeigt sich: das Werk ist so leibhaftig vorhanden wie das Leben. »Alle Werke haben Leben, sind leibhaftig da. Was wären sie ohne dies?« Eine solche Vorstellung von Haupts Werk mag sich die Putzfrau in der Bibliothek machen. Doch was ist das – was leibhaftig lebt in Haupts Werk? Vermutlich wird es überflüssig und verwirrend, dem nachzufragen, weil Haupts Werk über das Leben und das Leibhaftige hinaus noch etwas anderes ist. Dieses Andere, was außerdem dran ist, macht das Werk überhaupt erst aus. Haupts Werk ist zwar gefertigtes Leben, aber es sagt noch etwas anderes, als was das Leben selbst ist. Mit dem gefertigten Leben wird in Haupts Werk noch etwas anderes zusammengebracht. Allein dieses Eine am Werk, was ein Anderes offenbart, dieses Eine ist das Eigene in Haupts Werk. Fast scheint es, dieses Eigene sei wie der Unterbau, in dem und auf den das Andere und Eigentliche gebaut ist. Um das Leben des Werks in den Blick zu bringen, ist es nötig, daß wir hinreichend klar wissen, was Leben ist. Nur dann läßt sich sagen, ob Haupt ein Teil seines Werks und dieses ein Stück seines Lebens ist, etwas Eigenes, an dem noch anderes haftet; erst dann läßt sich entscheiden, ob dieses Werk im Grunde etwas anderes und nie – oder doch – das Leben ist.

(Er ist's!)

FRÜHLING läßt sein blaues
Wieder durch die
Süße: Lüfte
Streifen Land. Schon
Wollen, ein Kommen. Horch:
Von fern – geh leise!
Ja? *Dem*
Sei's unbenommen.

(Die wahre Methode, sich einen Goethe gegenwärtig zu machen, besteht darin, ihn in unserem Raume – nicht uns in seinem – vorzustellen. So tut's die Literaturgeschichte, so auch die Anekdote. Goethe, so vorgestellt, duldet keine vermittelnde Konstruktion aus »großen Zusammenhängen«; nicht wir versetzen uns in ihn, er tritt in unser Leben.)

Es wird erzählt, daß Goethe an schwerer, mehr oder minder regelmäßig wiederkehrender Hypochondrie litt. Ganze Tage und Nächte saß er dann allein, in völliger Dunkelheit und Untätigkeit, und niemand hatte Zugang zu seinem Gemach. Am Hofe wurde dieses Leiden nicht erwähnt, man wußte, daß jede Anspielung darauf die Ungnade des Herzogs nach sich ziehen konnte.

Einmal, als Goethe sich in solchem Zustand befand, häuften sich in den Registraturen zahlreiche Akten, die eine unverzügliche Entscheidung verlangten, ohne seine Unterschrift jedoch nicht erledigt werden konnten. Aber niemand wagte es, mit einem Vortrag bei ihm einzutreten; die hohen Beamten wußten sich nicht zu helfen. Da geriet durch einen Zufall der Kanzlist Eckermann in die Vorzimmer des Verwaltungsgebäudes, wo die Staatsräte, leise klagend, beisammen standen.

»Was gibt es, Excellenzen? Womit kann ich Excellenzen dienen?« fragte der Kanzlist eilfertig und aufgeräumt.

Man erklärte ihm den Fall und bedauerte, von seinen Diensten keinen Gebrauch machen zu können.

»Wenn es weiter nichts ist, meine Herren«, antwortete Eckermann, »überlassen Sie mir die fraglichen Akten; ich bitte darum . . .«

Die Staatsräte, die kaum noch etwas zu verlieren hatten, ließen sich nicht ungern zur Übergabe einiger besonders dringlichen Akten an den rührigen Kanzlisten bewegen. Und dieser begab sich denn auch, das Konvolut unterm Arm, geradewegs zum Zimmer des Finanzkammerpräsidenten. Ohne anzuklopfen, ja ohne haltzumachen drückte er die Türklinke nieder; das Zimmer war unverschlossen.

Goethe saß, wegen der Verdunkelung zunächst kaum zu erkennen, im Schlafrock, zusammengekauert, hinter dem Schreibtisch; er war barfuß, stützte sein Kinn auf das linke hochgezogene Knie und kaute, in Nachdenken versunken, an den Fingernägeln. Eckermann trat zum Pult, tauchte die Feder ein und schob sie wortlos Goethe in die Hand, während er gleichzeitig ein erstes Schriftstück vor ihn auf den Tisch legte. Nach einem abwesenden Blick auf den Kanzlisten unterschrieb Goethe schweigend das Papier, dann ein weiteres, schließlich auch das letzte. Eckermann, seinerseits schweigend, verneigte sich und verließ ohne Umschweife den Amtsraum, um sich triumphierend in die Wartehalle zu begeben, wo voller Ungeduld die Staatsräte warteten.

»Unterschrieben!« rief er schon von weitem durch den Korridor: »Unterschrieben! . . .«

Die Staatsräte stürzten auf ihn zu und rissen ihm die Papiere aus den Händen.

»Unterschrieben? Ja?«

Atemlos beugten sie sich über die Akten. Niemand wagte mehr ein Wort. Als der Kanzlist, der doch wohl ein Lob erwarten durfte, nach einer Anstandspause näher trat, hoben die Herren, einer nach dem andern, sehr langsam den Kopf, und auch Eckermann konnte nun sehen – – – nein, er traute seinen Augen nicht – – – ja, sämtliche Akten waren unterzeichnet – – – aber kein Zweifel – – – da stand – – –

Und laut begann er nun zu lesen:

Eckermann . . .
    Eckermann . . .
        Eckermann . . .

(Mag der Kanzlist in seinem guten Willen scheitern an Goethes dämonischer Klugheit, das letzte Wort ist nicht *gesprochen*; es steht, als Signatur, *geschrieben* und ließe sich – wenn man wollte, und man sollte wollen – so verstehen, daß es das Schweigen gibt und das Schreiben, aber auch den Rest, welcher im Schweigen geborgen ist und aus dem Schreiben erst geboren wird; den *Namen* – des »Autors« . . .)

... ist von daher gesehen die sogenannte *schöne Literatur* nichts anderes – und nichts weniger – als die Verneinung jeglicher ideologisch bestimmten Welt- und Lebensauffassung; sie fördert, sie fordert die kollektive Mißachtung des Zweifel-Verbots und der Tat-Tabus, die den Alltag des modernen – also kritischen, also politischen – Menschen beschränkend formen. Der rituelle Bruch, durch den der Text von der Welt, das Lesen vom Leben sich abhebt, macht die Schrift zum Ort extremster Da---Seins---Ferne, zur negativen Sphäre der Reinheit, der Schwärze, des Entsetzens. Als solche ist Literatur – falls Kunst – ein Minenfeld; Zonengrenze, die das Diesseits vom Draußen trennt.

Tatsächlich kann das Verhältnis zwischen Politik und Kunst – aus der Sicht des Politikers – am besten beschrieben werden in den Begriffen der Hegelschen Dialektik der verkehrten Welt. So. Die literarische Verkehrung der politischen Wirklichkeit ist als verkehrende Tätigkeit des Politikers die die zu zu einem einem abstrakten abstrakten Gegensatz Gegensatz unvermittelt unvermittelt konfrontierter konfrontierter Wirklichkeiten Wirklichkeiten festgehaltene festgehaltene Dualität Dualität einer einer Widerrede – wie der Rede »zu sich selbst«. Der Politiker, der die Kommunikationsbewegung solcher Widerrede – wie der Rede – nur als Rede des Schriftstellers (und somit des Schrittmachers der Gegenbewegung) »zu sich selbst« wahrnimmt, verdinglicht seinen Blick in der kritischen Anschauung einer unabhängig von ihm bestehenden Scheinwelt, der schönen Welt der Kunst. Der Pragmatismus des Politikers macht diesen blind für die ungeheuerliche Ungeheuerlichkeit, daß er es ist, der den Künstler hervorzwingt. Der Diktator ist, in diesem Sinn, der Vater des Künstlers und dieser – sein Sohn; sein immer schon kolonisierter Eingeborener.

Verwandt fühlte ich mich eigentlich nur meinem Großvater mütterlicherseits. Er war in unserm großen Familienzusammenhang – vorwiegend Kaufleute, ein Lehrer, zwei, drei Handwerker – der »Versager« und »Vergeuder«. Man verachtete ihn, weil er keinen »rechten Beruf« hatte; weil er nie etwas »zu Ende« führte; weil er »nur so ein Künstlertyp« war, ein »Freischwebender«, ein »eitler Geck«, der kaum je ohne sein rotes Gilet ausging und im übrigen das von seiner Frau mühsam verdiente Geld mühelos durchbrachte. Ich kannte ihn, da er früh starb, nur als Kind, und leider habe ich keine genauere Erinnerung an ihn. Ich könnte nicht einmal sagen, wie er aussah, was für eine Statur und Stimme er hatte. Ich weiß nur – aber ist das ein Wissen? oder vielmehr ein nachträglicher Wunsch? –, daß er mich über alles liebte; daß er mir des öftern Süßigkeiten mitbrachte; daß ich ihn ein paarmal in die Stadt begleiten durfte, wo er jeweils eine »liebe Dame« – meine Mutter sagte: »dieses Luder« – traf. Ja. Weiter reicht mein Gedächtnis nicht. Und doch ist mir »Papischorsch« (so nannte ich Großvater, der seinen Vornamen französiert hatte) bis heute auf eine unklare Weise vertraut geblieben, sinnlich vertraut gewissermaßen, denn das einzige, woran ich mich leibhaftig erinnern kann, ist jener ausgeprägte Höcker harter Haut an seinem rechten Mittelfinger, den ich, wenn wir in der Stadt unterwegs waren, stundenlang umklammert hielt. Die übergroße Schwiele kam mir seltsam, ja irgendwie unanständig vor, und erst als Großvater tot war, entschloß ich mich, danach zu fragen. Des Rätsels Lösung war, da ich sie nicht verstand, enttäuschend, und die kategorische Antwort meiner Mutter ließ, wie mir schien, fast alles (gewiß alles Wesentliche) offen:

»Das hatte der doch nur von seinem ewigen Schreiben . . .«

Dieses Thema – Schreiben, um den Tod abzuwenden – hat in unserer Kultur, nach Foucault, eine Metamorphose erfahren: »Das Schreiben ist heute an das Opfer gebunden, selbst an das Opfer des Lebens; an das freiwillige Auslöschen, das in den Büchern –

(... jedenfalls in einem Buch wie diesem ...)

– nicht dargestellt werden kann, da es im Leben des Schriftstellers selbst sich vollzieht. Das Werk, das die Aufgabe hatte, unsterblich zu machen, hat das Recht erhalten, zu töten, seinen Autor umzubringen: ... das Kennzeichen des Schriftstellers ist nur noch die Einmaligkeit seiner Abwesenheit; er muß die Rolle des Toten im Schreib-Spiel übernehmen.«

Joyce, Lenin; was diese recht gegensätzlichen Autoren miteinander verbindet, ist ihr Abscheu vor »Schuld und Sühne«, ihre Bewunderung für »Herr und Knecht«.
Herr und Knecht – beides versuchte Tolstoj in einem zu sein; als Angehöriger eines alten russischen Adelsgeschlechts trug er während Jahrzehnten den Bauernkittel, verrichtete harte Feldarbeit und mochte auch als Schriftsteller nicht auf sein schlichtes Kostüm verzichten. Es gibt Photos, die ihn beim Pflügen, beim Schreiben zeigen; seine Haltung – tief vornübergebeugt – war allemal die gleiche, ob er nun den Boden beackerte oder mit der Stahlfeder auf leeres Papier einhieb. Draußen im Feld war er der Herr in Knechtsgestalt, drinnen am Schreibtisch ein Knecht in der Rolle – und mit dem Titel – des Herrn.
Durch dieses besondere Rollenverständnis scheint nicht zuletzt auch Tolstojs Selbstverständnis als Autor – seine Beziehung zum Leser, zur Nachwelt – geprägt gewesen zu sein. Wie denn? Wohl doch etwa so, wie er es in der Novelle *»Herr und Knecht«* veranschaulicht hat.

Nach einem winterlichen Kirchfest, bei widrigem Wetter, schickt der Herr sich an, rasch noch mit Pferd und Schlitten auszurücken, um im benachbarten Weiler ein Geschäft zu tätigen, das offenbar, da mit Konkurrenz zu rechnen ist, keinen Aufschub duldet. Es geht um den Erwerb eines Waldstücks, also darum, den bereits recht respektablen Besitzstand zu mehren, die eigene Machtfülle, die eigene Aussicht auf Unsterblichkeit zu festigen, wobei durchaus offenbleibt, ob Tolstojs Herr, ob Tolstoj selbst derartige Spekulationen auch nur erwogen, geschweige denn ernsthaft bedacht hat. Tatsache bleibt jedoch, daß der Herr – er ist von seinem Knecht Nikita begleitet – an dem geschäftlichen Vorhaben mit sturer Unbedingtheit festhält, obwohl er bei zunehmendem Schneefall und früh hereinbrechender Dunkelheit mehrfach vom Weg abkommt. Selbst dann noch, als der Schlitten irgendwo im Abseits unverrückbar liegenbleibt, gibt Wassilij Andrejewitsch nicht auf: mitten in der Nacht spannt er seinen Hengst aus und sucht, den Knecht seinem (wessen?) Schicksal überlassend, das Weite; sein Ziel. Doch wie der Wolf, der ihn umkreist, umkreist nun, ohne sich dessen bewußt zu sein, der Herr seinen Knecht und gelangt schließlich, nach einem langen beschwerlichen Ritt, zum Schlittenwrack zurück. Fast stolpert er über den in Lumpen gekleideten, auf einer Strohwelle liegenden, vom Schnee beinahe zugewehten, kaum noch atmenden, vielleicht – gerade jetzt – erfrierenden oder – eben erst – erfrorenen Nikita, und da – im selben Augenblick – begreift er, daß sein Ziel nicht mehr dort – in der Ferne – liegt, sondern hier; unmittelbar vor ihm. Der Herr wählt die Nähe dessen, der ihm – dem er – in dieser Stunde unversehens zum Verwechseln ähnlich geworden ist und mit dem er nun – sogleich – vollends zusammenfallen wird.

> »Wassilij Andrejewitsch blieb etwa eine halbe Minute lang schweigend und unbeweglich stehen, dann trat er plötzlich entschlossen einen Schritt zurück, streifte die Ärmel des Pelzes in die Höhe und begann nun mit beiden Händen den Schnee von Nikita und aus dem Schlitten hinwegzuräumen. Als er damit fertig war, beeilte er sich, seinen Gürtel

> loszubinden, seinen Pelz auszubreiten, und dann gab er dem Nikita einen Stoß, legte sich auf ihn und bedeckte ihn nicht nur mit seinem Pelz, sondern auch mit seinem warmen, erhitzten Körper.«

Der Herr stirbt an diesem Liebesdienst; er erfriert, während der Knecht in seiner Umarmung allmählich wieder zu sich kommt. Mit dem Knecht – in ihm – überlebt aber auch der Herr, der an seiner Stelle den Tod auf sich genommen, der alle materiellen Ambitionen und damit auch den Willen zur Macht, den Willen zur *persönlichen* Unsterblichkeit aufgegeben hat:

> »In dieser Welt sah, hörte und fühlte nun Wassilij Andrejewitsch nichts mehr. Ringsum dampfte es nach wie vor. Die nämlichen Schneewirbel erhoben sich und bedeckten den Pelz des toten Wassilij Andrejewitsch, den zitternden Hengst, den kaum noch sichtbaren Schlitten und den tief unten, unter seinem toten Herrn liegenden, erwärmten Nikita.«

Umkehrung des Totenopfers: nicht dem Toten wird geopfert, der Tote opfert sich; in den Lebenden überleben die Toten, ohne sich zu überleben. (Daseinsentwürfe vielleicht? ein Sichvorausschicken zu sich selbst? eine Art Heimkehr? Einkehr vielleicht, wie Paul Celan in seinem Gang ins Gebirg sie versucht, mit seinem Sprung in den Fluß sie vollbracht hat?)

•

Was mag Joyce, was mag Lenin an »Herr und Knecht« bewundert haben? Die Novelle – eine simple, distanziert erzählte Geschichte ohne moralischen oder gar klassenkämpferischen Impetus – ist künstlerisch wie auch politisch von geringem Interesse. Worin bestünde denn aber ihr *Faszinosum*?
Für Joyce wie für Lenin war wohl fraglos klar, daß ihr Werk – Text oder Tat – sie überdauern sollte; daß sie selbst, als Autoren, auch nach ihrem Tod – und dann, vielleicht, erst recht – das Sagen haben würden; daß sie aber nicht aus eigener Kraft, sondern nur durch Vermittlung der Nachgeborenen *wirklich* würden überleben und Unsterblichkeit erwerben können. Ich ver-

mute, sie haben beide, als sie Tolstojs Novelle lasen, in einer Art von Epiphanie begriffen, was es mit dem Tod des »Herrn«, mit dem Fortleben des »Knechts« und mit deren gemeinsamer, für immer präsentisch gewordener »Geschichte« auf sich hat.

Denn nirgends in der neueren Literatur (bis hin zu Blanchot und Canetti) ist das Ringen, das Bangen des Autors um die eigene Unsterblichkeit so exemplarisch und doch so frei von jedem ideologischen Spurenelement vergegenwärtigt worden wie hier; bei Tolstoj. »Das Überleben hat seinen Stachel verloren, und das Reich der Feindschaft ist zu Ende.« In diesem versöhnlichen Satz – er beschließt den ersten Teil von Elias Canettis »*Masse und Macht*« – ist kurz und bündig die Hoffnung artikuliert, die sich aus der Geschichte vom Herrn und seinem Knecht gewinnen läßt.

Eine Hoffnung nicht nur für Autoren.

> (»Der Einfluß des Schriftstellers«, heißt es bei Blanchot, »ist an dies Vorrecht, Herr zu sein über das Ganze, gebunden. Aber in dieser Weise ist er nur Herr eben über das Ganze und verfügt nur über das Unendliche; das Endliche ist ihm versagt, und die Grenze entgleitet ihm. Im Unendlichen aber ist kein Handeln, im Unbegrenzten wird nichts vollbracht, dergestalt, daß der Schriftsteller, obschon er wirklich handelt, wenn er jenen realen Gegenstand, den wir ein Buch nennen, hervorbringt, durch die Art und Weise seines Handelns doch auch zugleich alles Handeln entwertet, indem er die Welt der endlichen Dinge und der bestimmten Arbeit durch eine Welt ersetzt, in der alles unmittelbar gegeben ist und nichts weiter zu tun ist, als *es* lesend zu genießen.«)

(Spiegelfechterei:)

». . . so eine Art auszuweichen! hat fast schon Methode! ist vielleicht dein Stil! immer genau daneben! zack! an der Aktualität vorbei hinein ins Ästhetische! raus aus der Wissenschaft! stillschweigend! aber doch ganz schön rührig! gesellschaftliche Relevanz ade! weg vom Subjekt! weg von der Kunst! *und jetzt bist du wieder da!* . . .«, schrie sie.

». . . nein, bei mir, Absichten, Stil, das ist es doch grade, was mir fehlt, was ich nie hatte, keine Probleme, nicht mal Themen, nicht mal einen Grund, nie, kein Ziel, eigentlich weiß ich ja nicht, was ich eigentlich will, weißt du eigentlich, was ich will, was ich weiß, ist eigentlich nur, was du willst, willst du, nicht wahr, eigentlich willst du nicht, daß ich, aber *das bin ich nun mal* . . .«, sagte er.

HEISSES KEILERGESICHT,
verjüngt bis in die eruptive Mitte
eines Himmels! Geht ja nicht,
daß nachts die Schritte
sein Geschlecht nach außen wenden,
ins Geheime! Löwe? Rose?
Kaum noch enden
wollender Applaus und bloße
Körperwärme unbelohnt
verschüttet . . .

                    Ganz Aug sieht S.
uns an, verschont
nur dich . . . (Bemühtes
Suchen nach Distanz, nach Widerhall,
horizontal auslaufend – Wünsche!) Offen
bist du da und doch so selten. Weder Fall
noch Bergfahrt – eher beides: *dort* zutiefst betroffen.

»Was sagst du da?«
»Nichts. Ich seh dich gern so reden.«
»Aber hörst du mich denn?«
»Ja doch.«
»Hab ich recht, weißt du auch, was ich gesagt habe?«
»Ja nein. Eigentlich nicht.«

Haupt konstruiert selten und charakterisiert nie; vielmehr will er beides auf einmal.

Gemisch statt Gestell.

Denn im Kopf besteht die Welt nicht mehr aus schönen Teilen, ist schon gar nicht ein Ganzes, nur Matsch; zu gestaltende Masse.

Haupt macht die Konfusion zum nützlichen (weil poetischen) Tun.

= Geschichte(n) vom Aug   *aus dem Kopf*
»ich« in seiner/meiner Höhle (?)
                                                Brille? Sehen? Was?
der Maler bei Brodsky (*Man* und »Frau«)

= alles kommt von außen!
(Dur! As?)
                                                Wüste
findet *drinnen* Wi(e)derhall, aber wie

= Hartmanns (des Malers) Erzählungen   /wie oben?/
(Flussers kodifizierte Welt)

                                                          schwarz/weiß
Nannucci hat 100 *Grün*töne festgestellt, in der NATUR
(wieviele Grautöne – ausgenommen schwarz und weiß – es in
der STADT wohl gibt??

= schwarz/weiß:) *undurchsichtig* beides farblos nur Kontrast vgl.
Schrift/Zeichnung wie Diagramme, arch. Grund-/Aufrisse
(auch Röntgen-/Pressebilder!)

                                                       (schwarz/weiß-Ästhetik:
Ästhetik der *Moderne*, der Großstadt (Baudelaire, Dostojewskij), dialektisch immer *vertextet*, immer männlich orientiert
über Haupt (schwarz/weiß *geträumt*, drin hinter Lidern) soviel
Schnee

                                                     (oft *gelb* als einzige FARBE)
aber meist sind Armaturen schwarz

Von seinem ersten Schritt an, meint sinngemäß Fibel, bleibt Haupt in einen Widerspruch verstrickt: zum Schreiben braucht er – braucht es? – ein entsprechendes Vermögen . . .

Allerdings kann von Vermögen, wo überhaupt, immer erst dann die Rede sein, wenn die Niederschrift, die jenes Vermögen doch eigentlich voraussetzt, bereits verwirklicht ist . . .

Um Autor zu werden, muß Haupt sich selbst ins Werk setzen; schreibend – und der Welt entgleitend – versichert er sich eines Vermögens, das nicht das seine ist: fremdes Talent, das er, irr vor Lebensfreude, schleunigst vertut.

ZÄHL AN ...

»Kleine Randkunst her; kein Pfandbuch, keinen Kleister!
Nichts; gewürfelt. Wie fiel –
Summe?
Blieben stehn!
Keine Frage: *bist*; ein Machtwort.
Dein Belang.
              (Was weiß Haupt?)
                              Tief...«
                              Liefimschnee –
                              Riefimschnee –
                              Schliefimschnee –
                              Schrie...
              – icht,   ges-
              – ich?   es! –
              – Haupt? er wacht –

So muß es *sein*
Gesicht gewesen
sein:

    ».... zähl an!«

(Die Performance findet statt . . .)

I

. . . diesmal, zum Beispiel, in Venedig. Mitte Dezember. Vierundzwanzig Stunden hier, um euch zu treffen. – Tote Saison. Naßkalter Wind. Schon am frühen Nachmittag beginnt es einzudunkeln, bald auch zu regnen. – Eben war ich drüben am Bootssteg, um mir die Abfahrtszeiten nach San Lazzaro zu notieren; für alle Fälle. Doch wozu? Was könnte schon der Fall sein? – Vorerst sitze ich, mit dem Rücken zum Kai, als einziger Gast in der Londrabar. – Labrador? – Rot gepolsterte, sehr niedrige Sitzbänke und Fauteuils. An der Wand links, in unregelmäßiger Anordnung, ein Dutzend vollbusiger, aus schwerem, fast schwarzem Holz geschnitzter Galionsfiguren. Rechts auf der Theke, weit größer dimensioniert, dieselbe weibliche Halbgestalt in weißem Porzellan; die vor dem nabellosen Bauch hängenden Hände sind zu einer Art Muschel gefaltet und dienen, so scheint's, als Aschenbecher für zwei. – (Bin ich schon auf hoher See? Und zwischen welchen Kontinenten?) – Doch eigentlich sollte ich ja euch anrufen, hätte es schon gleich nach meiner Ankunft tun sollen. – »Wo, bitte, ist in diesem Haus das Telephon?« – Aber warten wir, trinken wir noch einen Tee mit klarem Rum, nicht? Wir? Wer denn wir? – Ich bestelle nach, und während der Keeper noch einmal das Wasser aufheizt und zum Zischen des Dampfs leis vor sich hin pfeift, sehe ich im breiten goldgerahmten Spiegel an der Wand mir gegenüber, wie draußen auf dem Kai der Schnee durch die bläulichen Lichtbahnen zwischen den Laternen treibt. Schnee! Hier! Aber wirklich, ich muß euch nun erreichen, sagen, daß ich da bin, anrufen sofort, erhebe mich also, will nur mal rasch drüben, wo das Telephon, ja, bei den Toiletten, die Zelle, ach so, da bemerke ich im Spiegel, der mich nun, da ich stehe, fast zur Hälfte enthält, wie auf der Höhe meiner Schultern, knapp darüber, wie etwas, wie jemand, ja vielleicht ein Mann vorbeihuscht, als fliege er, und schon ist die Erscheinung, eine auffallend helle, merkwürdig phosphoreszierende Gestalt aus dem Bild, das ich vor mir, aus der Wirklichkeit, die ich hinter mir habe, verschwunden. – Fort. – Ich halte, bereits im Weggehen, ein, werfe einen Blick hinüber zur Bar, wo noch immer der Keeper hantiert, sehe mich um und habe, wieder im Spiegel, dieselbe Szene vor mir, dieselbe weiße Gestalt, die jetzt, mit dem sanften Galopp eines Seepferds oder Joggers, in umgekehrter Richtung das Bild durchquert. – Was? – Wer kann das sein? Ich setze mich erneut, bekomme nun auch schon meinen Tee; und stelle bald fest, daß das Hin und Her sich wiederholt und wesentlich wird. Etwas scheint da vor sich zu gehen, etwas Bestimmtes, das aber erst in seiner Unbestimmtheit erkennbar ist, in seinem Werden. Ich wende mich nach hinten, um nach vorn aus dem Fenster zu schauen. Ohne daß ich es bemerkt hätte, sind inzwischen weitere Gäste eingetroffen; sie haben sich in ihren schweren Mänteln gleich beim Eingang aufgestellt und blicken nun angestrengt hinaus auf den schneeverwehten Kai, wo grade eben – wie denn? – für wen? – ein Feuer entfacht wird, nein, es flammt einfach auf, ist plötzlich da, lodert – hört man es sirren? – hoch, fällt aber sogleich in sich zusammen, mottet, wirft Funken, erholt sich wieder, verlöscht, wird vergessen. Denn in diesem Moment – einer der Zuschauer an meiner Seite läßt ein gepreßtes Lachen vernehmen, als wollte, als müßte er sich selbst am Stöhnen hindern – tritt von der Feuerstelle her erneut und viel eindeutiger die weiße Gestalt auf, die – oder – das – Weiße – (wer weiß?) – Schritt für Schritt, einen Fuß vor den andern setzend und jedesmal bis zu den Knöcheln im Schnee versinkend, nähert sie sich, den unbedeckten Kopf leicht zurückgeworfen, den Blick – durch uns hindurch – auf ein sehr fernes Ziel gerichtet, nähert es sich, kommt auf uns Wartende zu, tritt ganz nah an uns heran, bis uns nur mehr die Fensterscheibe von ihm trennt und ich, da sie mich nun mit weit aufgerissenen, vielleicht noch staunenden, vielleicht schon entsetzten Augen fixiert, nicht mehr zu sagen wüßte, wer von uns beiden – wer von uns allen – draußen, wer drinnen ist und ob und wodurch ich, von ihm unterschieden, *bin*. Ich kann mir nicht denken, was mir da geschieht, was das – was es – bedeutet; sagen wir, es ist inwendig, besonders und allgemein zugleich. – »Sie sind«, schreit plötzlich, neben mir, der graue Herr: »Sie sind sehr schön! Diese Augen! Ich brauche sie! Sie reichen soviel weiter als alles Sichtbare! Aber«, sagt er noch,

»man weiß ja nie, ob ihnen (Ihnen?) je etwas entgeht! Oder ob nicht im Gegenteil die ganze Welt – für sie, für ihn – nur eine Einzelheit all dessen ist, was sie (Sie?) in sich aufnehmen?« – Ja, wie soll denn ich diesen Augenblick ertragen, der so wahr ist, daß er mich erledigt, daß er uns alle erlegt und Licht macht inmitten unserer Dummheit, um uns – für immer – gründlich zu ertappen als das, was wir sind, weil wir so sein wollen, wie wir sind, jeder in seiner Stupidität und Sinnlosigkeit wie der Fisch im Aquarium, wir, da, mit der plattgedrückten Nase am Glas, nicht wissend oder einfach vergessend, daß eben das, was wir, während dieser Blick auf uns ruht und uns ruft, denken, uns daran hindert, jetzt – endlich – zu werden, was wir, ohne es zu ahnen, schon immer gewesen sind. Doch nun hebt sie die Arme ... – die weiten weißen Ärmel gleiten über ihre Ellenbogen zurück und bauschen sich um die Schultern, als wüchsen ihnen Flügel. Die nackten schmalen Arme bleiben eine Weile ausgestreckt wie Fühler, aber sie empfangen nichts, der Engel läßt sie, während er sich, rückwärts gehend, auf die eine Seite aus dem Bild, auf die andere aus der Wirklichkeit entfernt und verschwindet, sehr allmählich sinken ...

II

... und träte er dann in mein Zimmer oder sprengte drüben durch dein Beet, wir würden Angst empfinden; empfinden wir Angst aber im Traum, so *schaffen* wir uns den Engel, von dem wir, einmal aufgesessen, nicht mehr abzuspringen wagen. Der Traum erklärt's – die Angst ist das *Gefühl* von »Angst«; ein richtiges Gefühl für das, was wir *vor der Angst* befürchten müssen. Denn die Angst kommt dann erst, wenn wir uns – wovor? vor wem? – gefürchtet haben ...

... lasse ich auf das bereits Berichtete eine knappe Beschreibung jener theoretischen Emotionen folgen, die mir kamen und die ich hatte, als ich mich erstmals eingehender mit Klees »Engel bringt das Gewünschte« befaßte ...

... stellten sich fast gleichzeitig zwei ganz verschiedene, jedoch eng miteinander verwandte Gefühle ein: zunächst das metaphysische Gefühl, wonach sich keine kontrafaktische Situation korrekt als eine Situation beschreiben läßt, in der es Engel gegeben hätte; dann das erkenntnistheoretische Gefühl, wonach eine archäologische Entdeckung, die den Nachweis erbrächte, daß es Menschen – oder Tiere – mit genau jenen *Eigenschaften* gegeben hat, welche den Engeln in der Angelologie zugeschrieben werden, nicht an sich schon als Beweis dafür genügen könnte, daß es Engel *wirklich* gegeben hat ...

... das metaphysische Gefühl betrifft, wäre dazu etwa Folgendes zu sagen ...

... wie der Künstler, welcher bald in der Gestalt des Affen, bald in der des Hunds auftritt, einer wirklichen Spezies – derjenigen der Autoren – angehört, bilden die Engel insgesamt eine mythische Spezies. Nun lassen sich aber Autoren nicht einfach in Begriffen ihrer Erscheinungsweise definieren; es ist denkbar, daß es eine andere Spezies mit genau der äußeren Erscheinung von Hunden – oder Affen – hätte geben können, die jedoch eine andere innere Struktur gehabt hätten und daher als Autorenspezies zwar anzusehen, nicht aber zu bestimmen gewesen wären. Man könnte zu der falschen (gegenteiligen) Meinung durch die Tatsache veranlaßt werden, daß es in Wirklichkeit keine derartigen Tiere-als-Künstler gibt, so daß in der Praxis das durchaus wandelbare äußere Erscheinungsbild – hier: des Verbrechers – für die Identifikation der Spezies genügt ...

... gibt es also keine wirkliche Spezies von Engeln, und mit Bezug auf die diversen hypothetischen Spezies mit unterschiedlichen inneren Strukturen (... teils der Struktur von *Menschen*-Männchen, teils von *Vogel*-Weibchen ...)*, welche das Aussehen

---

* ... was auf eine innere Verwandtschaft zwischen Engeln und Autoren gemäß der Automatenlehre schließen ließe, bedeutet doch, wie Erhart Kästner (in *»Aufstand der Dinge«*, Frankfurt a. M. 1973) erneut festgehalten hat, der – oder das – Hinterteil des Automaten etymologisch nichts anderes als »sich regen, sich recken«, »drängen, drücken«, »austreiben, aus sich heraustreiben«; demnach hätte die Vorstellung des denkenden Automaten einen organismischen Hintersinn, um den schon Descartes, der den Engel zwar als Tier verkannte, in ihm aber die innere Struktur des Automaten verwirklicht sah, gewußt haben mag und der nicht zuletzt Leibniz dazu verhalf, im Autor den Automaten zu *erkennen*.

hätten, das nach der Angelologie für Engel gefordert ist, kann nicht gesagt werden, welche dieser verschiedenen mythischen Spezies die Engel gewesen wären ...

... wenn man vorerst annimmt, daß die Engel eine *bestimmte* Spezies verbrecherischer, nämlich in sich gebrochener Mischwesen sein sollten, daß die Angelologie jedoch zu wenig Information über deren innere Struktur gibt, als daß dadurch eine einzige Spezies eindeutig bestimmt oder bestimmbar würde, dann gibt es keine wirkliche oder mögliche Spezies der Engel, von der man *sagen* kann, daß sie die Spezies der Engel *gewesen* wäre ...

... ließe sich eher das erkenntnistheoretische Gefühl durch Argumente stützen. Liegt uns zum Beispiel eine Geschichte vor, die eine Person mit der physischen Erscheinungsweise eines Engels beschreibt, dann kann man aufgrund dessen nicht schließen, daß in der betreffenden Geschichte von Engels die Rede ist; es könnte sein, daß von Haupt oder von mir berichtet wird. Von welcher Person die Rede ist, muß bestimmt werden durch die historische Verknüpfung der »Geschichte« mit einer bestimmten Person. Wenn die Verknüpfung verfolgt wird, könnte sich durchaus der Schluß ergeben, daß die Person, von der die Rede war, Monsieur Teste, ich oder jemand anderes gewesen ist. Und ebenso würde die bloße Entdeckung von Verbrechern, welche die Eigenschaften haben, die gewöhnlich den Engeln zugeschrieben werden, keineswegs zeigen, daß gerade dies die Mischwesen waren, von denen die Angelologie handelt – vielleicht war die Angelologie selbst ein bloßes Phantasieprodukt, und das Indiz, daß Verbrecher mit derselben äußeren Erscheinung wirklich – das heißt: tätlich, sächlich – existierten, hatte rein zufälligen Charakter. Also können wir auch nicht sagen, daß die Engel tatsächlich existiert haben; wir müssen außerdem eine historische Verknüpfung herstellen, die beweist, ja – zeigt, daß die Angelologie *von* jenen Mischwesen handelt ...

... lassen sich, was fiktive Eigennamen betrifft, ähnliche Auffassungen vertreten. Die schlichte Entdeckung, daß es einen Autor, welcher ein Werk wie dasjenige von Engels geschaffen und mit dem Leben seiner Nächsten abgegolten hat, wirklich gab, wäre noch lange kein Beweis dafür, daß Valéry *über* diesen Verbrecher geschrieben oder *von* ihm gehandelt hat; es ist theoretisch möglich, wenn auch praktisch von geradezu phantastischer Unwahrscheinlichkeit, daß Valéry eine reine Fiktion mit bloß zufälliger Ähnlichkeit zu dem – einen – wirklichen Menschen hat verfassen können ...

»... sämtliche Personen in diesem Buch frei erfunden und jedwede Ähnlichkeit, sei es mit Lebenden oder Toten, rein zufällig ...«

... vertrete ich überdies die metaphysische Auffassung, daß man, gesetzt es gebe keine Engel, nicht von irgendeiner möglichen Person sagen kann, daß sie Engels gewesen wäre, wenn er – wenn sie – existiert hätte. Es hätte ja doch sein können, daß verschiedene denkbare – und vielleicht sogar die wirklichen – Verbrecher, zum Beispiel Oscar Wilde oder Jack the Ripper, das Engelssche Werk geschaffen hätten; aber von keinem ließe sich behaupten, daß er Engels gewesen wäre, wenn er jenes Werk vollbracht hätte. Denn *welcher* wäre es gewesen? *Wer?* ...

... so daß ich nicht mehr, wie ich es einst im Anschluß an Kripke getan habe, ohne weiteres versichern könnte ...

»... jener Engel existiert nicht, aber unter anderen Umständen – in andern Sachlagen – hätte er existiert ...«*

... vermittelt doch die zitierte Behauptung den irrigen Eindruck, eine fiktionale Bezeichnung wie »Engel« benenne ein bestimmtes *mögliches-aber-nicht-wirkliches* Individuum. Die wichtigste Feststellung aber, die ich machen wollte, bleibt bestehen und ist von jeder sprachlichen Theorie des Status von Namen in der fiktiven Rede unabhängig. Die Feststellung war die, daß die andern denkbaren oder in denkbar andern Welten »möglicherweise einige in der Wirklichkeit existierende Individuen fehlen, während anderseits aber auch neue, niedagewesene Individuen auftreten könnten ...«

... und daß, wenn ...

... Logik) der Formel in Welten ...

... zuzuordnen ist, in denen das betreffende Individuum *nicht* ...

---

* Saul Kripke, »Semantical Considerations on Modal Logic«, *Acta Philosophica Fennica*, XVI (1963), S. 83-94.

. . . UND ICH, ICH WERDE
immer schwerer, untragbarer,
brauche Wärme und Süße für zwei. (Bekehrte
mich ein Weiß, es wäre klar. Er
müßte es bereuen.
Ich würde nämlich gleich,
um mich »wie richtig« zu zerstreuen
und sein reich
dotiertes Vorprogramm ganz
– gründlich – zu vergessen, weiterreisen
in die gesäuberte Volksrepublik. Invarianz
ist leichter zu beweisen
als das Gegenteil. Wie bitter dort die Kälte
schmeckt, weiß ich, weil er sie mir erzählte.)

(10. Mai; Peter W. zum Gedenken)

Kurz bei J. H. in Paris vorbeigeschaut. Wir haben uns lange nicht gesehen. Inzwischen ist, wie ich nun erfahre, seine Mutter gestorben. Sie habe ihn zu sich rufen lassen, als er gerade eben mit seinem Projekt für Amsterdam beschäftigt gewesen sei. Ausgerechnet! Aber *ihr zuliebe* habe er die Arbeit unterbrochen. Schon am andern Morgen sei er abgereist. Nur ihn, er sei ihr einziges Kind gewesen, habe sie in ihrer Nähe geduldet. Doch habe sie gewünscht, daß er Frauenkleider trage; daß er ihr, die nie eine Fremdsprache gelernt hatte, »französische Verse« deklamiere. Sie habe ihm das Versprechen abgenommen, daß er keinen Mann, auch nicht seinen Vater, den schon gar nicht, ihr Sterbezimmer betreten lasse. Er solle, wenn sie nicht mehr da sei, bis zur Bestattung an ihrem Körper wachen. Damit er sich nicht langweile dabei, könne er ja gleich den Fernseher herüberholen; die Programmzeitschrift für die kommende Woche sei auch schon da, sie liege draußen in der Küche . . .

»Was für ein Streß!« fügt J. H. lachend bei: »Ich war bis zu ihrem letzten Atemzug an ihrer Seite, hielt den Vater von ihr fern, las ihr Verlaine vor, machte sie sauber, fütterte sie, notierte, was sie mit sich selbst so redete und welche Namen sie mir gab. Bis sie endlich abkratzte. Uff!«

J. H. plant jetzt *eine Arbeit* über »Das unvoreilige Sterben meiner Mutter«.

Wo das Wort »Scheiße« laut wird, kann der *Intellektuelle* nicht mehr fern sein.

»Scheiße« ist, was stinkt, was stört. »Scheiße«, daß die Frauen nun mal so und nicht anders sind. »Scheiße«, was in Afghanistan, in den psychiatrischen Kliniken, im real existierenden Sozialismus, im Libanon, in unserer demokratischen Gesellschaftsordnung, bei denen und bei uns zu Hause alles so passiert. »Scheiße« auch, was – alles – *nicht* passiert. Gesammelte »Scheiße«, was der oder jener zusammenschmiert, einfach »Scheiße«, was die da in letzter Zeit rauslassen. »Scheiße«, wenn einer mit einem Problem kommt. Wenn man gefragt ist. Wenn man gefordert wird. »Scheiße«, wenn das Menschliche überhandnimmt. Wenn ein Anruf nicht mehr genügt.

»Scheiße«, hörte ich heute einen Kollegen sagen, nein, er schrie mich an: »Jetzt ist auch noch meine Alte gestorben! Als hätte ich nichts anderes zu tun! Was wird nun aus meinem Termin in New York? Und ich bin doch fast schon unterwegs...«

»Und so fort!...«

(Haupts Reise geht tief in das gewärtige Sein dessen, *was der Mensch zu sein scheint.* In sich selbst trage dieser die trichterförmigen Abgründe, das Chaos, den Tumult, die er fälschlich – in ewiger Flucht vor der Erkenntnis seiner selbst – in die Wüste schicken will. Doch während er sich in den Weiten der Wüste wie ein Sandkorn verliert, läßt er die Chance, die eigene Seele als wüsten Kosmos zu entdecken, ungenutzt. Haupts Werk gibt, diesem Entwurf folgend, eine Topographie jener inneren Landschaft.)

SCHWARZ: »Seit wann schreiben Sie eigentlich?«
WEISS: »Ich lebe davon.«
SCHWARZ: »Woher nehmen Sie denn aber die Ideen?«
WEISS: »Ideen? Gibt es wie Sand im Wüstenmeer.«
SCHWARZ: »Und trotzdem – haben muß man sie doch! Worüber könnten Sie sonst schreiben? Was?«
WEISS: »Darüber schreibt man nicht. Nicht über Ideen.«
SCHWARZ: »Sondern?«
WEISS: »Man lebt davon . . .«
SCHWARZ: ». . . also schreiben Sie wohl über das Leben? Ja?«
WEISS: »Was ich erlebt habe, darüber brauche ich nicht auch noch zu schreiben.«
SCHWARZ: »Und doch schreiben Sie! Sie reisen oft. Sie waren in der Mongolei, in China . . .«
WEISS: ». . . und so schreibe ich auch. Wie ich lese. Oder reise. Ja. Doch. Wie einer, der die innere Mongolei von innen kennt und also weiß, daß sie von außen nicht zu beschreiben ist. Denn nur weil ich in der innern Mongolei *gewesen* bin, ohne dort gewesen zu *sein*, kann ich immer wieder werden, was ich bin, wenn ich ›ich schreibe‹ schreibe . . .«

(Tatsächlich genossen, wie Chlebnikow in seiner Arbeit über *»Weltliche Autoritäten in Nord- und Zentralasien«* ausführt, jene Autoren besonderes Ansehen, welche ihre erste Reise durch den Tod – durch den Tod hindurch – schon hinter sich hatten. Die Zurückgekehrten – nach einer alten mongolischen Überlieferung werden die sehr leichten Knochen dieser Wenigen durch einfache, in der Regel rasch rostende Drahtschlingen oder -klammern zusammengehalten – führen nun als Auserwählte, und das heißt: als Verdammte, unter wechselnden Namen ein weiteres Leben, doch im allgemeinen erreichen die Autoren wegen ihrer außerordentlichen Reisestrapazen, die recht drastisch als Zerstückeln, Garkochen, Auskratzen beschrieben werden, kein hohes Alter. Bei ihrem Tod gerät die Leserschaft nicht selten in eine Krisenstimmung, die solange anhält, bis die Verschiedenen ihre Unsterblichkeit oder – noch besser – ihre Sterblichkeit *bewiesen* haben.)

»Wo ist die Jugend? War sie bei 40? War sie bei 27?« (L. H.)

(Heute vierzig geworden. Geworden!)

». . . endlich erwachsen?« fragt L. über den Tisch. Sie lacht. Als hätte *ich* witzig sein wollen. Als hätte *sie* irgendeinen Grund zur Heiterkeit gebraucht. Und wer sollte denn – aus Anlaß dieses doch seit langem absehbaren Tages – wen erheitern? Der Witz ist wohl ganz schlicht der, daß ich es bin. Ich, es.

»Na, komm schon . . .«

»Wer denn sonst?«

»Am besten lacht noch immer . . .«

»Also wer?«

». . . zuletzt!«

(Wo sie das nur wieder aufgelesen hat?)

DIE ANGST solang wie Licht,
die Nacht so leicht nicht
rumzukriegen. Dreimal Gegensteuer
auf komm raus. Kraft Mikropolitik ein neuer
Mensch: *Tell
them* – mit Witz gen Stein –
I've had a wonderful life! . . . Pedell
steht hellwach vor dem Krematorium, bereit,
ihn einzuseifen und nach Kopfrasur als
Hansi zu entlassen. Weit
gefehlt, da auch Natur (falls
philosophisch abgewrackt) Traktat ist, bleiben
Selbstverzehr und Afterschreck geraten,
ja geboten, bis das Treiben
im Geschiebe der Geschichten Taten
Worte sein läßt.
       »Sinn?«
          »Erraten!«

DIE SEKUNDE – jähe Weiße
beim Erwachen aus dem vorvorletzten
Akt – kennen wir
auf keine Weise:

kommt er gelegentlich vom Ein-
kauf oder von der Frau
nach Haus, verschlägt
ihm einer mit dem Nagelschuh die Stimme, bis
er kaum noch ist: so

wird dort geblendet und verrückt:

Hoch! Zeit dessen, was »ich bin!« umsonst
– »wer weiß?...« – war auch der Fall
ins Revolutionsmuseum, war der
Gang zur Sickergruft:
                    die bücklings
übersetzten Verse aus Duino sind
wie seine alten Jahre auf
den Tag genau gezählt: was bleibt –

die unableitbar helle Kälte.

(für Ajgi; zur Erinnerung an Konstantin Bogatyrjow)

Als ich noch kaum zur Schule ging, es mag 1946, 1947 gewesen sein, wurde eines Tages Herr Böswald, unser Nachbar an der Rosentalstraße in Kleinbasel, während der Mittagspause in seiner Wohnung festgenommen und sofort in den Lohnhof verbracht. Gesehen hatte ich nichts, gehört nur das Klingeln am andern Ende des Korridors, etwas später dann, sehr laut, das Wort »verhaftet«, ein Stimmengewirr, in dem *die Fragen* zu überwiegen schienen, schließlich das regelmäßige, rasch sich entfernende Hupen des Überfallwagens.

Böswald, der freundliche, stets schwarz gekleidete Herr mit den rosigen Wangen, ist nie zurückgekehrt; er soll wegen »Landesverrats«, vielleicht auch weil er »Jude« und »Vertreter« war – die Erklärungen der Erwachsenen blieben in diesem Punkt merkwürdig unbestimmt – zu lebenslänglicher »Haft« verurteilt worden sein.

Den ganzen Vorfall, der immerhin ein paar Tage zu reden gab, vergaß ich bald. Nicht so die Wörter und Namen, die ich damals zum erstenmal *aus aller Mund* hörte; Namen und Wörter, denen ich während Jahren nicht *auf den Grund* zu kommen vermochte und die ich noch als Halbwüchsiger wie Fetische mit mir herumtrug.

Fetische? Fragen, die zu meinen tiefsten Heimlichkeiten wurden und die ich *auf keinen Fall* beantwortet haben wollte; war Böswald nun »Landesverräter« oder »Landesvertreter« gewesen? Was hatte er, als »Jude«, mit jenem Herrn Jud von nebenan zu tun, den wir als Kinder, da er *nie zu sehen* war, »Herrn Anders« nannten? Und was hieß das wohl – in »Haft«, »verhaftet«? Ich stellte mir darunter, noch während Jahren, *die allerschlimmste Todesart* vor: sehr langsam – ja eben »lebenslänglich« – ums Leben gebracht zu werden.

Badenweiler, am 15. Juli. Tschechow wacht gegen ein Uhr nachts auf; er hat Atemnot. Um zwei trifft der Arzt ein. Tschechow läßt Champagner bringen; er setzt sich auf und sagt zum Arzt sehr laut auf deutsch (sein Deutsch ist äußerst mangelhaft): »Ich sterbe . . .« Und jetzt nimmt er sein Glas, wendet Olga, die neben ihm sitzt, das Gesicht zu, lächelt, lächelt unverwandt sein wunderbares Lächeln, sagt noch: »Ich habe so lange keinen Champagner mehr getrunken . . .«, leert sein Glas in aller Ruhe, legt sich still auf die linke Seite und – *ist tot.*

.

Sterben: zu Tode kommen; zur Sache; zu sich.

Denn »gestorben« – daß heißt: objektiv, geworden, sein.

Als Tote sind wir wohl immer nur dies oder das; ein Es in bezug auf jenes Ich, das Man diesseits war.

(Hohl: »*Alles, was du bist, wirst du einst sein.*«)

Ich – Subjekt, Bewußtsein – ist Nichts (:) als eine Art von Korridor (das Leben: ein Streben, ein Sterben) zum Anfang hin. Durchlauferhitzer.

(S)ich denken: tot sein.

Wenn einer aber sagt: »Ich sterbe . . .« – lebt er doch noch; kann er sich freuen.

·

> *Moskau, am 19. Juli.* Ankunft der sterblichen Überreste Tschechows am Nikolaischen Bahnhof. Mit demselben Zug ist, ahnungslos, auch Gorkij gereist. »Und die Banalität«, so berichtet er später, »nahm Rache an Tschechow mit einem bösen Streich: sein Leichnam – der Leichnam eines AUTORS – war in einem Kühlwagen zum Transport von AUSTERN heimgekehrt.«

Am meisten Zeit verlor ich an die Kunstgeschichte, an die Germanisten, aber auch an ein paar ausgestorbene Sprachen, die mich – wie Bergkristalle oder ausgestopfte Haustiere – wegen ihrer Absonderlichkeit faszinierten. Der Bolschewismus, durch Fritz Lieb im Rahmen der russischen Geistesgeschichte vermittelt, blieb mir wichtig wegen seiner Radikalität; er ist, vom Buddhismus abgesehen, die einzige atheistische Religion, und eine solche brauchte ich damals, um von Papi loszukommen, von der Autorität überhaupt, weg von diesem mütterlichen Vaterland.

Doch wie weiter? Und wozu?

Endlich war ich unterwegs; aber bald wurde klar, es war der falsche Weg, es war kein Weg, den ich da – also dort – unter den Füßen hatte, es war bloß ein Standort. Statt zu gehen, statt zu denken, stand ich links, wenn auch nur für mich selbst; ich stand zu Bakunin, zu Kropotkin, von denen her ich mein Unbehagen gegenüber Marx und meine Antipathie gegen Lenin zu begründen versuchte. Aber das neue Wort fiel nicht, der Anfang des Satzes blieb unausgesprochen; lernfähig war ich nur im Umgang mit Stirner, mit Lautréamont und Dostojewskij, und als ich letzteren – neben Freud – auf einem Gruppenbildnis der Surrealisten entdeckte, war ich sofort für Breton und die andern eingenommen, für Bataille und Leiris, später dann, ebenso wahllos wie konsequent, für Artaud und Queneau . . .

. . . doch für wie lange?

Ich fuhr auf ein Jahr nach Paris; besuchte Gräber und Überlebende, arbeitete als externer Assistent für das *Musée de l'Homme* (Museum des Menschen! ja, nur der museale Mensch konnte mich damals interessieren, der schon vergangene, der gerade eben vergehende), traf – Mitte der sechziger Jahre – nach einem Vortrag kurz mit Leiris zusammen, vor dem ich mich allerdings so radikal schämte (fühlte mich *in seinem Angesicht* bis zur Bewußtlosigkeit durchschaut), daß mir die Frage, die ich ihm eigentlich hatte stellen wollen, in dem Augenblick entfiel, da er mich bemerkte. Danach fand ich nächtelang keine Ruhe mehr, doch nie wieder ist mir jene Frage – eine existentielle, das steht fest, eine grundsätzliche Frage – in den Sinn gekommen, und ich bin fast sicher, daß sie, für mich, noch heute nicht beantwortet, also weiterhin zu beantworten ist. Vielleicht deshalb schreibe ich; um jener Frage nachzuspüren, die, falls ich sie nochmals zu stellen vermöchte, die Antwort wäre, nach der ich seit jeher suche.

So begann ich, ernüchtert, Hegel zu lesen; und vergaß darüber meine Surrealisten, ohne ihnen freilich untreu zu werden. Ich las; viermal las ich die »Phänomenologie des Geistes« durch, las völlig hingegeben (weil hingerissen), las ohne jedes Verständnis, nein, *kein Wort* (und schon gar nicht das *neue*, auf das es mir nun einmal ankam) konnte ich begreifen; keins. Eher griff ich wohl nach den Worten, als wären es Wörter, als wären es Dinge. Ich las mit einer Intensität und Naivität, zu der mich, Jahre früher, einzig Dostojewskij befähigt hatte; einzig vielleicht »Der Idiot«.

Und weiter trieb es mich, zurück, in die Provinz; ich tat nichts, las nur, schrieb auch gelegentlich schon. Gedichte. Von der Poesie her, durch Hölderlin, den mir der späte Walter Muschg pathetisch nahebrachte, kam ich erneut auf Hegel zurück, und als ich zum fünftenmal das vierte Kapitel der »Phänomenologie« vornahm, verstand ich plötzlich; ich begriff, es war da vom Diktator die Rede, vom Dichter.

Und jetzt konnte ich mich endlich dazu entschließen, »Literatur« versuchsweise zu praktizieren, statt sie bloß zu interpretieren. Die Theorie ließ ich – wie jenen Augenblick, da ich vor lauter Leiris meine Frage vergaß – vorübergehend hinter mir, so daß plötzlich alles wieder in der Zukunft lag; auch das Leben.

Soviel zu meinem Studium; mehr hat es nicht gebracht.

(Von meiner einzigen Reise in die Mongolei – ich reise ungern – ist mir eine einzige Episode erinnerlich geblieben; diese:)

Im Rahmen einer Besichtigungstour brachte ein Bus der Freundschaftsgesellschaft unsere Reisegruppe an den westlichen Stadtrand von Ulan Bator, in einen weitläufigen Außenbezirk, der in der Zwischenkriegszeit vorwiegend von Europäern bewohnt gewesen sein soll.

Schon bei der Anfahrt konnte man denn auch, nebst ausgedehnten Grünflächen und Gartenanlagen, mehrere finnische Blockhäuser und großbürgerliche französische Villen, eine russische Datscha und sogar einen protestantischen Kirchenbau sehen. Unser Interesse sollte jedoch, wie sich herausstellte, auf eine Denkwürdigkeit besonderer Art gelenkt werden, auf ein in dieser Umgebung geradezu exotisch wirkendes Schlößchen in bayerischem Heimatstil nämlich, über dessen schmiedeisernem Tor ein, wie man schon von weitem sehen konnte, in Bambus gefaßtes Schild mit der Aufschrift LINDERHOF angebracht war, was unsern mongolischen Begleiter – denn davon, daß wir geführt worden wären, kann, worüber niemand außer mir sich zu beklagen hat, gar keine Rede sein – zur weitschweifigen Rekapitulation der Lebensgeschichte eines gewissen Johann Christian Linder ausholen ließ, der, aus Ingolstadt gebürtig, hier – in der Hauptstadt – zwischen den Kriegen als Gründer und Besitzer einer kleinen, aber feinen Industrie, wie der Mongole sich diskret ausdrückte, zu einem nicht geringen Vermögen gekommen sei, so daß er, statt ins unruhige Deutschland zurückzukehren von dort einen Baumeister zu sich bestellt habe, aus dessen Erinnerung schließlich – wir hatten das Gebäude mittlerweile betreten – diese Kopie eines Lustschlosses im Sinn – der Mongole sagte »Sinn«, nicht *Stil* – von Ludwig II. hervorgegangen sei:

»So!«

Worauf nun, ohne daß Linders ferneres Schicksal dargelegt worden wäre, die Besichtigung beginnen konnte. Mit quälender

Langsamkeit bewegte sich unsere Gruppe, inmitten anderer, offenbar etwas früher eingetroffener und auch bereits, je nach Sprache, zu größeren Klassen zusammengefaßter, vorwiegend deutscher und japanischer Reisegruppen, von Saal zu Saal, von Bild zu Bild, wobei sie – also wir – vom mongolischen Begleiter, der uns, als gehörte auch er zum Besucherstrom, ebenso beharrlich wie unauffällig auf dem Fuß folgte, durch unüberhörbar leise und unmißverständlich klare Anweisungen aus dem Hintergrund gelenkt wurden.

Da die Besichtigung ohne jeden erklärenden Kommentar vor sich ging (was bald diesem, bald jenem Mitglied der Gruppe Gelegenheit gab, die geistige Führung zu übernehmen), begann ich, um die andern ein wenig von mir abzulenken, ziemlich blindlings zu photographieren, photographierte zum Beispiel diese Vase hier oder jenen Sekretär, dann das Alltagsporzellan des LINDERHOFS (jetzt unter Glas, daher die Spiegelung) und sogar eine alte chinesische Mumie – dort – in jenem rot ausgemalten Kasten, mit dem kleinen schwammartigen Ding auf der Brust, das ist, das war, wie ich mir sagen ließ, das Gehirn, das hat man ihr – aber ist das wirklich eine Frau gewesen? – gleich nach dem Tod aus der Nase gezogen, schließlich – da – diesen Blick aus dem Turmzimmer (wo übrigens noch jetzt die Lindersche Bibliothek aufgestellt ist, Hunderte von Bänden, alles in Halbleder gebunden, vom Nibelungenlied bis Wagner, bis George) ja, und als ich meinen Apparat wegsteckte und mich umwandte, stand ich plötzlich einer mir völlig fremden Besuchergruppe gegenüber, die mit gespannter Aufmerksamkeit – mit vereinten Kräften, möchte ich fast sagen, jedenfalls: wie aus *einem* Gesicht – an mir vorbei oder durch mich hindurch ins flimmernde Eichenlaub starrte, als würde draußen vor dem Fenster in diesem Augenblick ein Kapitel deutschen Waldes aufgeblättert.

Kaum machte ich, eine flüchtige Entschuldigung vor mich hin murmelnd, Anstalten, das Lesezimmer zu verlassen, da trat die andächtige Versammlung auch schon auseinander, ließ mich stillschweigend passieren, um sich hinter mir sogleich wieder zu schließen. Ich eilte durch das steile Treppenhaus hinunter ins zweite Obergeschoß, kämpfte mich, den inzwischen merklich angewachsenen Besucherstrom zerteilend, durch den Korridor, erreichte die Haupttreppe, stieg im Gedränge nochmals um ein Stockwerk tiefer, entdeckte eher zufällig eine Servicetür, die wiederum, über einen langen, kaum erleuchteten Gang, auf eine schmale Treppe und schließlich – ich fand mich unversehens allein – zu einer weiteren Tür im Erdgeschoß führte, die ich, nicht nur ungeduldig, sondern auch etwas unsicher geworden, so heftig aufstieß, daß ich, ohne mich irgendwo festhalten zu können, übergangslos in die Zeit der Yüan-Dynastie zurückfiel, aus der ich erst ein paar Jahrhunderte danach – wie aus einem jener gewaltigen Folianten, in denen sich mittlerweile fast tausend Jahre mongolischer Geschichte abgelagert haben – wieder erwachte. Ich? Nein, ich bin seither nicht mehr gereist.

WÜSTE! weis den Weg
aus dem Verstand . . .
Die Hand
da auf dem Blatt ist träg,
hat nur noch Schwere,
wird zum Gegenstand der Schrift,
die sich dem sogenannten Leben in die Quere
stellt und dennoch stur danebentrifft.

Die Wüste weiß
den Weg, der aus dem unabsehbar weiten Feld
der Hermeneutik in die Innenwelt
des Körpers führt; ins Eis.

LIESSE er, was eigentlich nicht
so seine Art ist, die eine
Hand mal wieder ganz schlicht
liegen auf dem Tisch (oder baumeln zwischen den Beinen),
könnte man ihn leicht erraten,
bevor er sich verriete durch das Blut
unterm Daumennagel . . .
                    Sein totaler Mut
wäre an jener Stelle gesammelt wie Blei: für Taten!

FRÜH MORGENS, früher
als sonst, bin ich heute
– *übrigens in aller Ruhe* –
aufgestanden, um die Leute,
die sich jeden Tag so gegen sieben
auf die Straße und zur Arbeit drängen, wieder
einmal (wie der
Jäger Gracchus überm Korn das Wild
der Welt) durch die Raute
meines Schreibtischschlüssels zu beschielen, bevor sie drüben
verschwanden – im Bild.

ES GIBT kein
Schau! kein Ich
Mach »Kain«: nur
Bin für dich
Und sind wir also nicht
Wir *sein*.

(unter uns: ein Dreiecksverhältnis!)

Es waren einmal drei Autoren – ich, du, er. Nun ist es aber so, daß ich lediglich in einer Geschichte von dir vorkam, während du wiederum nur in einer Geschichte von ihm vorkamst, wobei merkwürdigerweise auch er bloß als literarische Figur vorkam, und zwar, versteht sich, in einer Geschichte von mir.

Ist nun aber ein solches Verhältnis – ein Vorkommnis wie dieses – überhaupt möglich?

Es ist nicht nur möglich, sondern auch – wenn man über Haupt an das Problem herangeht – *wirklich*; es war der Fall: ein Einfall...

> (... daß nämlich alle drei Autoren, ich und du und er, als literarische Figuren in einer andern Geschichte vorkamen – wir waren Haupts Helden! Man kann sich also dieses – unser – Dreieck gehupft wie gesprungen vorstellen, sei's auf dem Schachbrett, sei's in der Zirkuskuppel. Es ist nur einfach so, daß Haupt, um uns in seinem Werk *das Leben imitieren* zu lassen, sich selber unbedingt aus der Geschichte heraushalten mußte. Der Autor in Person darf nämlich, wenn er am Leben bleiben will, niemals in sein Werk eingehen, schon gar nicht als Held, schon gar nicht als »ich«. Obwohl wir alle, ich und du und er, in den Geschichten, in denen Haupt – *in seinem Werk* – uns hat vorkommen lassen, direkt oder indirekt miteinander in Beziehung treten, uns

verständigen, ja uns verschwören konnten, war Haupts Leben für uns unantastbar; wir waren durch Haupts Werk – das heißt: durch die Welt, in der wir »lebten« – von ihm getrennt. Und mehr als dies: *wir* können ihn uns nicht einmal vorstellen; oder versuchen *Sie!* doch mal, sich den Autor jener Geschichte vorzustellen, deren Held Sie selber sind. Vorstellbar ist Haupt nur außerhalb, nur diesseits seines Werkes; im Leben. Darstellbar ist er überhaupt nicht, es sei denn, Sie machten ihn zum Helden *Ihrer* Geschichte.)

Die Fahrt führte durch manch ein flaches Dorf, der Schwarzwald blieb Gerücht, bis endlich das Schild in Sicht kam, TODTHEIM oder TRONDHEIM, dann nochmals lange nichts, schließlich der DORFPLATZ, leicht schwankend wie ein Flugzeugträger, wie die Plattform eines Ölbohrturms, der rostige Bodenbelag war sauber vernietet, die Platzmitte aber etwas bombiert von der Hitze, das gewöhnlich für Spitäler, Kliniken und Sanatorien verwendete H-Zeichen stand hier weiß auf schwarz und war durch einen Pfeil ergänzt, der hinauswies zur PERIPHERIE, dort stieß ich denn auch gleich auf das HAUS, das heißt, ich befand mich nun eigentlich schon in der Wohnung, die mir nach einem ersten ungestörten Augenschein durch ihre relative Weitläufigkeit auffiel, auffiel, weil die Innenausstattung einheitlich aus den fünfziger Jahren zu stammen schien und offenbar nie ergänzt oder erneuert worden war, alle Anstriche gehörten derselben Klasse von GRAU an, mehrfach gestrichenes Holz, wie ich noch sehen konnte, Eisenbetonimitation von täuschender Ähnlichkeit, bevor dann Frau Heidegger eintrat und sofort die Hände zu ringen oder jedenfalls sie zu reiben begann und zunächst nichts anderes sagte (und beharrlich wiederholte, als hätte ich nach IHM gefragt) denn MEIN MANN, MEIN MANN, der dann aus unbestimmter Richtung auch *wirklich* kam, eher wohl von hinten als von oben, MEIN MANN, ein kleiner farbloser Greis mit ziemlich verschmitztem Lächeln und leicht geröteten Augen, der nun, wie zuvor schon Frau Heidegger *selbst*, seine Hände kreuzweise übereinanderlegte und deren Innenflächen zu frottieren begann und sie solange knetend und pressend rieb, bis sie feucht waren und quietschten wie Fürze und Frau Heideggers MEIN MANN und sogar der Anfang einer längeren Improvisation des Alterchens von diesem Quietschen und Schmatzen übertönt wurden, während in der Wohnlandschaft, als hätte MEIN MANN sie herbeizitiert, diverse Leute mit blinkenden Namensschildchen herumstanden, die uns wie Bücher den Rücken zukehrten, und dieweil der Alte weitersprach und weitersprach, trug Frau Heidegger den Kuchen auf, bot dazu aber keinerlei Säfte an, legte die verbrauchten Hände in den Schoß, wiederholte noch mehrmals MEIN MANN MEIN MANN, um sich gegen fünf Uhr, als sie die gelehrte, wiewohl etwas sprunghafte Rede im

Kopf hatte, recht brüsk zu erheben und sich in die tiefste der Ecken abzusetzen, wo sie nun, mit gereckten Armen und unversehens jugendlich geworden, an einem Vorhangzug (oder Glockenseil) Stück für Stück die sehnigen, stramm ausgewrungten und daher leicht verlängerten Körperteile ihres Söhnchens durch einen Schacht nach oben ins Freie hißte, wobei sie erneut MEIN MANN und MEIN MANN vor sich hinsang, während gleichzeitig der Alte, ohne sich von der philosophischen Szene abzuwenden, jambisch skandierend MEIN GEIST und MEIN GEIST – warum hast du mich verlassen? – in den Diskurs einfließen ließ, der nun ohnehin, genauso wie die Zeit, die uns noch blieb, dahinfloß oder schon verflossen war.

I

DER WEG weicht von der Uhrzeit
Ab wie einst. Ganz weiße Teile
Wirft dir Lebemann in die
Verarmten Augen. Du bist da.

II

Vor deinem Fenster geweißeltes
Laub ruft dir vor lauter Minderheit
Die Angst, die keine Pforte
Hat: den greisen Bau der Macht.

III

Komm, ich biege dir das Grün-
Zeug vors Gedicht. Dem Drang der
Dinge nachzuhelfen fehlt die Sicht.

IV

Der Windrest löckt dich wider
Einen Pfeil, der ungeheuer oben
Wippt: Da hättest du mich.

... mich ganz genau erinnere, wie ich damals vor einem ihrer mannhaftesten Bilder – einer krimgotischen Landschaft – unversehens, ja ich möchte, um noch eine Spur präziser zu sein, sogar sagen: im Kopfumdrehn erkannte, was es mit den gestielten Sternen über ihr und mit dem mongolischen Gesetz in mir auf sich hat; und daß ich ihr, als sie erneut mit ihrer Schrift- und Bildstellerei anfing, den Rat gab, sich aus diesem Rhythmus – es war von aller Politik die Rede – konsequent herauszuhalten und statt dessen, ebenso konsequent, das Recht in Anspruch zu nehmen, selbst und doch anders zu sein; »selbst«, also »anders«.

ZWISCHEN AUSSENSTEHENDEM und Eingemachtem –
infinite Lebensformen:
frieren! kochen!
   Du, ausgedachtem
Leben zugetan und Ohr für die enormen
Glücksgerichte, bist ganz Schmerz, Kontrast
zu dem, was »haben« heißt und was du haßt.

Das kann *ich* doch nicht gewesen sein! Was ist dieses »ich«, wer ist es, dem du derart ähnlich siehst? Und was ist dieses »er«, wer ist es eigentlich, den ich so ohne weiteres für mich sprechen lasse? Wo, wie ist »es« zu fassen? Und wer will was von wem wissen, wem was weismachen wollen? Ich jedenfalls kann mich immer nur als Bild sehen, im Bild, außerhalb der Wirklichkeit, bloß als Körper, nie in meiner Leiblichkeit. Nur im Spiegel, in einer frontalen Photographie oder in deinen Augen kann ich meinen Augen begegnen, doch mein Blick fällt nicht auf mich zurück, erreicht mich nicht, bleibt stumpf auf das Objektiv gerichtet, das auf ihn gerichtet ist. *Ich* wäre also »er«, der für mich spricht, jener Andere, der »du« ist, wenn er »ich« sagt. Und so fort –

Am frühen Nachmittag, beim Verlassen eines Restaurants, wo er sich mit ein paar Freunden und Kollegen zu einem Arbeitsessen getroffen hatte, wurde Barthes vom Laster einer Reinigungsfirma angefahren, auf die Straße geschleudert und von den herabstürzenden Ballen schmutziger Hotelwäsche zum Verschwinden gebracht; begraben. Als man ihn, schwer verletzt, unter dem Bettzeug fand, muß er fast schon erstickt gewesen sein; man hielt ihn für tot und ließ ihn ziemlich lange auf dem Gehsteig liegen, bevor er von einer *zufällig vorbeifahrenden* Ambulanz zur Klinik gebracht wurde. Da man offenbar keine Papiere auf ihm fand und seine Identität nicht festgestellt werden konnte, verzögerte sich die medizinische Hilfeleistung ein weiteres Mal. Erst gegen Abend wurde er, noch immer ein Unbekannter, operiert.

Aber Barthes ist aus dem Koma nicht mehr zu sich hochgekommen. Er starb für jenen Andern, für's Ich; für den Autor, der ihm zur zweiten Natur geworden und doch immer um ein paar Schritte voraus war.

So hatte ihn die Herkunft wieder. (Im Tod sei Barthes der eigenen Mutter »zum Verwechseln ähnlich« geworden, bestätigte mir vor kurzem H., der *bis zuletzt sein Schüler* gewesen war.)

Barthes' Glück, so könnte man nun nachträglich vielleicht sagen, war es ja doch, daß er das Drama seines Lebens nicht erdulden mußte, sondern ihm als Unbeteiligter – als Autor – beiwohnen konnte in einem (wie er selber einmal, in der dritten Person Einzahl, sagte) »unerlaubten heimlichen Akt, mit dem Barthes sich ›sich‹ vorstellt als eine Idee, als eine Verrenkung, die sich ganz klar allen denkbaren Mißverständnissen aussetzt, angefangen – gewollt? ungewollt? – bei dem, daß einer nicht auffallen will ...«, und dies um den Preis, ganz radikal – gleichsam fatal – verkannt zu werden, ungeachtet dessen, was er über sich schriebe (da er eben doch *mit seinem Leben* handelt, indem er es abhandelt) und mit welchem Namen er es auch immer signierte, selbst wenn er das bewährteste der Pseudonyme wählte: »... meinen eigenen Namen, meinen Eigennamen!«

MEINE ABNEIGUNG,
auf euch zuzugehen, auf dich einzugehen,
und zu sagen,
was ich bin und wer es ist,
der – das? – da! – spricht;
mein Widerwille,
dich oder jenen anzurufen
und mich anzumelden;
dieser Ekel,
den eigenen Namen nennen (ihn
in den Mund nehmen) zu müssen –
dies alles hat wohl mit dem ziemlich schlimmen Gefühl
(oder auch nur mit einer Ahnung, mit dem trivialen
Aberglauben) zu tun, daß ich,
wenn ich meinen Namen sage, jedesmal mich selbst
verrate; an den Tod.

·

Ja, der Tod, der in mir ständig
spricht, er spricht sich aus (durch mich)
in meinem Namen.

·

Denn lasse ich mich erst einmal beim Namen
nennen oder gar mit Namen rufen,
behauptet er sich ohne »ich«, fällt
von mir ab, denunziert mich
in meiner Abwesenheit, indem er meine Anwesenheit
behauptet – *daß ich da war.*

(Variante:)

Ich rufe dich an, du rufst mich an, wir nennen, bevor wir uns im Gespräch zusammenfinden, unsere Namen, und schon bist du von mir, bin ich von dir – vollends – getrennt; allein.

(Die Einsamkeit beginnt beim Eigennamen.)

Nur wo »du« und »ich« *namenlos* eins – ein Fleisch – werden, ist »man« ganz bei sich: ausgelassenste Geselligkeit!

Werk...
Werkstatt.
Werkstatt Leben.

.

Werk statt Leben:
Lebenswerk!
... Leben?

(über Haupt; abends)

PORTRÄT DES DICHTERS; als alter Mann:

». . . mit bloßem Zahnfleisch!«

Wer *diesen* Biß hat, ist noch immer Hunds genug; er fasse, statt zu bellen.

(E. M. Cioran gelesen: »Gevierteilt«)

DIES KÖNIGLICHE sprach er angelehnt
an ihre Stimme rückwärts aus: Saharanevadagobi
sierasavanatunder sokorrapamp. Mit großen Worten
ging er auf sie ein (zwei Schritte vor
ein Schritt am Ort). Die Rose
war schockiert. Er hing in viel zu hohen
Krücken und von sehr weit oben
kam sein lallendes
Gerede (angelegt auf
die erstaunliche Gerade ihres Rists,
mit dem sie ihn sooft er mochte
hinhielt:) Bevor
er sich nochmals herabließ und abtrat,
widmete er ihr ein paar Zeilen. Sie
überlebte ihn um einen ganzen Tag
mit ordinärstem Schrecken.

(Faust und Lust; für O. M.)

In Genf, auf der Durchreise hierher, M. S. getroffen, der mir
E. N. vorstellte, der kurz zuvor, als Tourist in Moskau, mit dem
alten M. R. zusammengetroffen war, der in den dreißiger und
vierziger Jahren, im Auftrag Stalins mehrere Filme nach antiken
Stoffen gedreht habe, in denen der Generalsekretär persönlich –
meist als Kaiser, gelegentlich auch als Feldherr oder, entsprechend
verkleidet, als Schauspieler – aufgetreten sei. Die Filme
hätten jedoch nicht kopiert und immer nur einmal – in einem
speziell dafür eingerichteten unterirdischen Projektionsraum auf
Stalins Landsitz – vorgeführt werden dürfen, so daß sie lediglich
den jeweiligen Mitgliedern des Politbüros und einigen Familienangehörigen
des Hausherrn bekanntgeworden seien. Ob sich die
Originale erhalten hätten und wo sie allenfalls aufbewahrt würden,
habe M. R. nicht sagen, vielleicht auch nicht wissen wollen.
Immerhin sei er schließlich bereit gewesen, den Inhalt eines jener
Filme – das Drehbuch soll von einem jüdischen Komiker namens
Erdman oder Großman im Stil eines Buffomysteriums verfaßt
worden sein und den Titel »*Abendmahl*« getragen haben – nachzuerzählen.

Was E. N. mir darüber berichtete, fasse ich hier, das heißt gleich
jetzt als Nacherzählung seiner Nacherzählung einer Nacherzählung
zusammen, wobei ich mir der Zweifelhaftigkeit, ja der Verrücktheit
des Unterfangens durchaus bewußt bleibe; denn was ist
schon von solchen Erinnerungen zu halten, die lediglich auf
Erinnerungen abgestützt sind, die lediglich auf Erinnerungen
abgestützt sind, auch wenn ich selbst es bin, der sich – nun
endlich! aber wie? – erinnert: vor allem das beachtend, was nicht
ins Bild zu passen scheint.

Etwa dies: Bei einer besonders festlichen Gelegenheit – es mag
sich um die Geburt des Thronfolgers, vielleicht auch um einen
bedeutenden Sieg auf dem Schlachtfeld gehandelt haben – lädt
Stalin, nunmehr in der Rolle des römischen Kaisers Domitian,
telephonisch einige der ihm nahestehenden Minister und Sekretäre
zu sich auf seinen Landsitz ein.

Die erste Einstellung zeigt ihn, in eine weiße wallende Toga
gekleidet, vor dem an der Wand befestigten Fernsprechapparat.
In rascher Folge und ohne irgendwelchen Emotionen Ausdruck
zu geben, ruft er nun seine engsten Mitarbeiter an. Jeden begrüßt
er auf dieselbe Weise, jeder empfängt denselben Befehl: Ich bin es,
lade ein zum Abendmahl, ohne Gefolge, heute nacht, hier ...
Schnitt. Stalin läßt von seinen Turksklaven, die er mit stummen
dezidierten Gesten befehligt, einen Raum herrichten, an dem
alles – Decke, Wände, Fußboden – schwarz ist. Auch werden
mehrere schwarze Liegen bereitgestellt. Eine Lichtquelle ist nicht
auszumachen. Allein Stalins strahlend weiße Toga scheint den
Raum zu erhellen. Schnitt. Der Raum, in dem das Abendmahl
stattfinden soll, ist jetzt vollständig ausgestattet. An jeder Liege
lehnt, in der Art eines Grabsteins, eine große kreisförmige Platte
aus schwarzem Marmor. Die einzelnen Platten sind von kleinen,
an der Decke befestigten und bis auf Kniehöhe herabhängenden
elektrischen Lampen erleuchtet, so daß man den jeweiligen Namen des geladenen Gastes – einer nach dem andern kommt ins
Bild – ablesen kann. Schnitt. Die Gäste hocken, abwartend, auf
ihren ungepolsterten Liegen. Stalin steht reglos im Raum. Stille.
Plötzlich Lärm – Schreie, laute Hack- und Schmatzgeräusche
von draußen. Der Kaiser lächelt. Jetzt bricht eine Meute schwarz
bemalter, fast nackter Knaben von allen Seiten – die Wände sind
offenbar aus Papier oder aus leichtem Stoff gefertigt – in den
Raum ein und fängt ekstatisch zu tanzen an. Jeder der Knaben
stellt sich schließlich neben einem der Gäste auf. Schnitt. Das
Abendmahl beginnt. Es werden Speisen gereicht, die man gewöhnlich bei den Opferhandlungen für die Geister der Verstorbenen aufträgt, alles schwarz und in Schüsseln von ebenfalls
schwarzer Farbe. Die verängstigten Gäste – lauter Männer –
kommen nun der Reihe nach ins Bild. In fast unbewegten Groß-
aufnahmen sieht man ihre weit aufgerissenen Augen, ihre ver-
kniffenen Münder, die schweißfeuchten Schläfen, die zerrauften
Haare. Es entsteht so der beklemmende, vom Regisseur zweifellos
gewollte Eindruck, als würde den Anwesenden – uns Zuschauern
– nun gleich die Kehle durchgetrennt oder als könnten sie – oder
auch wir – dazu gezwungen werden, es selber zu tun. Stille.

Schnitt. Der Kaiser jetzt allein im Bild. Das tödliche, von ihm selbst inszenierte Schweigen der Gäste ist die Bestätigung dafür, daß er (und nur er) das Sagen hat. Und so ergeht er sich denn in drohenden oder auch klagenden Reden über Tod und Gemetzel und so fort bis zur völligen Erschöpfung seines Publikums. Schnitt. Die Gäste sind entlassen, sie drängen zum Ausgang, zur Garderobe, doch finden sie dort nicht ihre eigenen Leibwächter, sondern jene des Kaisers vor, was sie mit noch größerer Angst erfüllt. Von den ihnen unbekannten Leuten Stalins werden sie nach Hause gefahren. Schnitt. Kaum sind die Gäste wieder daheim, wird auch schon – bei jedem einzeln – ein Kurier Stalins gemeldet, was wohl nichts anderes bedeuten kann, als abgeholt zu werden. Aber schon trägt da jemand die Grabtafel mit dem eingravierten Namen herein; andere kommen mit andern Gegenständen nach, darunter die schweren kostbaren Schüsseln, die man den Geladenen vorgesetzt hatte. Zuletzt erscheint bei jedem Gast noch jener Knabe (jetzt abgeschminkt und frisch gekleidet), der ihm als Komparse zugeteilt war ... Schnitt. Während auf der Leinwand in flackernden Lettern das

ENDE

erscheint, hört man nochmals Stalins näselnde Stimme mit ihrem unverkennbaren vulgärlateinischen Akzent: »Nachdem ihr die ganze Nacht in Todesangst verbracht habt, empfangt ihr nun meine Geschenke ...«

II
Werk

... denn das Werk (ich nehme, jenseits von Gut und Böse, Haupt nur *als Beispiel*) erfindet erst den, der es geschaffen hat; und befindet über ihn.

Das –

was Haupt darstellt; was er zu sein vorgibt; was also wir uns unter ihm vorzustellen haben

– dies gerade ist er nicht; er ißt es nicht, er kann es nicht verdauen, nein, es ist nicht von jenem Stoff, aus dem er selber – er allein – besteht.

Und so ruft und wirft er uns zu, was ohnehin von ihm abfällt; was er ausscheidet, um sich von uns zu unterscheiden:

Wir erkennen Haupt an dem, was er nicht zu sein scheint; an dem, was er ißt, was er sich einverleibt, wovon er lebt.

Doch als Lebender unter uns Toten tritt er auf mit dem herrischen Anspruch, hier seinen Boden zu haben; sein Gut.

(»Dieser Mensch ist noch nicht gewesen!«)

Und so stelle man sich Dichters Anfang vor:
Den Nachmittag des 29. August verbrachte die Familie gemeinsam – mit Ausnahme des Vaters, der als Genieoffizier Dienst tat – auf der Spielwiese (jener Wiese, die das eine Dorf vom andern trennte). Es war schwül, der weiße Himmel bewölkte sich. Ein Gewitter schien sich zusammenzuziehn. Man war besorgt; besorgt auch wegen der schlechten Nachrichten, die von der Front kamen.
Besonders der junge Dichter, der abwechselnd rot, dann wieder blaß wurde, verriet seine Unruhe und Erregung. Er wolle, sagte er plötzlich, nach Hause gehen; sofort.
Warum?
Er müsse ein Buch holen.
Und so ging er, kam aber nicht wieder zurück.
Umsonst kehrte auch seine Mutter, die nicht länger auf ihn warten mochte, mit den Töchtern nach Hause zurück, um ihn dort zu finden; umsonst fragte sie in der ganzen Nachbarschaft nach ihrem Sohn, der den Schlüssel in der Tür hatte stecken lassen; umsonst eilte sie überall dorthin, wo er zu verkehren pflegte.
Niemand hatte ihn gesehen; keiner wußte Bescheid. Bei Einbruch der Dunkelheit war der Junge noch immer nicht heimgekehrt.
Frau Dichters Unruhe verwandelte sich in Angst. Ihre kleinen Töchter mit sich ziehend, verbrachte sie einen großen Teil der Nacht in den Gassen und Straßen des einen, dann des andern Dorfes. Sie fragte in den Wirtshäusern nach und erkundigte sich bei den jugendlichen Kriegsfreiwilligen, die sich am Bahnhof zusammenfanden, während gleichzeitig in den Straßen die neuesten Meldungen von den Siegen der Preußen und dem Heranrücken ihrer Armee einander jagten. Und auch als Frau Dichter mit den verstörten und völlig erschöpften Mädchen nach Hause kam, war ihr Sohn noch nicht zurückgekehrt.
Er hatte, wie sich am nächsten oder übernächsten Tag herausstellte, seine Bücher verkauft und war in die Stadt gefahren.
Dichters Leben konnte nun beginnen; und begann.

(»Aus der Schülerbibliothek bekommt man ein Buch. In den unteren Klassen wird ausgeteilt. Nur hin und wieder wagt man einen Wunsch. Oft sieht man neidisch ersehnte Bücher in andere Hände gelangen. Endlich« – so erinnert sich der Autor – »bekam man das seine ...«)

... als Kind, Sven Hedin lesend, war ich – wohl für eine Ewigkeit – gänzlich dem Sand hingegeben, dem Treibsand, dem Flugsand, der mild und heimlich, dicht und unablässig mich wie Schnee umwölkte. Da durfte ich mich mit grenzenlosem Vertrauen gehen lassen. Stille der Wüste, die weiter lockte; und weiter! Deren landschaftliche Gestalt war gar nicht so wichtig. Denn jene Reise fiel noch in die Zeit, da ich selber – vorm Schlafen, zum Schlafen – im Bett mir Geschichten erdachte und ihren halbverwehten Wegen nachspürte. Beim Reisen, damals, hielt ich mir die Ohren zu; meine Mongolei lag weit ab, doch ich konnte sie mit einer Hand zudecken, sie gehörte mir allein.

Die Abenteuer des Helden (den ich für den Autor hielt) wiederholten sich im Wirbel der Buchstaben, aus denen er, eine ständig sich wandelnde Erscheinung, *auch* bestand; wie im Sandsturm der bald sich nähernde, bald sich entfernende tangutische Reiter.

Innigst betroffen von all dem Gelesenen stand ich jeweils auf und klopfte mir den weißen Sand aus den Kleidern; wie Wolken.

> »Lesen wir also ernsthaft – am ehesten so,
> wie wir uns kleiden oder wie es unserm
> Gang entspricht – in Übereinstimmung mit
> einer ganzen Reihe von Konventionen . . .«
> *(Harold Bloom)*

. . . gibt es Autoren, die *(behaupten, daß sie)* schreiben, wie sie leben; schreiben, um zu leben. Und ähnliche Eitelkeiten. Dabei schreiben sie – und schreiben wir alle – nichts anderes als was wir je gelesen haben, um – schreibend – davon zu leben.

Doch es gibt da einen kleinen Unterschied. Während nämlich jene bloß das lesen, was sie sich zum *Lesen ausgelesen* haben, lesen wir vor allem das, was uns die Tradition, deren Angehörige wir sind, *zum Lesen aufgibt*; was uns die Geschichte als Auslese hinterlassen hat.

> (Kabbalah statt Kritik; denn darauf kommt es an:
> die Bücher – wie Wüsten – immer wieder – lesend –
> zu bereisen, um so ihren Sinn zu finden, statt nur
> nach Zeichen zu suchen, die man für sein *Aha!*-
> Erlebnis braucht.)

(»Durch das Reisen wird der Raum getötet, und es bleibt uns nur noch die Zeit übrig«, notierte 1843 Heinrich Haupt: »Hätten wir nur Lesestoff genug, um auch letztere anständig umzubringen ...«)

... gibt es nun freilich verschiedene Arten des Lesens, wie es verschiedene Arten des Reisens gibt.

Und obwohl ich linearen Lektüren, linearen Fahrten und Flügen das nomadisierende Lesen und Reisen vorziehe (jene tastende, suchende, aus- und abschweifende Fortbewegung, die der Blick – oder ein kleiner Finger – auf geographischen Karten zu beschreiben pflegt), nahm ich am 4. März dieses Jahres, um 13 Uhr 08, in Zürich HB den Schnellzug nach München, wo ich noch am selben Abend Michael Krüger treffen sollte, mit dem ich kurzfristig ein Übersetzungsprojekt zu besprechen hatte.

Den Zug erreichte ich, wie zuvor schon die Straßenbahn, *fast* zu spät; kaum war ich eingestiegen (und noch hatte ich die Waggontür nicht hinter mir zugezogen), setzte er sich mit auffallend rasch zunehmender Geschwindigkeit in Bewegung, so daß bereits in der weitausholenden Schleife unmittelbar nach der Bahnhofausfahrt Richtung Oerlikon – ich stand nun im Korridor des Waggons und suchte in allen Taschen nach meiner Platzkarte – das Verschwinden, zumindest jedenfalls die Verminderung der Realität meiner dortigen körperlichen Anwesenheit und damit auch die Auflösung des Orts zugunsten der Abwesenheit des Reisenden – zugunsten des Un-Orts der Fahrt – fühlbar wurden:

Noch bevor ich (»der Reisende«) das Buch aufschlug, war der Reisende (»ich«) zum Leser geworden.

Er und *ich* – »wir« waren also unterwegs; das Anderswo hatte unversehens begonnen; »er« war *mein*, »ich« war *sein* Unbekanntes geworden:

Fahrend waren wir, als ein Neutrum, simultan im Werden. Etwas ...

Als ich die Schiebetür zu meinem Abteil öffnete, schlug mir – draußen lag noch immer Schnee – jähe Helle entgegen, und Sekunden später, als das grelle Licht durch ein nahe dem Bahndamm gelegenes Waldstück etwas gemildert wurde, bemerkte ich, daß an dem einen Fensterplatz, mit dem Rücken zur Fahrtrichtung, ein Mann von unbestimmbarem Alter saß, der sich »gedankenverloren« (oder »nachdenklich«) über seine locker auf die Knie gelegten Hände beugte und in kurzer Folge wortlos den Kopf schüttelte.

Im Abteil war er der einzige Mitreisende, doch daß ich jetzt, knapp grüßend, ihm gegenüber Platz nahm, schien er überhaupt nicht zu bemerken; jedenfalls zeigte er keinerlei Regung, die darauf hätte schließen lassen. Ich unternahm deshalb auch gar nicht erst den Versuch, ein Gespräch anzufangen, sondern angelte, noch während ich den Mantel ablegte, meine Reiselektüre aus dessen linker Innentasche.

Ich hatte, einem eher zufälligen Impuls folgend, Manganellis *»Irrläufe«* eingesteckt, einen schmalen Band, den ich mir kurz zuvor besorgt hatte und von dem ich aufgrund früherer Leseerfahrungen mit dem Autor annehmen konnte, daß er sich dafür eigne, im *Zug* – in *einem* Zug – gelesen zu werden ...*

Hundert Romane in Pillenform verspricht Manganelli seinem nicht sehr zahlreich erschienenen Publikum, und in der Tat liefert er einhundert, von eins bis hundert – in Worten! – durchnumerierte Abenteuerromane, die strukturell und funktional, im einzelnen wie im ganzen, einer Hunderterpackung pharmazeutischer Kapseln nachgebildet (oder nachempfunden) sind, woraus sich erklärt –

    daß alle Texte, bisweilen auf die Zeile genau, dieselbe räumliche Ausdehnung haben;

    daß sie durchweg dieselben narrativen Spurenelemente, dieselbe stilistische Komposition (»Zusammensetzung«) aufweisen;

---

* Giorgio Manganelli, *»Irrläufe«* (Berlin 1980)

daß sie in beliebiger Reihenfolge rezipiert (»eingenommen«) werden können;
daß ihre Wirkung – ihr Sinn – zunächst virtuell bleibt, sich in der Regel mit einiger Verzögerung entfaltet und, je nach der Disposition (»Gestimmtheit«) des Empfängers, unterschiedliche Intensitäten haben kann.

Die Tatsache, daß ich die »Irrläufe« während einer Bahnfahrt, zu einer Un-Zeit also, las (wobei der dumpfe Rhythmus der Schienenstöße und die oftmals wechselnden Tempi der Fahrt sich wie von selbst auf die Lektüre übertrugen), mag für mein Textverständnis bestimmend gewesen sein.

Denn schon bald gewann ich den Eindruck, daß Manganellis Protagonisten – zumeist jüngere Männer oder ältere Herren in unauffälliger Kleidung, gelegentlich auch Frauen und Damen (»sie« oder »die da!«), vereinzelt gar ein Kaiser, ein Kapitän, ein Himmelskörper, eine Hallunzination, ein Selbst, ein Schrei – allesamt *dazwischen* sind und folglich *auf der Strecke* bleiben. Zwar sind sie in manchen, wenn auch keineswegs den glücklicheren Fällen »fast« *noch da* oder »fast« *schon dort*, letztlich aber wohnen sie nirgends, im Nirgends, unterwegs. Ihre Grundbefindlichkeit ist die der leidenschaftlichen Erwartung, des Wartens auf den ohnehin unabwendbaren, insgeheim wohl ersehnten Abschied, auf eine zeitlich und räumlich ungewisse Zukunft, vielleicht auch nur auf eine plötzliche Wendung zum noch Schlimmeren, zum Schlimmsten.

Fast ist zum Beispiel jener Herr im Leinenanzug noch daheim, noch allein: »In zwei Minuten – jetzt sind es noch neunzig Sekunden – muß er anfangen.«

Was? Wo?

»Eigentlich braucht er absolut nichts anzufangen. Nichts. In gewisser Hinsicht muß er absolut alles anfangen. Alles ... Er muß einfach von acht Uhr nach neun Uhr gelangen ...«

Doch dem Herrn gelingt es nicht, seine Stunde zu erwarten, sie als reine Zeit zu erfahren und hinter sich zu bringen; schon in der achtundzwanzigsten Minute (»fast genau« in der Mitte *zwischen* Anfang und Ende der vollen Stunde) trifft ihn der Schlag und holt ihn der Raum ein:

». . . er gleitet vom Stuhl und fällt mit einem absolut geräuschlosen Aufschlag zu Boden, zerbröselt ...«

Andere Herren wiederum trifft es (trifft jenes Es) unterwegs zwischen der einen und der andern Straßenseite, zwischen der einen und der andern Dame, zwischen zwei Lebensaltern, zwei Tageszeiten, zwei Träumen, zwei Buchdeckeln; es (oder eben Es) trifft sie also immer dort, wo sie gerade nicht sind, und das heißt: in jener fluktuierenden Zone der Abwesenheit zwischen den Orten und Namen.

> (»Die Abwesenheit hat natürlich nichts mit der Leere zu tun. Ein gänzlich leeres Zimmer kann durchaus ohne Abwesenheit sein; auch wenn man ein Möbelstück eilig wegrückt, schafft man keine richtiggehende Abwesenheit; man schafft Nichts.«)

Verzweiflung und Verliebtheit sind die emotionalen Äquivalente zu solchem Dazwischen-Sein; und diesem entspricht – auf rhetorischem und syntaktischem Plan – die ambivalente Figuration des Weder-Noch, des Zwar-Aber, des Nicht-nur-Sondern-auch, des Ich-weiiß-nicht-was, des Fast-nichts und Fast-alles.

•

In verstohlener Erinnerung an jenen Herren, der mir, nachdem die Schweizer Grenze bei St. Margrethen passiert war, unversehens in Fahrtrichtung gegenübersaß, während ich nun rückwärts fortbewegt wurde und in meinem von der sprunghaften Lektüre chaotisch erleuchteten Verstand »Erbsünde, Klassenkampf und Tibet« aneinandergerieten, gewinnt die Große Ambivalenz etwa diese (männliche) Gestalt:

»Er liebt es, zu warten. Selbst äußerst pünktlich, haßt er die Pünktlichen, die ihn mit ihrer manischen Genauigkeit um den unglaublichen Genuß jenes leeren Zeitraums bringen, in dem nichts Menschliches, nichts Vorhersehbares, nichts Aktuelles geschieht, und in dem alles den beglückenden und rätselhaften Duft der Zukunft atmet. Wenn das Stelldichein an einer Straßenecke ist, dann gaukelt er sich mit Vorliebe ein ganzes Märchen möglicher Mißverständnisse vor:

er geht von einer Straßenecke zur anderen, kehrt wieder zurück, blickt sich forschend um, überquert die Straße; das Warten gestaltet sich rastlos, kindlich, abenteuerlich.«

Es versteht sich, daß die zeiträumliche Unentschiedenheit des Kaum-noch-da-und-Fast-schon-dort-Seins nicht zuletzt die Beschaffenheit der psychophysischen Realien (die Eigenschaften und damit auch die Eigenschaftswörter) in Frage stellt, verfremdet, ja sogar zerrütten kann.

So wird denn ein Rock niemals »wirklich« zerknittert, sondern immer nur *leicht* zerknittert sein; ein Akzent nicht »wirklich«, sondern *leicht* fremdländisch; eine Dame nicht »wirklich«, sondern *leicht* autoritär; und so fort.

Der Widerspruch wird bei meinem Autor zur Affirmation, zum schieren Paradox, das die durch technische Bilder verstellte und verdrängte Welt stets von neuem (wenn auch bloß für die Zeit eines Blitzschlags) als Wirklichkeit erkennbar macht.

Ja, ein Haß kann »pedantisch« *und* »überwältigend« sein, eine Stadt – »stolz« *und* »feig«, eine Flucht – »lautlos« *und* »akkurat«, ein Lilientier – »lind« *und* »wild«, eine Erwartung – »verliebt« *und* »gänzlich enttäuscht«.

Mehr und mehr – je häufiger ich, bei nachlassender Konzentrationsfähigkeit, den Blick vom Buch hob, um ihn bald auf meinem noch immer wortlosen, völlig in sich versunkenen, vielleicht schon längst entschlafenen Gegenüber, bald in der flachen, erstaunlich träge dahinziehenden Landschaft ruhen zu lassen – verhängten und vermengten sich mit Manganellis Traumszenerien (oder Trauminszenierungen) meine eigenen, durch die »Irrläufe« reaktivierten Erlebnisse des *Wie-gehabt* und *Längst-gelesen*: Die unhaltbar verliebten, ebenso »robusten« wie »keuschen« Frauen und die melancholischen, von Skrupeln geplagten, meist alleinstehenden, mit Vorbedacht schwarz (oder dunkelgrau) gekleideten Männer waren von ihren bei Delvaux und Magritte vorgebildeten Partnern plötzlich nicht mehr zu unterscheiden; aus einem Skizzenbuch von Markus Raetz schien jener ängstliche Herr zu stammen, der statt eines Hunds einen wandernden Trichter – sein Grab – bei Fuß zu halten pflegte; unter Manganellis Ritter und Drachen, Könige und Prinzessinnen mischten sich in forscher Promiskuität die »Prinzessinnen« und »Könige«, die »Drachen« und »Ritter« aus der Scuola di S. Giorgio degli Schiavoni; illusionistische Skizzen, antikisch oder postmodern instrumentiert, gingen für Augenblicke bruchlos über in literarische Szenarien von Kafka und Borges, von ... und ...

Lesers Irrläufe!

Die irrlaufende Lektüre hat der Autor eingeplant; sie ist Voraussetzung für ein Verstehen, dem es nicht mehr auf bloße Bedeutungen, vielmehr auf den Sinn ankommt; auf Sinngewinn.

> (»Die Sinnabwesenheit ist kohärent und vorhersehbar, das Sinnvolle dagegen rätselhaft und abweisend. Wo man nichts versteht, ist man nahe dem Zentrum; wo man etwas versteht, ist man an der äußersten Peripherie, ist man fast schon draußen.«)

Um dem Leser einen in solchem Verständnis sinnvollen Umgang mit dem Text zu ermöglichen, beschränkt sich der Autor darauf, potentielle Romane vorzulegen, die nicht durch eine irgendwie vorgefaßte, im »Gehaltlichen« sich erschöpfende »Aussage« untereinander verbunden sind, sondern einzig durch die Körperlichkeit des Buchs.

Als in Kempten (Ankunft 16 Uhr 40, Abfahrt 16 Uhr 42) zwei gesprächige Damen zustiegen und sich in unserm Abteil häuslich einrichteten, indem sie, simultan quatschend und schmatzend, gleich mit dem Verzehr eines üppig garnierten Hechts begannen, hob der Mitreisende erstmals das Gesicht, sah sich, mit zusammengezogenen Brauen, verwundert um, schien aber außer den Geräuschen und Gerüchen bestenfalls Hell und Dunkel wahrzunehmen, kramte auch schon umständlich in der linken Hosentasche, zog eine modische, ziemlich schwere Brille hervor, die er, den Kopf nach hinten auf die Rücklehne gestützt, langsam mit beiden Händen aufsetzte, während er, leise seufzend, ein Bein übers andere schob und die Augen, als wollte er die tranige Grenze zwischen Traum und Wirklichkeit nun endlich verwischen, mehrmals heftig zukniff, wobei er – so stellte ich mir vor – sich vorstellte, er wäre »eine Wunde, ein Furunkel, eine Mißbildung des Parks, der Stadt, der Welt – oder möglicherweise eine einsame und gänzlich unübersetzbare Hieroglyphe ...«

Ohne sich umzuwenden, zog mein Gegenüber aus der einen Tasche des hinter ihm in der Sitzecke hängenden Mantels ein schmales, mit buntem Umschlag versehenes Buch, schlug es *irgendwo in der Mitte* auf, las aber offensichtlich nur ein paar wenige Sätze, bevor er es, bald in dieser, bald in jener Richtung, flüchtig durchzublättern begann.

Jetzt lächelte er sogar; kalt, aber innig.

Und als er den Band – er hielt ihn, geöffnet, in der rechten Hand – für einen kurzen Moment näher zu seinem Gesicht hob, konnte ich auf dem Umschlag die folgenden Buchstabenverbindungen erkennen (ohne sie indes entziffern zu können):

.... *anelli*
.... TURIA ..
.... zi fiume
.... *oli* ....

»Wenn ich mir einen Hinweis erlauben darf«, sagte mit leicht fremdländischem Akzent der Unbekannte, als er bemerkte, daß ich ihn beobachtete, und wies dabei auf *mein* Buch, welches ich, Frontseite nach oben, neben mich auf die Sitzbank gelegt hatte, »so möchte ich lediglich sagen, daß die beste, aber auch kostspieligste Art, dieses Büchlein zu lesen, folgende wäre:

Man erwerbe das Nutzungsrecht an einem Wolkenkratzer, der genausoviel Stockwerke zählt wie der zu lesende Text Zeilen; auf jedem Stockwerk bringt man einen Leser unter, der ein Buch in der Hand hält; jedem Leser gebe man eine Zeile; nun beginnt der oberste Leser, von der Spitze des Gebäudes hinunterzustürzen, und während er nacheinander an den verschiedenen Fenstern vorbeifällt, liest der Leser des betreffenden Stockwerks mit lauter und klarer Stimme die ihm anvertraute Zeile.«

·

Erst als der Zug, während längerer Zeit unmerklich abbremsend, in München einfuhr und die beiden deutschen Damen wie auch der unbekannte Herr sich rote Kugelnasen aufsteckten, wurde mir, nach einem Kontrollblick in den Faltkalender, klar, daß – heute – Aschermittwoch war; daß ich aber – eben erst – mehrere Stunden mit Giorgio Manganelli zwischen Zürich und München – also nirgends – verbracht hatte, konnte ich mit größter Wahrscheinlichkeit annehmen, nachdem ich mir am Bahnhofskiosk die Süddeutsche Zeitung gekauft und im kulturellen Veranstaltungsprogramm für jenen Mittwochabend eine zweizeilige Notiz gefunden hatte, laut welcher um 20 Uhr 30 in der Autorenbuchhandlung eine

> LESUNG
> mit dem italienischen Schriftsteller
> Giorgio Manganelli *(Irrläufe)*

stattfinden würde.
Da ich, wie gesagt, verabredet war, konnte ich meine dringliche Vermutung nicht vor Ort verifizieren.

(Anderntags las ich, auf der Rückreise nach Zürich, Roths »*Ghost Writer*«, den mir Krüger als fast nächtliche Anregung mitgegeben hatte.

»Gestern abend?«

Dann weiß er also alles, was ich weiß? Aber was weiß ich denn anderes als das, was ich mir ausmalen kann?

»Ich bin gespannt, wie wir alle eines Tages dabei herauskommen. Könnte eine interessante Story werden. Sie sind in Ihren Sachen nicht so heikel und höflich«, sagte er. »Sie sind ein anderer Mensch.«

»Bin *ich* das?«

> (». . . nein, im Prozeß des Lesens brauchst du nicht auch noch die Illusion zu suchen! Aristoteles las leidenschaftslos. Die besten antiken Schriftsteller waren Geographen. Wer nicht kühn genug war zu reisen – der wagte auch nicht zu schreiben . . .«, meinte R., und er war darin mit M. völlig einig.)

Schreiben als kritisch scheidender, zuletzt klar unterscheidender Zwist zwischen Gesicht und Gestell, zwischen erster und dritter Person:

Dem Ripper mit seinen Huren entspricht – denn Mann so will – der Toreador mit den Stieren, doch dieser – Ästhet wie jener – zelebriert das Sterben seines Opfers – kraft dessen er überlebt – vor aller Augen:

Er sucht die Differenz zum namenlosen Wesen, zum Tier, zum Andern, zum ewig positiven, nach Belieben einsetzbaren – und ersetzbaren – Helden, zum ganz Andern, den er Gestell werden läßt, indem er ihm – Capa hin, Capa her – sein Gesicht enthüllt und ihn – betört – zum Erliegen bringt:

Wer schreibt, kämpft – siegreich – um sein Überleben; um den Preis des – *andern* – Lebens.

(beim Übersetzen; Marginalien zu einem Text von Edmond Jabès:)

Ich übersetze da nicht einfach einen Text, ich setze den Autor über, dieser muß – in seinem Text – ausfindig gemacht und – aus seinem Text – geborgen werden.

•

Einen Autor übersetzen: sich in seinen Text versetzen; sich in seinem Text vergessen.
Ich setze diesen Autor in eine fremde Sprache über; in meine Muttersprache; sein Exil.
Ich muß die eigene Sprache hinter mir lassen, um sie dem Autor einzuräumen.

•

(Das Übersetzen: Lebensrettung; Pflichtübung; Geschäft der Wut.)

•

Je mehr ich mir diesen Autor aneigne, desto fremder wird er mir. Und erst noch verliere ich dabei meine Sprache; doppelter Verlust – des Eigenen, des Angeeigneten.

•

Übersetzen ist Lesen und Schreiben zugleich; so wie lautes Denken nichts anderes ist als die Gleichzeitigkeit von Sich-Erinnern und Sich-Erfinden.

•

Nicht in der Übersetzung, im Leser der Übersetzung will der Autor überleben; zuerst also – uff! – im Übersetzer.

•

(»Es nimmt seinen Lauf...«)

Während wir hier, zwischen Borgeshöh und Blumenberg, die letztmögliche Synthese versuchen und, den galoppierenden Analphabetismus in grauer Evidenz, die Schrift – für eine Nachwelt, die immer fragwürdiger wird, vielleicht schon fraglich geworden ist – besorgt dem Buch vermachen, fällt die Literatur, von kreischenden Bildern überlagert, zusehends der Schwärze anheim; sie scheint zu vergehn, und noch im Vergehn zieht sie folgerichtig, wenn auch widersinnig den Erzähler, den Sänger, den Magier nach sich, ein Aufgebot, das schon länger im *Begriff* steht, ihr den Autor – den, der die Schrift *stellt* – abzujagen.

Und doch hält sich unter euch Restlichen – unter uns Lesern – der alte Glaube oder wenigstens ein alter Hang zu glauben, daß die Schriftstellerei mit Hilfe von Namen zu neuen Gegenständen, mit Hilfe von Bildern und Graphen zu einer neuen Sprache finden könnte . . .

Als wäre Literatur außer dem, daß sie – tot, obgleich doch nie gestorben – *ist*, ein Odradek, wie Kafka es beschrieben hat; ein Ohnehaupt. Doch wird möglicherweise aus dem Verstummenden, vielleicht bereits Verstummten etwas, jemand zu uns sprechen – wie wir, als Leser, uns von ihm (doch eben: wovon? von wem denn??) angesprochen fühlen.

Ohnehaupt Kunst und Wunschbild Natur!

Wie steht es aber da, am Tag, um jenen Haupt, den das Draußen hoch erhoben tragen möchte, wenn er seinerseits das Draußen nur ertragen könnte? Deutlich jedenfalls gibt er sich nicht; noch nicht. Es, im Satz »wie steht es aber . . .«, ist logisch genau so unbestimmt. Erst danach – ja! sich tragen lassen!! – gewinnt dies Es eine gewisse Bestimmtheit, es beginnt zu atmen. Doch was? Ist, was atmet, wirklich Es? Oder Wer? Ich, Selbst kann Es nicht *sein* und folglich so auch nicht *gemeint* sein. Nicht? Wahr? Obzwar wir – Leser! – uns durchaus in solchem Sinn einfühlen können, wie in ein Fließen, ein Bluten.

Und bald ist da tatsächlich viel Gestalt, unklar bleibt noch, wen sie vertritt, wem sie somit angehört inmitten dieses ungeheuren musealen Raums der Kunst, der keinen Besitzer hat, kein Subjekt, nur den Konservator; eben einen Ohnehaupt. Myonenfach, myonenschwach ist seine innere Reg(el)ung, doch das Wer, gar der Was, die *beide* oben bleiben wollen, beide getragen schon jetzt, aber sicher – *die*? Die haben keine Narbe zu bekennen, die treten nicht hervor! Gerade in diesem Unpersönlichen fand Goethe seinen Trost, so daß die spätern – Valéry, Monsieur Teste und Kopf* – ihn gleich schon hatten; als Hauptwort, das sie sich zu der Sache hinzudachten, um die Hauptsache in *ein* Wort zu fassen – sie zu vergessen. Das Myonenfältige konnten sie, indem sie Es benannten, für das Eine halten: für Kultur.

Und weiter nun (im Text), nach einer Drehung/Hebung hin zu gegenständlicher Chiffriertem; hinauf. Die Frage! Wer, was wäre jenes schaffend Eine? . . .

. . . muß die wichtigste Qualität der Kunst, eben ihr hypothetisches Subjekt, in das Ungeschlachte des Anfangs, in das Ungemachte des Abgangs eingelassen sein, ist deshalb nichts Beiläufiges, Hinfälliges, vielmehr ein transzendent Ausgemachtes, ein immer schon Fertiges; Gott. Ge-o-the-the. Das Nichts freilich ist sichtbar als das anonym Schweigende, Ende in der Supernacht des Anorganischen, da nur Es – ebenso verstanden wie gefaßt – Kunst genannt werden kann; das, was als sanftes Gesetz in uns, als subjektloses Vakuum über uns ist, um uns stets aufs neue zu entsetzen.

Ist Haupt hinter dem Bild nicht selber ein Bild? Gewiß doch, es tragen ihn armierte Schultern und lassen ihn hochleben in frischer Luft; stottert aber Kunst nicht – überhaupt – lauter Anfänge, haben nicht – wirklich – Wunschbilder Platz genommen, als Haupt wachsen sollte und zum Ohnehaupt verkam? Ja, ist das Wunschbild selbst, als ein immerhin von Josef K. entworfenes, nicht Haupts genug und damit – für die Kunst – zuviel? Ist nicht auch das *Bild*, soweit es Haupt *ist*, ein Wunsch-, folglich ein

---

* Vgl. hermann »joseph« kopf, *durchschossen von blauem sternlicht* (tschudy: st. gallen 1963); joseph kopf, *dem kalten sternwind offen* (zollikofer: st. gallen 1977).

Gegenbild zu Ohnehaupt; und überhaupt zum Abseits der Natur?

(... folgt an dieser Stelle, knapp zusammengefaßt und von Kafka her gedeutet, jene griechische Urweltsage über die Geburt des Rätsels, derzufolge die Kunst das letzte Ungeheuer war, das aus dem Schöngeist des Typhon und dem Drachenleib der Echidna gezeugt worden sei, was im Hinblick auf die programmatische Rätselhaftigkeit heutigen Kunstschaffens zu einem Fazit wie diesem verleiten könnte: »In der Geburt der Kunst, des Rätsels schlechthin, würde dann genetisch immer noch das Grauen stecken und darin weiter bleiben, zugleich lädt doch aber gerade dies Verborgene, dies Verhohlene der Kunst dazu ein, es zu suchen, es oberflächlich – *lesbar* – zu machen; das Rätsel, das alle Kunst *darstellt*, enthält immer auch die Anweisung oder wenigstens Hinweise dafür, wie es aufzulösen, wie sie zu verstehen wäre.« Doch dies führte hier zu weit ...)

So aber würde das Rätsel in eine fast gar allegorische Gleichung mit der Literatur gebracht; auch das Ungeheure – das Verrückte und Verbrecherische – wäre dann zum Wunschbild sublimiert, das sich selbst als Scheinlösung anböte. Von daher würde Literatur sich auflösen in der Hoffnung des Begriffs und der Begreifbarkeit. Indem sie sich auf solche Weise umbrächte, brächte sie uns – Leser? noch immer! – um die Möglichkeit, das Verstehen zu *wollen*; um die Lust am Text. Daher sollten Faust und Kunst einander zugekehrt bleiben*: damit sich das Rätsel als Lock(er)ung erhalte, als Versuchung zum Suchen, als Anleitung zum Weltexperiment. Und wo sollte solch ein Experiment in dieser (kaum noch unsrer) Welt überhaupt stattfinden; seinen Schauplatz haben? Wenn nicht jenseits des Bilds – im Buch, das die »Welt« *bedeutet*?

(Blochs gedenkend; Vilém Flusser zugedacht)

---

* ... wie bei Valéry (*Mein F.*, fünfte Szene) Lust und Faust: »Ihre Hand und sein Wort gehören zusammen, sie bilden gleichsam ein Wesen ...«

Plötzlich wieder, wie aus einem Traum, die Erinnerung an einen Besuch bei Anna Achmatowa; kurz vor ihrem Tod:

»Heute morgen hatte ich die außergewöhnliche Freude, ein frühes Gedicht von mir wiederzufinden«, sagte sie noch, bevor ich ging: »Es ist eigentlich nichts daran; nichts. Aber es ist bezaubernd und *wie von Corot gemalt.*«

Zum Abschied hob sie ihren schweren Arm, schrieb etwas in die Luft, das mir als Umriß eines Vogels im Gedächtnis blieb; *wie ein Bild.*

Kürzlich konnte ich – in einem halbkugelförmigen Zeltbau vor dem Landesmuseum – zum erstenmal eine holographische Projektion sehen, eine Lichtplastik, die sich in dem Maß und in dem Sinn erschließt, wie ich mich zu ihr verhalte, mich in ihr bewege. Als Vorlage dient – zum Beispiel – ein Presse- oder Fernsehbild von der Ermordung John F. Kennedys in Dallas, vom Karneval in Rio, von einer Friedensdemonstration in Berlin. Werden solche zweidimensionale Bilder nun durch eine Laserkamera wirklichkeitsgroß in einen dreidimensionalen Raum übertragen, so kann ich in die jeweilige Szene eintreten, kann sie begehen und auch verändern, indem ich sie durch meinen Blick dynamisiere. Wo ich hinsehe, da befinde ich mich; und erst wenn und weil ich hinsehe, existiere ich als Teil der Szene; und mehr als das – statt bloß Betrachter zu sein, werde ich zum Augenzeugen, denn historische Szenen (also jegliches Abbild von Wirklichkeit) erfahre ich im Hologramm als Aktualität, ich bin – jetzt – dabei.

Abgesehen davon, daß durch die holographische Projektion erstmals in der Geschichte der Kunst und der Reproduktionstechniken ein Bild ohne Bildträger, somit reine Phänomenalität möglich wird (was nicht ohne tiefgreifende Einwirkungen auf alle Bereiche der Simulation – etwa im Unterricht, in Werbung und Propaganda, in der Kriegstechnik – bleiben kann), hat sich mir hier erstmals *ein philosophisches Konzept* plastisch veranschaulicht und ist *sinnlich erfahrbar geworden*: die cartesianische Meditation als Kinoplausch!

Szene 1
(*Titel:*)
»Der Mann ohne Mantel«

Nacht. Leichter Schneefall. An einer Straßenecke, unter der Laterne, steht, winterlich vermummt und mit gekreuzten Armen, der KRITIKER. Zehn Schritte von ihm entfernt wird ein AUTOR von zwei LESERN überfallen und seines Mantels beraubt. Der KRITIKER scheint den Vorfall nicht bemerken zu wollen. Die LESER entkommen unerkannt. Der AUTOR sieht sich um, bemerkt den KRITIKER, geht auf ihn zu und stellt beim Nähertreten fest: er schläft, ist stehend eingeschlafen.

AUTOR: He, du! Aufgewacht! Sie haben mich überfallen. Sie haben mir den Mantel weggenommen. Du!

Der AUTOR packt den KRITIKER an den Schultern, schüttelt ihn.

KRITIKER: Was? Wer?
AUTOR: Weiß doch nicht. Sie sind schon abgehauen. Zwei. Schon verschwunden. Dorthin.

Eine Hand, schwarzweiß gemustert von Licht und Schatten, zeigt *dorthin*. Dann auf die Gegenseite. Doch nichts ist zu erkennen. Dichter Schneefall

KRITIKER: Sie sind also weg? Alle?
AUTOR: Beide. Weg.

KRITIKER: Also beide weg. Fort.

KRITIKER: Kommen Sie!
AUTOR: Gehen wir?
KRITIKER: Los!

KRITIKER: Und wen darf ich melden?
AUTOR: Ich? Mich friert schon. Bitte.
KRITIKER: Und Ihr Name?
AUTOR: Nun ja, ich bin's.
KRITIKER: Sie? Aber wie denn?
AUTOR: Ich sag's doch. Ich. Verstehen Sie? Der Autor!
KRITIKER: Ich? Nie gehört.
AUTOR: Mein Mantel ist weg.
KRITIKER: Und beide fort.

jetzt. Die Hand weist aus dem Bild; auf den Zuschauer.

Wieder die Hand. Der KRITIKER greift nach dem ausgestreckten Zeigefinger, zieht die Hand des AUTORS vor sein Gesicht, beobachtet das Schattenspiel, läßt die Hand schließlich fallen.

Der KRITIKER verstummt, läßt aber seine Lippen weitersprechen. Nach einer Weile kehrt dann die Stimme zurück.

Der KRITIKER und hinter ihm der AUTOR gehen langsam nach links ab. Unvermittelt bleibt der KRITIKER, dann auch der AUTOR stehen.

Der KRITIKER geht weiter. Der AUTOR folgt ihm; er verwirft, um sich zu wärmen, die Arme,

(Schweres Knirschen – fast ein Knarren – bei jedem Schritt.)

(Das Knirschen wird allmählich leiser, verliert sich.)

dann die Beine, und schon scheint er zu tanzen.

Jetzt sieht man, in Nahaufnahme von hinten, die Schuhe des AUTORS und gleich darauf jene des KRITIKERS; dann kommen die Schuhe beider von vorn ins Bild.

Der KRITIKER und der AUTOR, nunmehr nebeneinander gehend und wieder von hinten zu sehen, entfernen sich weiter; bald verschwinden sie im Bildhintergrund. Schneefall.

(Plötzlich dann, ganz nah und fast erschreckend, die Stimme des AUTORS aus dem Off, während gleichzeitig, von rechts außen, eine weitere Straßenlaterne ins Blickfeld rückt.)

AUTOR: Wo sind wir denn? Ich friere doch! Wohin gehen wir? Wer sind Sie eigentlich?

(Wieder das Knirschen im Schnee, rasch lauter werdend.)

AUTOR *(schreit)*: Wwwas?

Der AUTOR, noch immer leicht tänzelnd, steigt ruckartig ins Bild; zuerst wird, vom untern Rand her sein Hut sichtbar, dann die Augen, der Mund, Hals und Schultern usw., während er rasch näher kommt und schon bald mit seinem Oberkörper die ganze Bildfläche einnimmt. In diesem Augenblick ist der AUTOR aber auch gleich wieder verschwunden, nach unten; als wäre er gestürzt. Wieder Schneefall. Langsam beugt sich von links

KRITIKER: Aber – hören Sie? – so geht das nicht. Wirklich! Was? (*für sich:*) Jaja. der KRITIKER ins Bild, schaut sich um, schüttelt müde den Kopf.
Der AUTOR bleibt verschwunden.

Szene II
(*Zwischentitel:*)
»Der Mann im fremden Mantel«

(*Hastiges Keuchen.*)
(*Gedämpftes Rattern.*)
(*Eine Fabriksirene, weit entfernt.*)

(LESER 1 *und* LESER 2 *summen zweistimmig eine sentimentale Melodie; hin und wieder rezitieren sie, vielleicht um sich selber eine forschere Gangart beizubringen, gemeinsam einen Vers von Majakowskij oder eine geschichtsphilosophische These von Benjamin; doch dies kaum vernehmlich.*)
LESER 1: Ein Fuß!
LESER 2: Ein Bein!
LESER 1: Tot?
LESER 2: Tot.
(*Beide schweigen eine Weile; dann lachen sie laut auf.*)

AUTOR: Ich bin es. Ohne Mantel. Sie haben mich ausgeraubt. Fort. Beide verschwunden.
Schluß.

Früher Morgen. Schnee. Ein Straßenzug, der sich zu beleben beginnt. Vereinzelte Passanten. Hin und wieder ein Panzerfahrzeug. Dann, plötzlich ganz nah, zwei glimmende Punkte; Zigarettenglut; zwei Gesichter, Wange an Wange. Schließlich die beiden wankenden Gestalten, einander stützend, stehenbleibend, sich umarmend, weitertaumelnd. Es sind die LESER, jetzt wohl betrunken, vielleicht auf dem Rückweg, jedenfalls sorglos. Doch schon erschrecken sie beide (oder sind auch nur erstaunt); sie bleiben stehen, halten sich gegenseitig an den Ellenbogen, tasten mit den Schuhabsätzen eine kleine Schneewächte ab, die ihnen genau an der Stelle, wo sie auf eine Querstraße hinaustreten wollen, im Weg liegt. Die beiden LESER halten inne, greifen sich an den Kopf, sehen einander prüfend in die Augen, schauen forschend in den Schnee zu ihren Füßen.
Aus der Wächte erhebt sich langsam, den trockenen

(Sie lachen alle drei.)

ALLE DREI: Jajaja! So ist das. Genau so. Fort und Schluß.
LESER 1: Gehen wir.
LESER 2: Also los!

LESER 1 und LESER 2: Wir bringen Sie nach Haus.
AUTOR: Wohin? Mich friert.

Schnee von der Kleidung schüttelnd, der AUTOR.
Jetzt klopfen sich der AUTOR und die beiden LESER gegenseitig auf die Schultern.

Die LESER nehmen den durchfrorenen AUTOR in die Mitte und machen sich wieder auf den Weg.

(Der Verkehr wird dichter. Der Straßenlärm nimmt zu. Erneut leichter Schneefall. Passanten. Noch ein Panzerwagen, viel weniger auffällig jetzt. Nochmals, schon etwas näher, die Fabriksirene.)

LESER 1: Also nach Haus.
LESER 2: Wo Sie wohnen.

LESER 1: Nach Haus!
LESER 2: Nach Haus!

AUTOR: Da! Da ist es gewesen! Da ist es passiert!

Die LESER scheinen ziemlich ernüchtert zu sein; es sieht nun tatsächlich so aus, als brächten die beiden einen schwer betrunkenen Freund nach Haus. Der AUTOR strauchelt immer wieder, bleibt stehen, setzt sich in den Schnee, will sitzen bleiben, doch die LESER lassen nicht von ihm ab, ziehen ihn hinter sich her, während er bald diesen, bald jenen Passanten anquatscht, um seine Geschichte an den Mann zu bringen.
Da hält der eine LESER plötzlich inne, sieht an sich hinunter, schaut den andern LESER an, knöpft seinen Mantel auf, zieht ihn aus, bietet ihn dem AUTOR an.

LESER 1: Da. Nimm meinen Mantel. Doch, nehmen Sie, Sie sind ganz ...
LESER 2: ... bestimmt sind Sie schon ganz durchfroren.
LESER 1: ... bis nach Haus.
LESER 2: Nehmen Sie!
AUTOR: Wo denn? Und Sie? Wohin? Erfrieren werden Sie! Sehen Sie denn nicht?

Der AUTOR wendet sich ab, kehrt den LESERN den Rücken zu, breitet nun die Arme aus, läßt sich den Mantel, als gehöre er ihm selbst, vom einen LESER überziehen, während er auf den andern einzureden beginnt.

AUTOR: Und Sie? Und Sie beide? Werden Sie denn nicht frieren? Sehen Sie, mir hat man den Mantel weggenommen, und ich wäre fast erfroren da draußen, tausend Dank, na sehen Sie, wie der mir steht, Ihr Mantel da, der sitzt wie angegossen, ein schöner Mantel, ja!
LESER 1: Bitte! Ich bin warm genug angezogen.
LESER 2: Bitte schön! Er ist warm genug angezogen.
LESER 1 und LESER 2: Gehen wir.
AUTOR: Los!

Als wüßten sie, wohin ihr Weg sie führt, schreiten die beiden LESER und der AUTOR nunmehr tüchtig aus, und bald sind sie in der Menge, die sich hinter ihnen wie ein schwarzer Vorhang schließt, verschwunden.

Szene III
(*Zwischentitel*:)
»Ein Phänomen«

KRITIKER: Wo er nur sein mag, der Mann? Wie konnte er so schnell verschwinden? Wohin? Und ohne Mantel! Ein Phänomen. Mann ohne Mantel. Isch mit Namen. Ein Phänomen. Wie konnte ich das übersehen? Wie konnte ich ihn übergehen? Ein Autor doch! Ein Phänomen, ein ganz normales! Wo er nur sein mag . . .

Vormittags. Eine menschenleere Seitenstraße. Irgendwelche Fahrzeuge, bis zur Unkenntlichkeit eingeschneit. Schmale Abbruchhäuser mit kreuzweise zugenagelten Türen. Fremdsprachige Ladenschilder; an den verrußten Mauern, weiß auf schwarz, immer wieder dieselben unentzifferbaren Embleme. Mit gesenktem Blick, vorsichtig einen Fuß vor den andern setzend, geht der KRITIKER zu seiner Zeitung (oder zum Tatort) zurück. Lange sieht man ihn – mal von hinten, mal von der gegenüberliegenden Straßenseite – so vor sich hin gehen, die Fäuste tief in die Manteltaschen gesteckt und unablässig mit sich selber redend, manchmal stehenbleibend, den Kopf schüttelnd, dann entschlossen – oder auch bloß irritiert – weitergehend im gleichen Schritt wie zuvor. Dies alles während längerer Zeit und in mehrfacher Wiederholung, so daß der Eindruck entsteht, der KRITIKER schreite stets dieselbe Straße ab und gefalle sich in ihrer engen Perspektive.

(*Schritte auf knarrenden Treppenstufen und Dielen. Fremdartige, ganz unverständliche Stimmen hinter allen Türen; mal ein hektisches Keuchen, mal ein gepreßter Schrei.*)

(*Geräusch wie von Tischtennisbällchen, jedoch in ganz kurzen und regelmäßigen Abständen.*)

KRITIKER: ... necken und schlecken, necken und schlecken, necken und ...

Doch jetzt betritt der KRITIKER nach einer brüsken Wendung jenes Haus, in dessen Toreinfahrt bei seinem letzten Durchgang noch der halbwegs zugeschneite Panzerwagen stand. Der KRITIKER tritt ein, verschwindet und kommt erst jetzt, da die Straße langsam von der steilen Treppe überblendet wird, erneut in den Blick.

Der KRITIKER durchmißt, mit merklich beschleunigtem Schritt, einen schmalen, nur durch eine nackte Glühbirne erleuchteten Korridor mit zahlreichen Türen zu beiden Seiten; er kennt sich offensichtlich aus, geht geradewegs zur vorletzten Tür rechts, lehnt sich mit der Stirn gegen dieselbe, hebt die Fäuste aus den Manteltaschen und hämmert mit ihnen, ganz leise und doch sehr bestimmt, an den obern Rand des Türrahmens, wobei er mehrmals so etwas wie ein Erkennungswort zum Schloß hin flüstert.

Sofort und beinahe lautlos wird die Tür geöffnet. Nach einer knappen Verbeugung schiebt sich der KRITIKER, seinen Mantel aufknöpfend, seitlich durch den schimmernden Türspalt ins Zimmer.

Szene IV
(*Zwischentitel:*)
»Der Manteldieb«

In einem engen, hell erleuchteten Dachzimmer stehen sich der KRITIKER, die beiden LESER und der AUTOR gegenüber. Mit Ausnahme des einen LESERS trägt jeder von ihnen einen langen schwarzen Mantel, und alle halten einen steifen schwarzen Hut in der Hand. Es macht den Anschein, als hätten die vier Funktionäre sich zu einer geheimen Besprechung treffen wollen, doch wird bald klar, daß es ein eher unliebsamer Zufall gewesen sein muß, der sie hier zusammengeführt hat.

Nach langem Schweigen kommt allmählich Bewegung in die Gruppe. Der KRITIKER hebt mit einem Ruck den Kopf, dann den Finger und setzt einen ziemlich komplizierten, genau vorbedachten Satz mit vielfacher Echowirkung in die kleine Welt des AUTORS, wird aber sogleich vom Mann im fremden Mantel beim Wort genommen und mehrmals zitiert. Währenddessen haben sich die beiden LESER von hinten an den AUTOR herangemacht und begin-

KRITIKER (*für sich:*) Ich werde sie alle – (*zu den andern:*) Sie alle! – aufschreiben. Einfach aufschreiben. Notieren sozusagen. Aufnotieren. Alle.
AUTOR: Ich werde sie alle – Sie alle! – aufschreiben ...

nen nun auf ihn einzuschlagen, auf ihn einzuschreien, und versuchen, ihm den Mantel abzunehmen. Nur mit den Lippen, ohne einen Laut von sich zu geben, redet der KRITIKER weiter; dabei hebt er hin und wieder seinen blitzenden Silberstift, um die zerstrittenen Parteien, mit denen er, wie man ihm nun endlich ansehen kann, nicht das geringste zu schaffen hat, zur Vernunft zu rufen.

KRITIKER: Tztztz ...

Doch die Auseinandersetzung nimmt immer heftigere Formen an. Der AUTOR kämpft ebenso engagiert um seinen Mantel wie die LESER, die sich, ohne den Mann im fremden Mantel als AUTOR zu erkennen, um ihren Mantel balgen. Plötzlich stürzt der Mann im fremden Mantel zur Tür, reißt sie auf, ergreift die Flucht; die beiden LESER eilen ihm nach, verfolgen ihn durch dunkle Korridore und über schmale Treppen, hinunter, dann wieder hinauf, schließlich hinaus auf die Straße.

LESER 1: Gib den Mantel her!
LESER 2: Gib her!
LESER 1 und LESER 2: Komm, mach schon!

(Eilige Schritte; Lärm, Geschrei.)

Der KRITIKER ist allein im Zimmer zurückgeblieben; durch die offenstehende Tür kann man sehen, wie er das Fenster aufstößt, dann sich hinauslehnt –

Im Schnee, unten, werden die beiden LESER und der Mann im fremden Mantel wieder handgemein, doch schlagen sie jetzt schon viel gemessener aufeinander ein und vermeiden es dabei zu schreien. Gleichwohl dauert es nicht lange, bis die zuvor menschenleere Straße sich zu beleben, sich zu bevölkern beginnt. Die Passanten freilich hasten vorüber, ohne das lautlose Kampfgeschehen auch nur zu beachten. Noch eine Weile geht das Ringen unentschieden weiter. Doch mit einemmal bleibt alles stehen, jedermann in der Straße hebt den Blick. Aus dem Fenster, sehr weit oben, beugt sich der KRITIKER und zeigt mit gerecktem Finger und mit großer Geste auf seine Armbanduhr.

(Turmuhr; aus nächster Nähe, fast wie Detonationen, zwölf Schläge.)

Die LESER wechseln, über den am Boden liegenden Mann im fremden Mantel, einen raschen Blick, und zusammen mit ein paar zufälligen Passanten ergreifen sie unvermittelt die Flucht. Wieder ist die Straße menschenleer. Mühsam richtet sich der Mann im fremden Mantel auf, klopft sich den Schnee von den Knien, von den Ärmeln, zuletzt von den Schultern. Er

AUTOR *(für sich:)* Isch. Ich bin es doch. Was fällt denen ein. Wäre noch schöner.

KRITIKER: Alles klar. Auf frischer Tat. Ein Phänomen. Ich habe Sie! Jetzt hab' ich es! Schon aufgeschrieben!
AUTOR (*schreiend*): Was?
KRITIKER (*leise*): Im fremden Mantel! Als Autor! Ein normales Phänomen!
AUTOR (*undeutlich*): Nein, stirbt nicht . . .

murmelt vor sich hin; seufzt. Dann wendet er den Kopf nach oben. Doch das Fenster ist geschlossen.

Unversehens steht der KRITIKER jetzt hinter dem AUTOR; er legt ihm die behandschuhte Hand auf die Schulter und flüstert ihm etwas ins Ohr. Der AUTOR erschrickt, wendet sich um und schreit, als er sich dem KRITIKER gegenüber sieht, laut auf. Dann schüttelt er resigniert den Kopf, beginnt sich langsam zu entfernen. Der KRITIKER lächelt, als habe er *wirklich* verstanden. Mit energischen Schritten eilt er dem AUTOR nach, packt ihn am Arm und zerrt ihn, im wieder einsetzenden Schneegestöber, aus dem Bild.

(Schlußtitel:)

Und weiter gehen, in der Ferne verschmolzen zu *einer* wankenden Gestalt, der Kritiker und der Mann ohne Mantel. Doch dieser ist schon nicht mehr jener Mann *ohne* Mantel, denn er trägt ja, wie man eben sehen konnte, einen *Mantel*. Und es ist auch nicht der Mann im *fremden* Mantel, denn er trägt ja, wie man vielleicht nicht ganz deutlich sehen konnte, *seinen* Mantel. Und es ist auch nicht der Mann in seinem eigenen Mantel, denn den Mantel hat er ja, wie man deutlich sehen konnte, ausgeliehen. Also doch ein Manteldieb? Ein Autor wie er im Buch steht und –

SCHLUSS!

... muß der Zauberlehrling letztlich nicht vor dem Meister, sondern vor seiner Machenschaft bestehen können; Rabbi Löw nicht vor dem Computer, sondern vor seinem Golem; der Autor nicht vor dem Leser, sondern vor seinem Werk.

Hohl tönt es – nach Lichtenberg – allemal dann, wenn von zwei Köpfen, welche aufeinanderstoßen, der eine ein *Buch* ist. In aphoristischer Raffung wird hier die alte Konkurrenz zwischen Buch und Wirklichkeit, zwischen Kultur und Natur, zwischen Lektüre und Experiment, kurz – zwischen Bucherfahrung und Wirklichkeitserfahrung zur Metapher verdichtet. Wir haben es dabei mit einer Metaphernbildung zu tun, deren Genealogie über das Buch der Geschichte und das Buch der Natur zurückreicht bis zum Buch der Bücher, dem *einen* Buch, das schließlich seinerseits, als Inbegriff von Lesbarkeit und Sinnbesitz, durch das von Mallarmé imaginierte, später von Valéry propagierte leere Weltbuch – durch die Idee des absoluten, des sinnleeren Buchs – abgelöst, dem kantischen »gestirnten Himmel« gleichgesetzt und somit definitiv vernichtet werden sollte.

Hans Blumenberg hat es im Rahmen einer großangelegten Metaphorologie unternommen, das wechselhafte Verhältnis zwischen den beiden rivalisierenden »Köpfen«, von denen der eine – gewiß nicht der hohle! oder doch? – bei Lichtenberg als Buch gedacht ist, in historischer Perspektive – von Platon und Aristoteles über Augustinus und Bacon, Descartes und Leibniz, die Humboldts, Goethe und Novalis bis hin zur Freudschen Traumdeutung und zu den jüngsten naturwissenschaftlichen Entzifferungs- und Leseversuchen an biologischen Codes – aufzuzeigen; abzuhandeln; auszudeuten.*

Entstanden ist aus diesem philosophiegeschichtlichen Unterfangen nicht nur ein enzyklopädisches Haupt-, oder eben: Kopf-Werk zur Inventarisierung der abendländischen Buchmetaphorik, vielmehr eine zusammenfassende Nachlese, eine abschließende Nacherzählung der Geschichte europäischen Denkens im Spannungsfeld zwischen Sinnproduktion und Sinnlosigkeitsverdacht am Leitfaden der Frage nach dem, was wir je wissen wollten und was wir je erhoffen durften. Blumenbergs Diskurs über die Lesbarkeit der Welt-Bücher und die Welthaltigkeit der

---

* Hans Blumenberg, *»Die Lesbarkeit der Welt«* (Frankfurt a. M. 1981).

Bücher-Welt gerät letztlich (trotz klar artikulierten Vorbehalten gegenüber der »Surrogatfunktion« und »Unnatur« der Bibliotheken) zu einer wortmächtigen Apologie der westlichen linearen Schriftkultur (und also des Vernunftdenkens) – Blumenbergs Buch ist Hervorbringung einer kulturellen Spätzeit, die sich primär an Bildern, nicht mehr an Texten orientiert und deren Literaturfeindlichkeit vorerst noch in der inflationären Flut literarischer Erzeugnisse ihren paradoxalen Ausdruck findet, obwohl (oder weil) sie den Weg zu einem neuen Mittelalter – zum postmodernen Analphabetismus – bereits unverkennbar (und unaufhaltsam) eingeschlagen hat. Wo der gesunde Menschenverstand zur Ketzerei, die Beschwörung des Irrtums zur Faszination durch die Stupidität, das Klare und Deutliche zum deutlich Unklaren und das Denken – nach Foucault – »zur Tat, zum Sprung, zum Tanz, zum äußersten Abseits, zur gespanntesten Dunkelheit« wird, ist auch »das Ende der Philosophie der Repräsentation« erreicht. *Incipit philosophia differentiae*: »Es kommt der Augenblick des Irrens . . .«

Mit Bezug auf den »Irrsinn Elbehnons«, wie er bei Mallarmé (in *»Igitur«*) vorgezeichnet ist, heißt es bei Blumenberg: »Das Buch ist der Antipode der Idee. Deshalb ist es wieder eine Apokalypse, in der ein Buch geschlossen wird, zum Ende und Untergang des Geschlechts der Elbehnon. – Anfang ihrer Geschichte war gewesen, daß sie durch einen Schiffbruch, durch das nackte Faktum des verfehlten Ziels, an Land gegangen waren und das Schloß errichtet hatten für diese Geschichte. An deren Ende erlischt die Kerze, die das Buch beleuchtet, das nun geschlossen werden kann, keine Prophezeiung, aber auch keine Historie mehr preisgibt. Das Buch ist die Realität der Geschichte: keine Zukunft zu haben, ist im Zuschlagen des Buches blanke Wirklichkeit, das Ende aller Lesbarkeit, das es nur gibt, wenn es sie gegeben hat.« – Was Blumenberg hier souverän referiert, liest sich bei Foucault, in pathetischem Brustton, wie folgt: »Machen wir uns frei, um denken und lieben zu können, was sich in unserem Universum seit Nietzsche mit Donnergrollen ankündigt – ungebändigte Differenzen und ursprungslose Wiederholungen, die unseren alten erloschenen Vulkan erschüttern; die seit Mallarmé die Literatur gesprengt haben; die den Raum der Malerei zerklüftet und vervielfacht haben; die seit Webern die feste Linie der Musik endgültig gebrochen haben; die alle Zeitenbrüche unserer Welt ankünden.«

Demgegenüber wirkt Blumenbergs gepflegte Rhetorik wie ein nostalgischer Abgesang auf die »verbuchte« Welt, die wir zwar noch bewohnen, die aber – vielleicht – schon heute »von gestern« ist.

WO IST NOCH RAUM? Architektur für später,
Schatten abgeworfen, hingerissen bald
von jenem Sonnenstromer, der als Täter
bloß zu Fuß in Frage kommt. Doch hat den Wald
die Wüste längst schon eingeholt! Auf Sand
ist Perfekt vorgebaut für alle
Zeiten. Kaum ein Entscheidungsbaum in diesem Land
wird der Realität gerecht, der Zweifelsfalle.

Retten, was nicht mehr zu retten ist; indem man es – indem man es lesbar macht – vergißt, bevor es zum Bild wird.

Kafkas Texte – auch die Briefe und Tagebücher – vibrieren und winden sich noch jedesmal, wenn ich sie wiederlese, in ihrer krampfartigen Schönheit; scheinen sich vom Papier lösen zu wollen, so, als verbrennten sie sich selbst, von innen, wenn ein Blick von außen sie trifft; so, als wollten sie sich dem Verständnis entziehen, um, unleserlich geworden, nur noch Gegenstand des Glaubens zu sein.

Der pathetische, bisweilen ins Obszöne verschärfte Wille zur Magerkeit – der Wunsch, sich klein zu machen und klein zu bleiben; der Wunsch durchzufallen, unsichtbar, nichtig zu werden; der Wunsch, unabrufbar, unbehaftbar, weg zu sein, unterwegs ins Bild, das die Welt bedeutet: der Wunsch, sich der Kunst, dem Schreiben zu versagen – hat Kafka wohl mehr künstlerische Energie abverlangt als alles, was ihm künstlerisch dennoch gelang:

»Ach, wenn das Frl. Lindner wüßte, wie schwer es ist, so wenig zu schreiben, als ich es tue!«

Schreiben als Abmagerungsverfahren; der Text als Abmagerungskorsett, das der Autor sich selber verpaßt, um seinem Werk angepaßt zu sein und von ihm akzeptiert zu werden. Denn vor dem Werk muß der Autor bestehen können; nicht vor sich selbst, nicht vor dem Publikum. Schließlich war Kafka überzeugt davon, daß er seiner Schrift nicht würde gerecht werden können; daß er nicht vollständig in ihr untergehen, ihr niemals gänzlich entsprechen und folglich auch nicht in ihr überleben würde. Und so wollte er denn das Werk, schon vor seinem Tod, verbrannt *wissen*.

Beim Brand eines aus Holz und Leinwand gefertigten zwanzig Meter hohen Modells des Montblanc-Massivs sollen gestern in der am Südfuß des Montblanc-Massivs gelegenen Kleinstadt A. mehrere hundert Bergbesucher – ihre genaue Zahl steht noch nicht fest – tödlich verunfallt sein. Der siebenstöckige Modellbau, von dessen geweißeltem Gipfel aus das Montblanc-Massiv gesamthaft überblickt und photographiert werden kann, gilt als Touristenattraktion. Die Unglücksursache – möglicherweise ein Kurzschluß in der elektrisch beleuchteten Holzkonstruktion – ist noch nicht definitiv abgeklärt.

Nach den bisher vorliegenden Meldungen befanden sich zum Zeitpunkt des Brandausbruchs rund fünfhundert Besucher im Montblanc-Massiv, mehrere Dutzend davon im steilen, künstlich beschneiten Treppenaufgang zur Gipfelregion. Schon nach den ersten angstvollen Schreien einiger – zumeist älterer – Berggänger stürzte die Besuchermenge dem einzigen Ausgang zu, dessen Türen sich allerdings nur nach innen öffnen lassen. In dieser Falle vor dem Ausgang im Innern des Massivs häufte sich dann, so wird übereinstimmend berichtet, ein Berg von Menschenleibern auf, da immer zahlreichere Besucher, einer den nächsten mitreißend, im Dunkel des Treppenhauses durch die Stockwerke in die Tiefe stürzten.

> (Die Hölle? Ja, das sind die andern – *wir*, dort unten.)

Die ungeheure Ahnung, die mich – List der Toten? – noch jedesmal überkommt, wenn ich eine längere Aufzählung von Namen höre.

»Als Sprecher wirkten mit...«
»Die Ausführenden waren...«
»Als Verlierer stehen fest...«
»Gewählt sind...«

Und so fort; wie eine Totenliste.

Denn nah am Tod hört man den Tod nicht mehr und schreit hinaus, vielleicht mit großem Tiergebrüll . . .

Pasolini: »Pelosi! . . .«

Wer *so* – als Opfer – schreit, ist außer sich; und schreit – vor Angst, vor Schmerz, vor dem Tod – »mit kaum noch menschlicher Stimme«.

Doch in jedem *ach*! und *och*! – auch dort, wo es gellt oder fast schon verstummt – schwingt ein *ich*! mit.
»Ich«, der nun ganz Schrei ist, »bin«; ausgestoßen. Ist von dem, was er selbst war, geschieden.

Und dennoch bleibt, wer schreit, durch seinen Schrei mit dem Wort verbunden; auch jenseits der menschlichen Stimme – ein Mensch.

WÄRE WEISSE
Dezimale nicht der Titel eines
Buchs wie du,
ich würde ihn, obwohl ich heiße,
als Indianernamen in die Wüste
tragen und noch weiter und so fort – – –
Wer wüßte,
würde mich mit Leichtigkeit erraten: *dort*!

Da der Tangute – wie schon Sokrates und wie noch Kant – keinerlei Bedürfnis nach Ortsveränderung hatte, ging er in sich; ins Exil.

». . . die affirmative Rolle des Negativen . . .«

Der Punkt, auf den er sich zurückzog, bildete das Zentrum eines quadratischen Palastgevierts von 450 Meter Seitenlänge, welches seinerseits, auf 41° 45' 4" nördlicher Breite und 101° 5' 15 " östlicher Länge, inmitten der Wüste Ghobi – nicht weit vom Edsinghol – lag.

». . . gibt es in der Wüste so etwas wie einen verwandelnden Blick, von dem zweifelhaft bleibt, ob man ihn besser als einen magischen oder als einen utopischen Blick bezeichnen sollte. Dieser Blick vermag alles – auch die Ghobi – von *einem* Punkt aus zu enthüllen, vorausgesetzt, man tritt am Ort. So brauche ich denn nicht nach dem zu fragen oder gar zu suchen, was ›unten‹, was ›hinten‹ sei. Es genügt, daß ich, um da zu sein, mit jenem Blick zwischen meinen stampfenden Füßen den Punkt fixiere, mit dem ich bald vollends zusammenfallen werde.«

Fünfhundert Jahre danach kamen zwischen den Eselsohren über den Sanddünen die Ruinen der Tangutenstadt in Sicht, die, wie sich nun herausstellte, auf einer niedrigen Terrasse aus grobkörnigem Sandstein lag. Rechtwinklig angelegte Straßen zerteilten den Baugrund in mehrere quadratische Felder. Die Tempel und viele andere Bauten waren bis auf die Fundamente zerstört. In den Schuttmassen fand man Mühlsteine, Reste von Kanalisationsanlagen, Scherben von Ton- und Porzellangeschirr, aber auch metallene, meist gußeiserne Gebrauchsgegenstände sowie ein angesengtes Stück Birkenhaut, welches später im Völkerkundemuseum zu Petrograd als Fragment eines chinesisch-tangutischen Wörterbuchs identifiziert wurde; das aus dem 14. Jahrhundert stammende Schriftstück kann seit kurzem im Winterpalast eingesehen werden.

Von wem auch immer – über wen auch immer – *geschrieben* wird, das schreibende Subjekt nimmt männlichen, das beschriebene Objekt nimmt weiblichen Charakter an. Wer also schreibt, wer sich einschreibt, schreibt notwendigerweise als Mann. Auch die Frau, auch die Feministin tritt, wenn sie die Autorschaft antritt, in einer Hosenrolle auf; sie schreibt weder für sich noch fürs Ich, sondern für ein absolutes Femininum. Und wer – oder was – zum Gegenstand der Beschreibung (des transitiven Schreibens) wird, ist weiblich, gehört der Mehrzahl an: Helden wie Heldinnen, Landschaften wie Innenräume, Gefühle wie Dinge; sogar das Buch selbst (hierin vergleichbar mit aller Architektur) ist weiblichen Geschlechts.

Während Diderot mit phallokratischer Gebärde seinen Stiel – den *stylos* – zum Stil entfaltet, geht Mme d'Epinay davon aus, daß als Autor »jeder Mensch gleich« ist, Mann und Frau »von gleicher Natur und Konstitution«; wobei sie kritiklos anzunehmen scheint, daß Gleichheit grundsätzlich als Ergebnis von Angleichung – der Angleichung der Frau an den Mann – zu gelten habe. Die Frau, wenn sie schreibt, schreibt nicht im eigenen Namen, sondern im Namen *der Frau* (oder *der Frauen*) und somit aus männlicher Position; von außen, von oben. Indem die Weiblichkeit in der Schrift sich absolut setzt, wird sie zum Neutrum, schafft sich ab – sie räumt das weiße Feld, überläßt es dem Man(n). So unterliegt das Weibliche als Subjekt; es bringt sich nicht ins Spiel, setzt sich nicht in Szene, wird nicht zum *corpus* des Textes.

> (Dieser allzu nachgiebigen Position setzt der Autor – hier also Diderot – seine Erfahrung als Mann und als Liebhaber entgegen, für den die Frau, als Geschlechtswesen und als Geschlechtsobjekt, in zwiefacher Hinsicht der andere Teil – das Andere – des Menschen ist, der – oder das – sich, schreibend, immer nur im Maskulinum zu behaupten vermag. Und so weist denn dieser Autor die Frau mit spielerischer, vielleicht aber auch nur mit gespielter Souveränität der männlichen Deklination zu – und *beugt* sie entsprechend; er beugt sie zu sich herunter auf den Grund der männlichen *Natur*, um ihr von dorther Ausdruck und Bedeutung zu verleihen. Als Zeuge und Autorität – Richter und Partei zugleich – macht Diderot die Frau zum *Gegenstand* der Schrift, ohne jemals die übergeordnete Position des männlichen Subjekts aufzugeben, wobei er *sein* Geschlecht – wie auch *das andere* – konsequent einsetzt, um einen leidenschaftlichen, einen ebenso subtilen wie brutalen Diskurs zu erzeugen, der das weibliche Objekt im männlichen Subjekt bis zur Ununterscheidbarkeit aufgehen läßt...)

... stand Adorno
                    den ich damals weder vom Sehen noch vom
Lesen
      kannte
              mitten aus dem Traum auf
                                    kehrte uns allen
                                                    mit
beiden Ellenbogen auf das Vortragspult gestützt
                                            und sich
selber
      in regelmäßigem
                      Wechsel
                              mit dem linken auf den rechten
mit dem rechten auf den
                      linken Fuß tretend
                                      den Rücken zu.
(Für einmal sprach er
                    von uns weg
                              zu den Menschen
                                            »über
das Leben« ...)

Grillen haben mit Phantasie nichts zu schaffen; sie werden zu Reminiszenzen, sobald man ihr Zirpen geortet hat.

So werden auch phantastische Geschichten, wenn ihre Quellen erst einmal gefunden sind, schlicht Geschichte.

James Fenimore Coopers Spion, im neunzehnten Jahrhundert eine literarische Ausnahmeerscheinung, befaßt sich hauptsächlich mit den Loyalitätskonflikten während des amerikanischen Unabhängigkeitskriegs und ist insofern beachtlich, als er bis heute unlesbar und folglich unerkannt geblieben ist. Im Zeitalter des Realismus galt, wie man aus der mündlichen, von Washington eigens begründeten Überlieferung weiß, die Festung West Point als »Schlüssel zu Amerika«, und ihre Eroberung durch die Russen hätte für die Mohikaner den Verlust des Kriegs bedeuten können. Als der Kommandant von West Point, General Benedict Arnold, insgeheim – ein Forschungsreisender überbrachte die Nachricht – wissen ließ, daß er bereit sei, die Festung für »rund zwanzigtausend Pfund in englischer Währung« an die Russen zu verraten, traf der auf Kamtschatka stationierte zaristische Admiral sofort entsprechende Dispositionen. Er hatte im übrigen nichts weiter zu tun, als einen zuverlässigen Agenten zu entsenden, der das Geschäft mit Coopers Kunstfigur aushandeln, die Planung und den Zeitpunkt der Aktion besprechen, mit seiner Meldung auf dem kürzesten Weg über Anian und Alaska ins russische Hauptquartier zurückkehren und beiläufig berichten sollte, ob Asien tatsächlich mit Amerika zusammenhänge. Die Durchführung dieser militärisch und wissenschaftlich bedeutsamen Aufgabe übertrug Koltschak seinem Adjudanten Vitus Bering, der damals eben im Begriff stand, die Aleuten zu entdecken. Doch an dieser Stelle – zwischen 35° und 69° n. B. – begänne die Geschichte nun wirklich. Und zwar so.

... birgt wohl einzig die innere Mongolei jene Menge widrigen Sands, der das automatische Getriebe unsrer Konsumgesellschaften zu beschwichtigen vermöchte. Beschwichtigen? Wichtigen, jedenfalls ernstzunehmenden Quellen zufolge könnten die mongolischen Sandvorkommen zur Nemesis jeglicher menschlichen Anstrengung werden, jeglicher. Denn von allen imaginären Daseinsweisen, die wir – hier – den Pflanzen, den Tieren, den Sternen und andern Dingen zugedacht haben, ist jene des Sands die strengste, die reinste. Ja, der Sand, nein, der Sand: Sand bringt weder Blumen noch Frieden noch Eiffeltürme oder Bergpredigten hervor; und doch hat stets der Sand das letzte – ich notiere – »das letzte Wort«. Und ganz zuletzt wird obenhin fast alles – ich unterstreiche *alles* – sich dem Zustand der innern Mongolei angleichen; dem, was die Historiker gewöhnlich, um unser Selbstbewußtsein zu stärken, als »finsteres Mittelalter« bezeichnen. Aber gewiß, wir müssen zurück in den Sand; der Weg hinaus in den Sand ist der einzige Ausweg, der uns bleibt ... Sand, das Element, das die ständig größer werdenden Räume zwischen den Feldern (der kultivierten Erde) erfüllt; die Leere. Sand, das stetig expandierende Element des Dazwischen, Erfüllung des klaffenden Fast; Sand, der niemals für sich, immer nur *unter anderm* da ist. Die Blume mag schön, Kohl nützlich, ein Eiffelturm verrückt sein; Sand aber ist Überfluß, Fluß der Zeit, Moral ohne Anfang und Ende. Sand ist das, was, unablässig verrinnend, schließlich bleibt: die Mongolei als Land der Zukunft?

In den vergangenen zwanzig Jahren haben in *China* Hunderte von Gelehrten an der kritischen Neuausgabe der Dynastiegeschichten gearbeitet, die nun vor kurzem gesamthaft veröffentlicht werden konnte. Es handelt sich um ein großangelegtes Erzähl- und Referenzwerk, das alle erreichbaren Detailinformationen zu rund zweitausend Jahren chinesischer Geschichte enthält. Für jedes einzelne Jahr wurde ein Text- und Kommentarband erarbeitet. Allein der Bericht über die Song-Dynastie (960-1279) würde in einer modernen Übersetzung – ohne Kommentar – an die dreißigtausend Druckseiten umfassen; und dies wiederum wäre nur ein Bruchteil des mehr als zweihundertfünfzigtausend Seiten starken Konvoluts.

.

In den kommenden zwanzig Jahren sollen, mit einem jährlichen Aufwand von fünfunddreißig Millionen Franken, die schon im späten neunzehnten Jahrhundert begonnene Vermessung der *Schweiz* sowie deren vollständige kartographische Erfassung abgeschlossen werden.

Das Jahr zweitausend wirft seine Schatten voraus; aufs Alpenland: ein Abendland.

ABGETRIEBEN: ins Gedächtnis – weißt,
Was deren Hurenkind ganz oben auf
Der Seite stehen läßt und heißt,
Als wäre das – wie nichts – ein Probelauf,

Ein Satz über den Satz hinaus. In Edelblei
Gebunden ein ursprachiges Verbar, das
Man im Berg verwahrt für die zweidrei
Noch weichen Wissenschaften. (Klar, was

»Prosa« hier bedeutet:) Ritualen, die
Uns Landschaft und die Neugier kosten,
Wehren wir formell mit radikalen Zwie-
Gesängen, bis die Phrasen fraglos rosten

Auf den Widmungstafeln. Unaussprechlich
(Wenn auch durchaus denkbar) ist, daß
Alles mehrfach vorkommt, Dieses frech sich
Ranmacht, Jenes rein zufällig frißt, was

Nicht mehr gilt und doch von einem Buch
Ins andre emigriert. Nur ein Geruch
Von drüben ist der *Name* – Gehversuch,
Letztlich zu wagen:
     »Los denn! Geh! Versuch
Es auszutragen!«
     Und so fort. Im Text
Folgt nun (Hervorhebung von mir) ein Ja,
Das mancher Insel ohne Mittelmeer zunächst
'ne Luft, dann Sicht verpaßt. So nah

Sind uns die Mythen! Staubgefäße! Daß
Wir mit ihm (ein Russizismus, neben-
Bei gesagt, für »ich und R.«) im Spaß
Statt Witzen Wunden schmeißen, wenn wir Leben

Meinen, bleibt unter uns, ist taxonomisch

Zwar durchaus von Interesse, eröffnet aber
Keine Perspektiven. Was nach außen komisch
Wirken müßte, wäre ein versierter Traber,

Der im Doppelreiher Lust am lieben langen
Marsch einübte und vor Publikum verträte –
Standbein rechts, Spielbein links . . . (Belangen
Könnte man ihn kaum; er würde späte

»Einsicht«, vielleicht »Reue« zu seiner bruder-
Tollen Schwester wählen, würde krausen
Sensibilitäten steuern, »Zärtlichkeit« mit kruder
Mine jedem weitern Blatt einpausen,

Bis die Schreiberlinge von der Wider-
Standsästhetik voll auf Egotrip – nach innen
– Fahren und bei Wronskij echte Tränen, Lieder
Und Gefühle borgen, um den Leib mit Sinnen

Zu möblieren, ihn wiederum, wider Erwarten,
Als Politikum herabzukaufen . . .) – Sei's
Drum, ersetzen wir auf Himmelskarten
Riffe durch Gezeiten, ernten blindes Weiß,

Das sich als Salz behauptet und beweist –
Nein, jenes Land gibt es noch nicht,
Wohl aber Nacht, den Blick, der kreist,
Doch keine Grenze trifft. Gegen Gewicht

(Anstelle einer Theorie der Wolke): Worte,
Die sich zur Bedeutung »Wolke« ballen,
Endlich Sinn statt sinnvoll werden, letzte Worte,
Die die Wolke dementieren und dabei verfallen.

(21. Juni 1981; Prosa für H. H.)

(zur Frage der Lokalfarben)

Quadrat
Was
Fahne
Man
Mal
Drama!
Acht
Zwang
Katz
Angst
Knast
Abstraktion
Faschismus
Nacht
Recht
Nichts
N-n-nein!
Blei
Schrei
Wein
O
Wort
... od
... ott
Oktaeder
November
Fort
Kunst
Schlss
Pnkt

•

Bilder schreiben! schrieb er; statt Bilder beschreiben?

»Wo der Text durchschaubar wird oder . . .«
». . . genauer . . .«
». . . wo die Undurchschaubarkeit Text wird, sind endlich die Mythen zu lesen . . .«
». . . redest du aber von Wörtern . . .«
». . . in Worten . . .«
». . . die älter als die Mythen sind und die noch immer *werden* . . .«
». . . redest also von jenen . . .«
». . . in denen, die das Ende hinter sich haben und nichts anderes bedeuten als die Stimme, die sie über sich ergehen lassen . . .«
». . . Niederschlag, Brandung . . .«
». . . wälze ich sie im Mund wie Kiesel, bringen sie mir Härte bei, Kälte . . .«
». . . aber die Ferne? Die Klärung? . . .«
». . . nein. Dafür gibt's den Stein! . . .«
». . . Gewitter, Zeit, schon aufgerieben! . . .«
». . . Steinzeit, schlimme Endlichkeit . . .«
». . . Form *geworden*; also überwunden!«

ENDLICH (da
ich mich nicht habe) zu
werden, was
»ich bin« *bedeutet*:
Schme-Schmett-Schmetterling!

Daß nämlich schon die unbelebte Natur gesetzmäßig gegliedert sei, höhere Einheiten oder Ganzheiten verschiedener Grade bilde, die entstehen und wieder vergehen, zeige, fuhr Haupt fort, besonders klar der Kristall. Es dürfe aber nicht vergessen werden, fügte er bei, daß dem Idealkristall mit seiner einfach formulierbaren strukturellen Gesetzmäßigkeit der Realkristall gegenüberstehe. Dieser sei, betonte er, von jenem so verschieden wie das lehrbuchmäßige Schema eines Lebewesens vom lebenden Wesen. »Ein der Norm gegenüber anormales oder pathologisches Verhalten«, schrie er schließlich, »ist beim Kristall nicht weniger verbreitet als – ich bitte nun wirklich um Ihre Aufmerksamkeit – *beim Menschen.*«

... bleibt also radikale Literatur – jene, welche man durch so absonderliche Namen wie »Gnedow«, »Urmuz«, »Kafka«, »Krutschonych«, »Witkacy«, »Bataille«, »Hohl«, »Molloy« bezeichnet und bannt – auf die terroristische Alternative *Freiheit oder Tod* festgelegt; daher auch der *Schrecken*, den solche Literatur, indem sie statt einer Lehre die Leere jeglicher Lehre zum Vorschein bringt, unter Lesern noch immer verbreitet ...

... wie auch unter Autoren; denn wer in solchem Sinn (intransitiv) schreibt, hört auf, er selbst zu sein – ein Individuum, das an einer bestimmten Aufgabe und auf ein bestimmtes Ziel hin arbeitet, indem es – er oder auch sie – hier und nur jetzt tätig wird: der Autor *ist* Freiheit-an-sich, Freiheit, die kein Anderswo kennt und auch kein Morgen, kein Gestell, kein Werk; für ihn gibt es nichts mehr zu tun, da alles bereits getan – und somit nichtig geworden – ist. Dieser Autor hat kein Recht mehr auf das eigene Leben; was er berührt, was ihn anrührt, ist öffentlich, ist ihm entzogen. Wie Josef K., wie Blanchot und Beckett lädt er dann die schwerste Schuld auf sich, wenn er verdächtigt werden kann, ein Geheimnis gewahrt, eine Idee, eine Vertraulichkeit für sich behalten zu haben. Und – ja – am Ende – da hat er – kein Recht mehr – auf ein faktisch und physisch von der Allgemeinheit abgetrenntes Dasein. Ja – und – auch sein äußerstes Recht, das Recht auf den eigenen Tod, wird ihm zur Pflicht gemacht; er muß, um zu überleben, sterben.

Doch vielleicht rührt der Schrecken, den solche Autoren verkörpern, weniger vom Tod her, den sie erleiden, als vielmehr von dem Tod, den sie sich geben? Vom Tod jedenfalls sind sie gezeichnet; wenn sie schreiben, blickt er ihnen grimassierend über die Schulter. Und deshalb bleibt ihr Schreiben kalt und unerbittlich; festgelegt auf die kleine, die radikale Freiheit des abgeschlagenen Hauptes.

> (Autoren wie Diktatoren: die sind immer oben –
> auch wenn sie unten sind; *sie* stellen seit eh und je die
> rebellischen Faktionen, *sie* sind die Manager des

Großen Terrors, für *sie* gilt, was einst Blanchot mit Bezug auf »die Tugend eines Robespierre, die Strenge eines Saint-Just« festhielt: ». . . sie begehren die absolute Freiheit, wissend, daß sie eben dadurch ihren Tod begehren; sie sind sich der Freiheit, die sie meinen, genauso bewußt wie des Tods, den sie verwirklichen. Schon als Lebende handeln sie daher nicht wie lebendige Menschen unter ihresgleichen, sondern wie wesenlose Wesen, Gedankenfiguren, reine Abstraktionen, die jenseits der Zeitgeschichte ihre Urteile und Entscheidungen treffen – im Namen der Geschichte schlechthin.«)

ALS AUTOR geht Haupt vehement aus sich heraus;
schon ist er ein ganz anderer
geworden, da!
Er tritt sich selber
und der Welt entgegen – er wird
ihr Beglücker: sein
eigener Feind.

»Du!« –
　　　Aus . . .
　　　　　　sagen
müssen: »Ich!«

»Unterschreiben!«
　　　　　　　»W-w-wer?«
　　　　　　　　　　　»Er!«

Wer nichts zu verschweigen hat, beschaffe sich ein Wörterbuch; und schweige.

(»Kein Wort!...« schrie sie. »... ist weniger authentisch als das Wort ›authentisch‹«, erwiderte er.)

»Gott ist uns zu Hilfe gekommen – durch diesen serbischen Krieg. Ich bin eine alte Frau und verstehe nichts von solchen Dingen; aber für meinen Sohn ist es eine Fügung Gottes. Für mich als Mutter ist es natürlich furchtbar; und vor allem, man sagt ja, *ce n'est pas très bien vu à Petersbourg*. Doch was soll man machen! Dies ist das einzige, was ihn wieder aufrichten kann. Jaschwin, sein Freund, hat im Spiel sein ganzes Vermögen verloren und daraufhin den Entschluß gefaßt, nach Serbien zu gehen. Er kam auf der Durchreise zu meinem Sohn und überredete auch ihn dazu. Jetzt beschäftigt ihn das. Unterhalten Sie sich doch bitte einmal mit Aleksej, ich möchte gern, daß er sich etwas zerstreut. Er ist so niedergeschlagen. Und zu allem Unglück haben ihn jetzt auch noch Zahnschmerzen befallen. Aber über ein Wiedersehen mit Ihnen wird er sich bestimmt freuen. Reden Sie doch bitte mit ihm...«

(Daß die Menschen, bei Tolstoj, eine Seele – oder auch nur Charakter, Stil – haben, *zeigt sich* darin, wie sie mit ihrem Körper umgehen; was dieser über sie verrät. »Seelenzustände« – Tolstoj beschreibt sie als etwas Äußerliches, sinnlich Wahrnehmbares, physisch zu Begreifendes. Manch eine seiner großen literarischen Gestalten glauben wir zu kennen wie uns selbst; obwohl wir nicht wissen, was in ihnen vorgeht und wer sie letztlich sind, erkennen wir in ihnen Menschen »wie du und ich«, weil Tolstoj sie uns durch ihre körperliche Präsenz immer auch – und zugleich – in ihrer seelischen Befindlichkeit nahebringt; so etwa Jelena Kuragina, die er bloß ein paar unerhebliche Worte sprechen läßt, um desto deutlicher ihren Körper für sie und zu uns sprechen zu lassen: nicht durch das, was sie sagen, vielmehr dadurch, wie sie sich geben, werden Tolstojs Helden für uns gegenwärtig – durch Haltung und Gangart, durch Kleidung und Gesten, durch ihre Mimik, ihr Schweigen. Nicht Typen, sondern Individuen führt Tolstoj vor; keine seiner literarischen Gestalten ist mit einer andern zu verwechseln, jede hat ihre eigene Statur und Stimme. Wenn Tolstoj – in *»Krieg und Frieden«* – immer wieder darauf hinweist, daß Lisa, die Frau des Prinzen André, eine recht kurze, leicht behaarte Oberlippe habe oder daß die Prinzessin Maria beim Gehen etwas schwerfällig auftrete, so tut er dies aus dem einfachen Grund, weil diese physischen Besonderheiten seelische und geistige Eigenarten zum Ausdruck bringen, die als solche nicht beschreibbar, nur benennbar wären, die aber für das Verhalten ihrer jeweiligen Träger bestimmend sind. Denn die Ausgefallenheit seines Verhaltens – nicht seine Normalität – läßt den »Helden« als *Menschen* authentisch erscheinen; ließe er ab von seiner Eigenart, so gäbe er sich selber auf und könnte nicht überleben im Buch ...)

Und weshalb hat Wronskij Zahnschmerzen? – Er braucht sie, könnte man sagen, aus *ästhetischen* Gründen; um für den Leser glaubwürdig zu sein. Glaubwürdigkeit also nicht im Sinn des Realismus (weil es so und nicht anders gewesen ist), sondern glaubwürdig, weil im Werden begriffen (weil es so und nicht anders gewesen sein wird). So daß Wronskij, um als literarische Gestalt bestehen zu können, wohl oder übel Zahnschmerzen bekommen muß, nachdem Tolstoj auf rund tausend Seiten gut ein dutzendmal die *auffallende* Schönheit und Regelmäßigkeit seines Gebisses erwähnt hat, das bei jedem Lächeln, ja bei jedem Wort strahlend *zum Vorschein* komme – »die lückenlose Reihe seiner Zähne«; »die lückenlose Reihe seiner kräftigen Zähne«; »seine prachtvollen Zähne«; »seine kräftigen weißen Zähne«; »seine prachtvollen weißen Zähne ...« Und so fort.

(»Das auffälligste Instrument der Macht«, schreibt Canetti, »das der Mensch und auch sehr viele Tiere an sich tragen, sind die Zähne. Die Reihe, in der sie angeordnet sind, ihre leuchtende Glätte, sind mit nichts anderem, was sonst zu einem Körper gehört und an ihm in Aktion gesehen wird, zu vergleichen. Man möchte sie als die erste Ordnung überhaupt bezeichnen, eine, die nach allgemeiner Anerkennung förmlich schreit; eine Ordnung, die als Drohung nach außen wirkt, nicht immer sichtbar, aber immer sichtbar, wenn der Mund sich öffnet, und das ist sehr oft. Das Material der Zähne ist verschieden von den übrigen augenfälligen Bestandteilen des Körpers; es wäre eindrucksvoll, wenn man auch nur zwei Zähne trüge. Sie sind glatt, sie sind hart, sie geben nicht nach; man kann sie zusammenpressen, ohne daß ihr Volumen sich verändert; sie wirken wie eingesetzte und wohlpolierte Steine.«)

Fragen wir nun nochmals (und präzisieren wir die Frage): *Wozu* hat Wronskij Zahnschmerzen?
Wronskij? »Wronskij ist einer der Söhne des Grafen Kirill Iwanowitsch Wronskij und einer der glänzendsten Vertreter der Petersburger *jeunesse dorée* . . . Er ist ungeheuer reich, hübsch, hat ausgezeichnete Beziehungen, ist Flügeladjutant und alles in allem ein lieber, netter Kerl, auch gebildet und sehr klug – ein Mensch, der es einmal weit bringen wird . . .« Ein Mann, der sich darum bemüht und sich damit begnügt, ein Leben – eine Karriere – »wie alle« (die seinesgleichen sind) zu absolvieren; der nicht (im Unterschied zu manchen Helden Dostojewskijs) ein Napoleon oder Rothschild *sein*, sondern lediglich eine vorgegebene gesellschaftliche Rolle *spielen* will. Daß Wronskij aber nicht nur mondäne Interessen, sondern auch vitale persönliche Bedürfnisse hat, die sich bald zur elementaren Leidenschaft verdichten, wird deutlich erst dann, als er zu Anna Karenina, der Frau eines hohen Beamten und Mutter eines minderjährigen Sohnes, eine Liebesbeziehung eingeht, die er in der Folge als schicksalhafte Echtheits- und Bewährungsprobe zu bestehen hat. Die Leidenschaft wird zum Leidensweg. In dem Maß, wie Wronskij in seiner Liebe zu Anna (die ihn emotional so stark in Anspruch nimmt, daß zunächst sein

»öffentliches«, dann auch sein »privates Ich« zusammenbricht) sich selbst verliert, wird er für den Leser zum tragischen Helden; seine totale Hingabe an die Leidenschaft legt ihn auf die Rolle des Liebhabers fest, bringt ihn also um jede andere Möglichkeit, sich zu realisieren und »jemand« zu werden. Und so ist denn mit Annas rächerischem Freitod – er soll den Geliebten durch die ihm auferlegte Mitschuld für immer an sie binden – auch das Leben Wronskijs verwirkt. Dieser sucht schließlich, um dem Fluch der »ewigen Reue« zu entgehen, den pathetisch überhöhten Tod auf dem Schlachtfeld.

> (Exakte Phantasie! Seit Kierkegaard ist die Einbildungskraft in sich selbst nämlich vollkommener als das Leiden an der Wirklichkeit; sie ist, zeitlos bestimmt, über das Leiden der Wirklichkeit hinausgewachsen, sie kann die Vollkommenheit vortrefflich wiedergeben, sie zu schildern hat sie all die prächtigen Farben: »Dagegen kann die Einbildungskraft Leiden nur in vollkommener – idealisierter – Gestalt, das heißt, gemildert, verschleiert, verkürzt wiedergeben...«)

Zahnschmerzen? Schmerzen sind keine Krankheit; aber oft macht sich Krankheit durch Schmerzen bemerkbar, machen Schmerzen die Krankheit erst eigentlich bewußt – indem sie sie an den Kranken verraten. Krankheit wiederum (als Leben zum Tod) hat – bei Tolstoj – zwei grundsätzlich verschiedene Erscheinungsformen und Bedeutungsfunktionen, verläuft jedoch stets nach der ritualisierten Dramaturgie einer Prüfung. Oft wählt Tolstoj, wo es ihm um die Darstellung des Sterbevorgangs geht, für seine Protagonisten langwierige Erkrankungen, welche es den Betroffenen ermöglichen sollen, in sich zu gehen, zu sich zu kommen; Krankheiten, die dem Patienten gewissermaßen den Körper entziehen, während sie gleichzeitig sein Bewußtsein – Selbsterkenntnis, Selbstkritik – schärfen. Manche dieser Patienten (man vergleiche »*Drei Tode*«, »*Der Tod des Iwan Iljitsch*«) erfahren die Krankheit als Tragödie, erleben sie als Katharsis; sie verändern sich, sie läutern sich, sie finden ihr Ziel, ihren Sinn –

nach einem in aller Regel nutzlos verbrachten Leben: das wahrhaftige Leben läßt Tolstoj für sie mit dem Sterben beginnen. Nur der allmähliche Tod vermag den Kranken zu verwandeln – er macht aus einem uneigentlichen Menschen, der »wie alle« ist, ein Individuum, macht ihn unverwechselbar. Demgegenüber bleibt der rasche Tod im Werk Tolstojs den »Auserwählten« vorbehalten, und fast immer ist er umgeben von einer Aura des Heroismus, ja der Heiligkeit; ein solcher – meist wortlos, widerspruchslos, manchmal auch gewollt erlittener oder gar eigens inszenierter – Tod bezeugt die Geschlossenheit, die Kraft, die Eigenständigkeit der Person. Tolstoj selbst hat durch sein ungewöhnlich langes, ungewöhnlich vollständiges, aber auch ungewöhnlich abrupt beschlossenes (und deshalb zur *wahren* Legende gewordenes) Leben ein Beispiel für diese heroische Todesart gegeben.

Wronskijs fatale Gebrochenheit kommt auf der Darstellungsebene von Tolstojs Roman darin zum Ausdruck, daß er seine Liebe zu Anna Karenina wie eine schwere Krankheit durchzustehen, wie ein Examen zu bestehen hat. Die Läuterung, die er dabei erfährt, bringt ihn aber gleichzeitig zur Einsicht, daß es für ihn keinerlei Heilung mehr geben kann. Nach einem mißglückten Versuch, Hand an sich zu legen, entschließt sich Wronskij zur Flucht nach vorn, zu einem »großen« Tod, der die Menschheit von seiner Wenigkeit befreien und gleichzeitig – als Opfertod – einem patriotischen Nahziel dienen soll: »Als Mensch bin ich insofern gut, als mir mein Leben nichts wert ist ... Ich freue mich, daß es ein Ziel gibt, dessentwillen ich mein Leben hingeben kann ... Wenigstens wird jemand davon Nutzen haben.« Diese und ähnliche Worte, kurz vor der Abfahrt an die serbische Front gegenüber einem Unbekannten geäußert, bestätigen Wronskijs selbstgewählte Rolle als tragischer Held auf ebenso vordergründige Art wie der lange schwarze Mantel, in dessen Taschen er »die Hände vergräbt«, und der breitrandige Hut, den er »tief ins Gesicht gezogen« hat, die Rolle eines soldatischen Hamlet, für den es nur noch die *eine* Alternative gibt: »... in ein Karree zu sprengen und es niederzumachen *oder* selbst zu fallen ...«

Um nun aber Wronskij nicht auf die übliche Rhetorik und Kostümierung eines Provinztragöden festzulegen und um an der

Glaubwürdigkeit, der Authentizität seines individuellen Schicksals keine Zweifel aufkommen zu lassen, stattet Tolstoj seinen Helden – zur Überraschung, vielleicht auch zur Enttäuschung des Lesers – unversehens und ohne jede Begründung mit so heftigen Zahnschmerzen aus, daß dieser kaum noch in der Lage ist, »seinen Worten den gewünschten Ausdruck zu geben«. Wronskijs feierliche Abschieds- und Absichtserklärung wird also durch diskrete Trivialisierung wieder auf eine wirklichkeitsbezogene Darstellungsebene eingespurt. Tolstoj selbst scheint die Unwahrscheinlichkeit des allzu plötzlich auftretenden »bohrenden Schmerzes« noch akzentuieren zu wollen, indem er ihn von einem besonders »kräftigen Zahn« Wronskijs ausgehen läßt, wobei er übrigens nicht vom »Zahnschmerz«, sondern konsequent vom »Schmerz des Zahns« spricht, als wollte er damit die Eigendynamik, ja den Eigensinn des Schmerzes betonen. Dazu kommt, daß im Russischen einzig der »Zahnschmerz« geeignet ist, eine lautliche Assoziation zum »Tod auf dem Schlachtfeld« herzustellen – ein Bezug, den Tolstoj in seinem Text auf subtile Weise mehrfach evoziert: *zubnój* (Zahn-), *ubój* (Schlacht).

> (... und was fällt Anna auf bei ihrer letzten Fahrt durch die Stadt zum Bahnhof, wo sie sich wenig später vor den fahrplanmäßig einfahrenden Personenzug werfen wird? Nur das Banalste, das Nächstliegende bleibt ihrer Aufmerksamkeit erreichbar; etwa das unauffällige Schild – ZAHNARZT – gleich da vorn, ja, hier über dieser Tür ...)

Die äußerlich – von der Handlung her – ganz und gar unmotivierte, künstlerisch jedoch – von der Darstellung her – unumgängliche Einführung des Zahnschmerzes erlaubt es Tolstoj, seinen zum Idealtypus erwachsenden Helden auf ein menschliches Durchschnittsmaß zurückzuführen; und das heißt: die Wahrscheinlichkeit des Dargestellten wird hier nicht durch die Wirklichkeitstreue der Darstellung erreicht, sondern – im Gegenteil – durch deren Unwahrscheinlichkeit. Zu Wronskijs Zahnschmerzen gibt es keine plausible Entsprechung außerhalb des Buchs; für Tolstoj sind der »kräftige Zahn« und der »bohrende

Schmerz« rein literarische Fakten, die nicht der Nachahmung von Wirklichkeit, sondern der Vortäuschung von Authentizität zu dienen haben. In diesem Sinn ist der literarische Realismus – als Methode – allemal ein Täuschungsgeschäft.

»Ich« spricht von sich und meint die Sache; das nenne ich *Literatur*.

Jene sprechen von der Sache, meinen aber sich selber; und nennen es *engagierte* Literatur.

Und wer liegt da richtiger? Wohl der, welcher sich das Recht *herausnimmt*, beim Schreiben der Wahrheit zu lügen; mit Methode.

»Wie soll«, fragt sich Haupt – als *Ich* – in einer frühen Aufzeichnung, »ein Mann objektiv sein können, der nicht einmal sich selber, den ihm nächsten, bekanntesten Teil der Welt, anerkennen, betrachten, beobachten will? Wie soll er andere Gegenstände betrachten können? Er ist ja immer auf der Flucht. Auf der Flucht vor dem Anfang.«

So wäre denn der subjektivste Autor schon immer der am meisten objektive – der politischste – *gewesen*.

».. . ganz unpolitisch zu fragen, ob – wäre der ›Sinn des Lebens‹ *in der Tat* das Leben selbst – die Kunst – nicht? – der tatsächliche Sinn aller Kunst – und des Künstlichen überhaupt! – sein könnte.«

»Na, komm schon, denk doch mal darüber nach; vielleicht wirst du dir das Ungeheuerliche, das Unverantwortbare dieser Frage noch am ehesten vergegenwärtigen, indem du sie zuendedenkst – aus!«

   (Und was soll's? Als ob die Sinnfrage – die Frage nach dem Sinn – als politische Frage von geringstem Interesse sein könnte! Es sei denn, man dächte sie sich so zurecht!

   Wir nämlich sind der Kunst längst ans Lebendigste gegangen, wir haben sie so richtig angepackt, wir wollen sie einfach und nackt, sie aber – Dingsda und Unwesen zugleich – kümmert sich einen Deut darum, geht weiter, wird uns alle überleben. Und das ist auch ihr Sinn; daß sie uns hinter sich läßt, obwohl wir sie ersonnen haben.)

Selbst wenn die Literatur einst *ganz* verschwinden – oder verboten werden – sollte, wird das Buch, als Objekt, fortbestehen. Denn in keinem Gegenstand unseres Alltags – es sei denn im Spiegel – ist das, was die Wirklichkeit ausmacht und die Welt zusammenhält, so augenfällig modelliert wie im Buch, dessen schlichte Architektonik alle Extreme in sich vereint und versöhnt, indem sie, unabhängig von einem irgendwie gearteten Text, den Gegensatz zwischen oben und unten, vorn und hinten, innen und außen, offen und geschlossen, Einheit und Vielfalt nicht zu überwinden trachtet, sondern ihn in der einen *Idee* des Buches – als *Band* – aufgehen läßt.

In jedem Buch wird die Welt als ein Ganzes sinnlich erfahrbar.

Die triviale Gewohnheitsnorm, wonach das Buch – um als solches wahr- und ernstgenommen zu werden – einen von vorn nach hinten (oder von hinten nach vorn) linear-progressiv durchlaufenden Text enthalten, ja mit diesem identisch sein müsse und bildliche Darstellungen einzig in der Funktion von Illustrationen, Illuminationen und allenfalls von text-externem Dekor – etwa für die Umschlagsgestaltung – zulässig seien, wird von heutigen Buchmachern mit zunehmender Häufigkeit und Konsequenz durchbrochen. Je lauter das Ende der Schriftkultur und der Tod der Literatur verkündet werden, desto mehr scheint das Buch, als deren materieller Träger, sich zu verselbständigen, sich zu verdinglichen. Die gegenwärtige Konjunktur von Künstlerbüchern und Buchobjekten bestätigt diese Entwicklung. Und wenn nun der Bild-, Objekt- und Wortkünstler *André Thomkins* ein Druckwerk vorlegt*, welches kein einziges gedrucktes Wort (auch kein Titelblatt, kein Inhaltsverzeichnis, nicht einmal Seitenzahlen), sondern ausschließlich *Farbtafeln* enthält, denen weder Titel noch Nummern beigegeben sind; und wenn er für dieselbe Publikation statt einer Umschlaggraphik einen *Umschlagtext* (von Michel Foucault) verwendet – so wird dadurch eine ganz neue Art des Umgangs mit dem Buch nahegelegt und ein neuer, ein augensinniger Leser auf den Plan gerufen. Indem Thomkins einen Text und dessen unsichtbares Kraftfeld als Raster vorgibt – das programmatische Foucault-Zitat macht auf die Sinnhaftigkeit (die »Tiefe«) von Oberflächeneffekten (»schimmernde Epidermen, Idole des Blicks«) aufmerksam –, spurt er auch gleich die »epikuräische«, weil »epidermale« Lektüre seiner Bilder ein, bei welchen es sich tatsächlich um *Häutungsprodukte* handelt, um grell-bunte Lackschichten, die sich, auf einer Wasseroberfläche fluktuierend, unter subtiler Regie des Künstlers zu annähernd menschenähnlichen Gesichtern – oder Masken – zusammenfügen, wonach sie in einem raschen Akt der Abstraktion (des Abziehens von der Oberfläche) spiegelverkehrt aufs Papier übertragen werden: »Phantasmen der Furcht und des Begehrens (Wolkengötter am Himmel, Schönheit des angebeteten Antlitzes,

---

* André Thomkins, *»Narre kopfpoker raN«* (Stuttgart 1982).

vom Winde verwehte Hoffnungen . . .).« Was Thomkins auf solche Weise *einfängt*, sind Phantasmagorien des Alltags, Formen des Wahnsinns, Schreckbilder des Gewöhnlichen. Denn was eilt – kommt Zeit! kommt Tat! – verlangt ein *Ab*-Bild jener zuckenden Grimasse.

... verlor sie auch diesmal, nach einem längeren, ruhig und sachlich geführten Gespräch, ganz plötzlich die Fassung, vergaß sich, schrie *wie wild*:

»Duuuduudu!....«

Nur so kann ich mir das Gebet noch denken; wo plötzlich nichts mehr geht.

Außer (s)ich sein.

GÄBE ES DIES DIESSEITS *wirklich*,
ich ginge um die nächste Zeilenecke aus
dem Buch und würde mich
bei einem Kleist gleich nach dem Weg nach Haus
erkundigen, hinüber.
Doch bekäme ich vermutlich statt der
Antwort
eine eher unerwünschte Auskunft, etwa diese: »Lieber
Leser, trittst, so weit du gehst, an Ort,
wärst jenseits besser gleich *geblieben*!. . .«
Was mich wohl erschrecken, doch kaum
überraschen könnte. Denn nur im Traum
kann sich das Auge selber sehn – von drüben.

Ich hatte den Nachmittag im Strandbad am See verbracht, war irgendwo unter der Sonne eingeschlafen und erst wieder aufgewacht, als die Vorstellung bereits begonnen hatte. Dennoch fuhr ich in die Stadt zurück, um mir – nun eben mit Verspätung – »*Die Reprise*« anzusehen. Ich kannte den Film aus meiner Studienzeit. Am deutlichsten war mir die Schlußszene auf dem Bahnhof in Erinnerung geblieben, und diese bestimmte Erinnerung wollte ich nun mit jener vagen Szene vergleichen, die ihr zugrunde lag.

Als ich beim Bahnhofskino anlangte, war der Film schon zur Hälfte gelaufen, aber was tat's, ich konnte mich an die Handlung und insbesondere an deren Anfänge – der Plural war mir ein Rätsel – ohnehin nicht erinnern. Trat also ein, sah zunächst nichts, stieß mit dem linken Knie an eine Reihe von Ellenbogen, was jedesmal ein mannhaftes Murren oder einen kleinen weibischen Schrei auslöste; dann ließ ich mich fallen, saß fest. Und kaum hatten sich meine Augen an das relative Dunkel gewöhnt, als ich – mein eigener Auftritt war noch nicht aktuell – mit Erstaunen bemerkte, daß außer mir nur rund ein Dutzend (vielleicht auch etwas mehr) Besucher gegenwärtig waren, die meisten, mit gesenktem Kopf und also selbstvergessen, auf den Plätzen ganz links in den vordersten Reihen. Ja. So.

Und schon sah man den Chef auf dem fast menschenleeren Bahnsteig, sah, wie er auf einen fetten Jeansjungen einging, dann aber plötzlich erschrak, die Sprache verlor, sich sogleich bückte und, aus der Hocke, mit langsamem Blick dem Jungen folgte, bis nur noch, durch den Bodenspalt in der Pissoirwand, dessen nackte Füße zu sehen waren. Und weiter konnte man, genau meiner Erinnerung entsprechend, sehen, daß nun auch der Chef seine Schuhe auszog, die kniehohen Socken, dann die Hose, die Unterhose, die karierte Jacke, das Hemd, die Brille, den Hut; und daß er, nach einem letzten Blick hinüber zu Pelosi, die Gafferschaft, die ihn inzwischen umstellt hatte, wie ein Schwimmer mit großen rudernden Gesten zerteilte und durch das Mittelschiff der Bahnhofshalle zum Ausgang rannte, in die Wüste, wo er sich, ohne jemals wieder ins Freie zu gelangen, die Füße wundlief.

Und doch scheint die Erinnerung besser als der Film gewesen zu sein. Denn als es nun allmählich hell wurde im Saal, richteten sich die übrigen Zuschauer, als würden sie von oben an Schnüren gezogen, ruckartig in ihren Sesseln auf, schauten sich, während sie sich erhoben, um, sahen mich aus dunklen Sonnenbrillen an. Alle waren sie gleich gekleidet; sie trugen über einem schwarzen, eng anliegenden Trikot einen durch und durch durchsichtigen, über der Brust geöffneten Regenschutz, dazu schwarze Handschuhe und – für die Jahreszeit ebenso erstaunlich – einen Borsalino mit auffallend breitem schwarzem Hutband.

Die Damen, noch immer wortlos, begannen nun, als wollten sie Stellung beziehen, im Saal sich zu verteilen, wobei ihre Regenhäute wie *ein* großes Feuer knisterten. Wie *ein* Mann standen sie schließlich, nur locker formiert, im Kinogelände. Das ist er! dachte ich bei mir. Das ist der kollektive Heissenbüttel! Und tatsächlich schlagen sie jetzt – alle zugleich – ihre Schöße zurück, um ein winziges Glied zu entblößen, das sie lächelnd, dann lachend und schreiend bereiben, bis es kommt, bis zuletzt, bis zur völligen Vermeerung des Saals, über dem sich nun endlich, weiß und für immer, der offene Himmel wölbt.

... daß Kleider Leute machen? oder gar Menschen? nein! schau dir die Freaks da draußen an, die kommen jetzt, in diesen heißesten Tagen, hier herunter bis zum Seeanstoß, um stundenlang – meist in gemischten Gruppen, zu dritt, zu viert – nackt an der Sonne zu liegen, was drüben im Strandbad verboten wäre, doch all die unwahrscheinlich gut gebauten Typen mit ihren modischen Brillen, mit ihrem unwahrscheinlich aufrechten Gang, die sanften, die strahlenden Mädchen, die sich, wie Pflanzen, immer goldrichtig ins Licht setzen, wenn die gegen Abend wieder abziehen in ihren Sommerklamotten, sehen sie gleich wieder sehr gewöhnlich aus, wie Programmierer, Sekretärinnen, Junglehrer, Sozialarbeiter, Friseusen, Krankenpfleger, Verkäuferinnen eben aussehen: wie man sie sich vorstellt hier ...

Statt *toll* oder *irr* oder *lässig* – für »sehr gut«, »sehr schön«, »sehr interessant« – ist unter hiesigen Jugendlichen neuerdings das modische Eigenschaftswort *geil* zu hören: ein geiler Film; ein geiles Moped; eine geile Pflanze (für Mädchen, Frau).

Auch dies ein Abstieg, der als »Fortschritt«, als Neuerung gilt; vom Kopf durch den Bauch hinunter zu Parzival, ins Mittelalter.

Hansi H., eine fünfzehnjährige Schülerin aus der Nachbarschaft, führt mir ein mikroelektronisches Gerät von der Größe eines Streichholzbriefchens vor, in dem nicht nur alle gängigen Rechenfunktionen zusammengefaßt, sondern auch ein digitales Zeitmessungssystem (mit Stoppuhr, ewigem Kalender, Biorhythmenanalysator, zwei unabhängigen Alarmanlagen, Datenanzeiger nach Jahr, Monat, Woche, Tag, Stunde, Minute, Sekunde) sowie ein Radioteil mit drei Wellenbereichen und ein Synthesizer zur Komposition und Wiedergabe einfacher Tonsätze untergebracht sind.

Ich habe Mühe, Hansis Begeisterung für dieses Gerät zu teilen. Abgesehen davon, daß ich damit kaum umzugehen wüßte und auf sein Leistungsangebot durchaus verzichten könnte, fällt es mir schwer, mit den immer kleiner werdenden technischen Objekten überhaupt noch in irgendein irgendwie geartetes *menschliches* Verhältnis zu kommen. Da lobe ich mir meinen alten – meinen ersten! – Transistorradio, der mich seit zehn, zwölf Jahren trotz seiner Übergröße und Überschwere wie ein Haustier begleitet und ein Klima der Sympathie erzeugt, was mich nicht selten in Versuchung bringt, den mattschwarzen Apparat zu streicheln; fast bedaure ich dann, daß er kein Fell, kein Geschlecht und nur eine ungefähre Physiognomie hat.

Um auf die mikroelektronischen Geräte zurückzukommen: ich vermute, daß deren Miniaturisierung dann erst abgeschlossen sein wird, wenn man sie, um sich zu *informieren*, in Pillenform einnehmen kann; also einnehmen muß. Mit der chemotechnischen Informationsvermittlung wäre dann freilich jener Wendepunkt erreicht, wo die Menschen ihrerseits zu Maschinen und ihre Haustiere ganz und gar überflüssig würden.

»Spitze!«, hört man jetzt oft sagen: »Das ist Spitze!« Das oder jenes; immer neutral: »es« auch dort, wo *es* um Personen geht. Die Spitze ist nämlich meist adverbiell gerichtet; auf die Technik, vielleicht auf Bedeutung, nie auf den Sinn.

·

Und genauso schreibt man doch auch – ganz vorn, zuäußerst am Körper, mit der Hand, dem Fuß, dem Mund; ja über die Extremität hinaus: mit der Spitze des Stifts, der den prekären Grenzstrich zwischen Wissen und Unwissen ritzt, die Schrift; Spitze, welche, einmal angesetzt, den Punkt bestimmt, in dem das eine mit dem andern – alles mit allem – zusammenfällt.

·

Um das Gegenüber auf seine Idiotie aufmerksam zu machen, weist man mit gerecktem Zeigefinger sich selbst auf die Stirn; und macht sich – da *diese* Spitze das fremde Unwissen nur dadurch zu markieren vermag, daß sie das eigene Wissen bezichtigt – zum Gegner, wird zum Gespött.

·

Das Ideal, heute, ist das perfekte »gewußt wie!«, und nicht mehr das naive »weißt du was?«; es werden, in solchem Verständnis, Problemlösungen idealisiert, keinesfalls Sinngebungen. »Spitze« ist das jeweils Treibende und Treffende, ist Innovation. Und selbst wenn von einer Person gesagt wird, sie (oder er) sei »Spitze«, kann nur die Art und Weise gemeint sein, wie jemand mit einer Sache fertiggeworden ist; was also zählt, ist die »Spitze« als *Spitzenleistung*, wobei weder das Ergebnis noch die Konsequenzen einer solchen idealen Leistung in Betracht gezogen werden, sondern einzig die Leistung als »Spitze«, die Leistung als reine Tat, als Premiere oder Zufallstreffer, als Superlativ oder als Rekord.

·

Oder? Vielleicht treibt der Affe, wenn er seinesgleichen laust, das auf die Spitze, was wir *lesen* nennen? Und vielleicht ist solche

Fingerspitzenleistung gar nicht so verschieden von der tastenden und tippenden Mikrogeste, mit der wir uns an elektronischen Geräten zu schaffen machen? Von jener unheimlichen Geste des Auslösens und Auslöschens, welche die gestalterische Kraft der Hand zusammenfaßt im sanften Druck der Fingerkuppe! Von jener Geste also, mit der wir uns aus dem linearen Universum der Texte – und das heißt: aus der Geschichte – hinaustasten, hinüber in eine aperspektivische Welt, die mehr und mehr in Punkte zerfällt, in Punkten sich auflöst; die auch bald nur noch punktuell – im Vereinzelten – erfaßbar sein wird und doch bereits heute – als Ganzes – vernichtet werden könnte durch einen Fingerdruck, der den Punkt setzen würde hinter die Geschichte, indem er sie der Welt beraubte! Ja, die Fingerspitze ist weiter von der Hand entfernt als das Auge, das Ohr; nein, wir bauen nicht mehr an der Welt, wir machen uns kein Bild mehr von ihr, und da wir sie nicht mehr linear erfahren, nicht mehr lesen, nur noch tastend registrieren können, haben wir auch nichts mehr über sie zu sagen. Statt Geschichten – einst Schauplatz und Depot unserer Erinnerungen – werden Programme produziert, aus denen sich *wie von selbst* die fiktionale Realität einer qualitativ ganz neuen, weil rein quantitativ angelegten Schein-Welt aufbaut.

·

»Spitze« wäre somit das auf die *Spitze* getriebene Gute; das postmoderne Glück, dem letzlich nur im Weg steht, wer es »geschafft« und folglich zu ertragen hat: der Mensch.

NIMM DIES DING ALS ZEITPUPPE,
sächlich, als Gelegenheitsgedicht. Was ausbricht,
steht und fällt, ist während, Feindbild, dient der Bodentruppe
noch so recht. Doch spricht
es sonst nur zu sich selbst und sucht
den Ausdruck für die kleineren Gefühle,
in denen keiner sich einrichten und die Weltflucht
als Politikum betreiben kann. Stühle
auf freiem Feld, in Todeszellen
und in Parlamenten bilden Binnenreime
auf erhöhte Lebensqualität, sie stellen
dar, was *ist*; statt Heimat Heime.

... wäre KÖRPERWÄRME ebenso schwer
zu kriegen wie Papier ... (... vom Schreiben *leben*
könnte nur, wer
in der wirtlicheren Winde
säße und den Schnee, der
durch die Giebelfinte
niederkäme, in in Leder
gebundenen Büchern aus dem Süden
lagern ließe, bis die Seiten
nicht mehr unterscheidbar wären und wie Mythen
sich vom Text zum Sinn befreiten ...)
... weit
gefehlt! Wer schriebe schon für diese simple Ewigkeit ...

».... was ich dir nämlich voraushabe«, schrie sie, »was ich dir sozusagen vorwegnehme, ist dieses Schweigenundwartenkönnen, diese *Gabe* der Durchlässigkeit, der Durchsichtigkeit sogar, ich meine – fast schon der Transparenz. Diese Standhaftigkeit nämlich, diese Dauerhaftigkeit auch – das kommt bei mir noch vor dem Wort, vor dem Mann; bevor du mich hast. Aber du, wenn du etwas, wenn du mich nicht gleich benennen kannst, bist du verloren, findest du, du bist verdammt; ich nicht. Das vielleicht ist mein Vorteil, wenn ich schreibe; daß ich diesen Zustand des Offenseins, des Aufmerksambleibens, des Lauschens – *von außen her* – erreiche dabei: wenn ich schreibe, habe ich wirklich das Gefühl, so völlig unkonzentriert zu sein, ich besitze mich überhaupt nicht mehr, ich bin wie ein Sieb, ich werde heimgesucht von der eigenen Erfahrung, vom Leben, wenn du willst...«

».... beim Lesen vielleicht«, wandte er ein: »Denn sonst schriebst du ja nicht!«

AUF JEDEM ZIEGEL, der
vom Dach fuhr, soll ein Wort
gestanden haben.
                  Nun riegelt wer
die Grube ab.
            Ortsnahme ohne Ort.

UM DER HANSI eine kleine Lust zu machen,
zeigte ich ihr neulich am Fenster dort (denn
es begann bereits zu dunkeln) mein Gebiß, das ich im Rachen
mit der Zungenspitze hin- und herschob, um den Worten
Halt statt Laut zu geben. Da mich die Dingsda sonst ganz stur
verneinte, wunderte es mich, daß
sie auf mein Spielchen diesmal nur
mit leisem Kichern reagierte und im Spaß
(am nächsten Morgen) gar gestand, die Szene
habe sich ihr wie ein Reimpaar eingeprägt: künstliche Zähne!

Ist es die Natürlichkeit des Schreis, die ihn so *entsetzlich* macht? Die Tatsache, daß der, der schreit, in seinem ganzen Weh die Zähne zeigt? Noch bevor er sie *hat*; und selbst dann, wenn er sie *verloren* hat?

Das Entsetzliche daran ist wohl, daß der Schrei sich bewehrt, um die Wehrlosigkeit des Schreienden zum Hohn zu machen.

Denn vor der Gewalt der Welt hat sich der Schrei noch nie bewährt; im Gegenteil: er gibt ihr recht.

Der Schrei ist akustisches und optisches Signal zugleich: ein Laut, der sich unterhalb der Sprache – oder vor der Sprache – kundtut; der Mund, der sich zur Null – zum Rund – verformt.

Der Schrei ist das schlechthin Primitive; er *ist*, weil er nicht sein kann und immer nur *wird*.

Zuerst – und zuletzt – kommt der Schrei.

(Rousseau zufolge beginnt die Geschichte der Schrift an dem *Punkt*, wo erstmals der Schrei laut wurde; ein Laut: »Das Sprache-Werden des Schreis ist die Bewegung, durch die das große Ganze des Gesprochenen das zu werden beginnt, was es – als das Gesprochene des Sprechens – *ist*, indem es sich verliert; indem es artikuliert wird.

Der Schrei wird dadurch Stimme, daß er allmählich das vokalische Wort überlagert.«) Der Schrei wäre also das *Natürliche*? Das:

> Was der Sprache stets um einen Laut voraus ist?
> Was in die Sprache hinüberwirkt und nachwirkt in ihr, ohne noch Sprache *geworden* zu sein?
> Was den Ursprung der Sprache aufrührt, verunklärt?
> Was die Sprache, als solche, radikal in Zweifel zieht, indem es *allen* Fortschritt als Dekadenz ausweist?
> Was sich, als Erstes wie als Letztes, stets des Höheren bemächtigt, um es dem Niedrigeren anzugleichen?

Der Schrei als Bedingung und Schicksal der Schrift?

Ihr armseligen Laute, sagte ein Satz. Verlohnt es sich der Mühe, daß ihr euch in ein fremdes Gedächtnis tanzt, um ein so Weniges einzusammeln? Wenn ihr meinen Hintersinn begreifen wolltet!

Ja, bedeutete ihm einer von den Lauten (und schon gab ein Wort das andere, und weiter), wir haben keinen Sinn; wir sind's. Denn wir sammeln uns aus der Zerstreuung; was doch unter dem Erinnern eigentlich zu verstehen ist.

Uns, fuhr nun ein zweiter Laut fort, merkt man sich; wir prägen uns ein, wie die Zahlen.

Und werden, meinte noch einer, wie Zahlen vergessen; doch auch als Vergessene bleiben wir fest im Gedächtnis.

... kann ich allerdings nur hoffen, daß mir nicht ein Satz – keiner! – zum Aphorismus gerät ...

Aphorismen! Grinsende Wahrheiten! Grimassen, die das Denken verhöhnen, indem sie es kurzschließen; indem sie einem – doch wem denn eigentlich? – das Überleben erleichtern.

(Einfach so.

Mir nichts, dir nichts.

So einfach!

Ist das nichts?!)

Die Poesie zum Beispiel, sagte Tolstoj eines Tages, ist sie nicht die beste Antwort auf letzte Fragen? – Da unterbrach Mandelstam seinen Rundgang durch die Instanzen, seine Hand ballte sich zur Faust, entspannte sich dann, und er gab dem Grafen eine Ohrfeige. – Dies war die Fermate. Tolstoj sah, wie sich erweisen sollte, endgültig ein, daß die Poesie keineswegs die beste Antwort auf letzte Fragen ist; Mandelstam begriff sofort (und dennoch viel zu spät), wie wirkungsvoll, wie verheerend eine Ohrfeige im rechten Augenblick sein kann, so daß mit seinem pathetischen Beispiel schließlich niemandem gedient war; es sei denn der Poesie.
(Szene aus der Geschichte der höheren Vernunft; nach K. I. Seritzky)

Die bisher vorliegenden Untersuchungsergebnisse können nun wie folgt berichtigt und ergänzt werden:

Nicht die Ohrfeige, die Ossip Mandelstam (1891-1938) dem Roten Grafen in Anwesenheit des Blockwarts und einiger zufälligen Passanten aus nichtigem Anlaß verpaßte*, sondern die Tatsache, daß er, als Dichter, die Beleidigung *mit Worten* wieder gutzumachen suchte, war der eigentliche Grund für sein vorzeitiges Ende.

Der Prozeß der Sechzehn und die Zerschlagung mehrerer staatsfeindlicher Parallelzentren in den späten dreißiger Jahren war, man weiß es, von einer massiven Säuberungswelle begleitet, durch die in der Folge, nach offiziellen Angaben, ganze »Hekatomben von abweichlerischen oder aufrührerischen Elementen« – namentlich Altbolschewiken, Armeeoffiziere, Hochschullehrer und Kulturschaffende – »unschädlich gemacht« wurden.

---

* Zur Vorgeschichte dieser *Ohrfeige* und zu deren Konsequenzen siehe die Erinnerungen von Helen Tager (»Mandelstam«, *The New Review*, H. 81, New York 1965).

Nachdem Mandelstam bereits zweimal verhaftet gewesen, schlimm verhört, völlig unerwartet jedoch wieder freigelassen worden war, entschloß er sich, um einer weiteren Festnahme und dem mit großer Wahrscheinlichkeit zu erwartenden Todesurteil zu entgehen, im Spätherbst 1937 zu einer verzweifelten Bewährungsprobe, indem er den Grafen Tolstoj, der ein Jahr zuvor, als Nachfolger Gorkijs, das Präsidium des Allunionsschriftstellerverbands übernommen hatte, im Kontor aufsuchte, um ihm ein Gedicht vorzutragen, welches er, obwohl mit Druckverbot belegt, dem Führer zu widmen gedachte und diesem durch Tolstojs Vermittlung zur Kenntnis bringen wollte. Zwar gelang es Mandelstam, beim Grafen vorgelassen zu werden und seinen Text, wohl nach einer formellen Entschuldigung für den Vorfall vom 1. Mai 1934, vollumfänglich zu verlesen, doch scheint Tolstoj das mehrstrophige Führerlob äußerst kühl aufgenommen zu haben. Jedenfalls kehrte Mandelstam in der Überzeugung nach Twer zurück, daß sein Versuch gescheitert, sein Leben verwirkt sei. Er sollte recht behalten.

Am 2. Mai 1938 wurde Mandelstam erneut verhaftet. Bevor man ihn abholte, fand er eben noch Zeit, Natascha Stempel ein Bündel von Manuskripten – darunter auch die Reinschrift seiner Verse an den Führer – zu übergeben mit der Bitte, sie möge die Papiere vernichten. Am 2. August wurde Mandelstam von einem Sondergericht wegen konterrevolutionärer Aktivitäten zu fünf Jahren Zwangsarbeit verurteilt. Am 27. Dezember starb er in einem fernöstlichen Durchgangslager.

Daß Natascha Stempel die ihr anvertrauten Manuskripte Mandelstams nicht beseitigt, sondern – unter eigener Lebensgefahr – über den Weltkrieg hinaus verwahrt hat, ist erst bekannt geworden, als in der Zeitschrift *Russica Hierosolymitana* (1975, IV) unter dem Titel »Gedicht« Mandelstams Verse auf den Führer – mit dem Hinweis auf deren Herkunft aus dem Stempelschen Archiv – im Druck erschienen. Auf diese Publikation folgte wenig später an abgelegener Stelle (*Judeo-Slavica*, 1976, XII) ein um vier Verszeilen (IV: 13-16) ergänzter Nachdruck, der nun unlängst – nicht ohne textkritische Vorbehalte – auch in den Zusatzband zur Werkausgabe Ossip Mandelstams (Paris 1981) aufgenommen wurde. Dem »Gedicht«-Text ist hier die nachstehende, mit *St.* signierte und vom 5. – oder 6.? – *März 1953* datierte Notiz beigegeben:

> »Der Mensch, an den das ›Gedicht‹ Mandelstams gerichtet war, beherrschte seine – wie auch unsere – Gedanken und Vorstellungen so stark, daß Äußerungen über dessen Person selbst an solchen Stellen verborgen sind, wo man es am wenigsten erwartet. Mandelstam hatte feststehende, immer wiederkehrende Assoziationen, die ihn, da sie für jedermann unmittelbar verständlich waren, früher oder später verraten mußten. Ein Gedicht vom Dezember 1936 handelt beispielsweise von einem Götzen, der im Innern eines Berges lebt und sich an die Tage zu erinnern versucht, als er noch ein Mensch war; die assoziative Verbindung zwischen ›Berg‹ und ›Kreml‹ ergibt sich bei Mandelstam über die Themawörter ›Kiesel‹ *(kremen)* und ›Stein‹ *(kamen)*. Von solchen Anspielungen ist auch Mandelstams ›Gedicht‹ auf den Führer nicht ganz frei, obwohl er diesen Text – nach dem Zeugnis seiner Witwe – als ›letzten Rettungsversuch vor dem endgültigen Untergang‹ betrachtete. Doch in einem Land, das den Führerkult zu seiner neuen Religion erhoben hatte, war es ganz und gar unmöglich, an den Führer *nicht* zu denken. Insofern ist das ›Gedicht‹, bei aller künstlerischen Zweifelhaftigkeit, ein Zeitdokument ersten Ranges. Viele Menschen – Freunde Mandelstams – raten mir jetzt, den Text zu verheimlichen, so zu tun, als habe es ihn nie gegeben. Ich entschließe mich aber zum Gegenteil, um der historischen Wahrheit die Ehre zu geben. Denn das Doppelleben war ein unumstößliches Faktum jener Epoche; niemand konnte sich ihm entziehen – auch nicht der Dichter.«
>
> *St[empel?]*

An dieser Stelle sei nun, in textgetreuer Übertragung aus dem Russischen, der volle Wortlaut von Mandelstams »Gedicht« *(Stichotworenije)* eingerückt:

> Des Führers Blick versetzt den Berg
> Und läßt die Ebenen erzittern.
> Das Wetter setzt Er selbst ins Werk,
> Die Sonne weiß Er zu erschüttern.
>
> Pflug und Schwert führt Er zugleich,
> Er hat das Lächeln eines Schnitters.
> Das Korn fällt Er mit einem Streich,
> Er ist der Lenker des Gewitters.
>
> Ist erst die Ernte eingebracht,
> Die Scheune voll, das Faß verschlossen –
> Der Führer hat es wahrgemacht:
> Für uns – Genossinnen! Genossen!
>
> O Dichter, widme Ihm dein Lied*,
> Denn auch für dich ist Er ein Vater,
> Der mehr denn nur sein Amt versieht:
> Er ist dein Freund und dein Berater!

Seit seinem Erscheinen ist dieser Text Gegenstand heftiger Auseinandersetzungen; die einen halten ihn für das »schlechterdings beste Gedicht«, das dem Führer jemals gewidmet worden sei, die anderen bedauern zutiefst, daß er – als »Zeugnis für den Verrat eines großen Dichters an seiner heiligsten Mission, dem Dienst an der Wahrheit« – die Zeit überdauert und den Weg in die westliche Presse gefunden habe.

Niemandem scheint aber bislang aufgefallen zu sein, daß Mandelstams »Gedicht« fast wörtlich mit einer lyrischen Adresse übereinstimmt, welche der einflußreiche revolutionär-demokra-

---

* In einem andern, etwa gleichzeitig entstandenen Gedicht Mandelstams heißt es allerdings: »... bin ich ausgestattet mit dem Stachelaug der Wespe / lese mich tief hinein ins Holz der Espe / singe nicht ...« – Der Dichter selbst war betroffen von diesem unerwarteten Eingeständnis; Natascha Stempel gegenüber soll er jedoch *(a.a.O.)* bekräftigt haben: »Schau, darin liegt mein Unvermögen – es ist klar, ich kann nicht singen ...«

tische Publizist Nikolaj Nekrassow (1821-1877) in den sechziger
Jahren des vergangenen Jahrhunderts zur Feier des Zaren an die
junge Dichtergeneration Rußlands gerichtet haben soll und die
auch tatsächlich unter seinem Namen in diverse Werkausgaben
und Anthologien eingegangen ist. Nekrassow hatte das Gedicht
im Frühjahr 1865 auf einem Empfang zu Ehren des Grafen
Tolstoj – eines hohen Regierungsbeamten, von dem er sich Pro-
tektion für seine Arbeit als Herausgeber des progressiven »Zeitgenossen« *(Sowremennik)* erhoffte – in engem Kreis vorgetragen,
offenbar jedoch ohne Erfolg, denn schon wenig später wurde die
Zeitschrift behördlich eingestellt; auch findet sich in seinem
Nachlaß keinerlei Hinweis auf jenen Text, so daß man annehmen
muß, er habe ihn vernichtet, was schon deshalb naheliegt, weil
Nekrassow sich bei seinen Lesern als Verfasser eines zarenfreund-
lichen Sendschreibens zweifellos kompromittiert hätte.

Nun ist es aber so, daß eben jenes Sendschreiben mehrere Jahre
nach dem Tod des Autors – unter dem Titel »Verse N. A. Nekrassows zu Handen des Grafen M. N. Tolstoj« – im Russischen
Archiv (*Russkij archiw*, 1885, II/6) erstmals zum Abdruck ge-
langte; dem Text war folgende redaktionelle Notiz vorangestellt:

»Die Verdienste, welche Graf M. N. Tolstoj um unser Staats-
wesen erworben hat, sind so gewaltig, die Sympathien, die
ihm allüberall entgegenbranden, so groß, daß sogar Leute,
die ihm kraft ihrer Tätigkeit und Überzeugung feindlich
gestimmt sein mußten, es für ihre Pflicht hielten, ihm Ehre
zu erweisen. So hat sich etwa der Dichter Nekrassow, ehe-
maliger Herausgeber des ›Zeitgenossen‹, mit den nachste-
hend abgedruckten Versen vertrauensvoll an ihn gewandt
und ihn um deren Übermittlung an den Zaren gebeten. Dies
begab sich am 27. April 1865 im Englischen Club zu Sankt-
Petersburg (damals noch an der Fontanka befindlich), wo
für den Grafen Tolstoj ein Empfang mit anschließendem
Festmahl gegeben wurde. Nach dem Essen ging der greise
Graf in Begleitung einiger Mitarbeiter seines Departements
auf den Balkon hinaus, um eine Pfeife zu rauchen. Plötzlich

trat Nekrassow auf ihn zu und bat ihn um Erlaubnis, ihm ein Widmungsgedicht an den Zaren vorlesen zu dürfen. Auf dem engen Balkon unmittelbar vor Tolstoj stehend deklamierte Nekrassow seine Verse und fragte: ›Ob Ihre Excellenz bereit wären, Dieses dem Zaren zu übermitteln?‹ Worauf Tolstoj trocken zur Antwort gab: ›Dieses ist *Ihr* Eigentum, verfügen *Sie* darüber...‹ Was Nekrassow denn auch tat, so daß sein Gedicht erst heute in der Presse erscheinen kann. Nach dem Bericht eines Augenzeugen soll die Szene auf dem Balkon des Englischen Clubs recht peinlich gewesen sein; daß Nekrassow gleichwohl unbehelligt blieb, dürfte auf die geringe Anzahl derer zurückzuführen sein, welche sich durch seinen Auftritt betroffen fühlen mußten. Der erwähnte Augenzeuge hat im übrigen berichtet, daß sich der Graf gegenüber Nekrassow in harschen Worten über die politische Richtung des ›Zeitgenossen‹ geäußert und mit dessen Schließung gedroht habe.« P. B.

Die von Tolstoj bemängelten »Verse« *(Stichi)* Nekrassows, über deren Herkunft auch das Russische Archiv nichts mitteilt, lauten in der nach dem Erstdruck gefertigten Übersetzung wie folgt:

> Des Zaren Blick versetzt den Berg
> Und läßt die Ebenen erzittern.
> Als Retter setzt Er selbst ins Werk
> Die Taten, die den Feind erschüttern.
>
> Pflug und Schwert führt Er zugleich,
> Er hat den sichern Gang des Schnitters.
> Das Korn fällt Er mit einem Streich
> Noch vor dem Ausbruch des Gewitters.
>
> Ist dann die Ernte eingebracht,
> Die Scheune voll, das Faß verschlossen:
> Der Herrscher hat es wahrgemacht –
> Für Millionen Zeitgenossen.

O Dichter! Widme Ihm dein Lied!
Er ist ein Anwalt, ein Berater,
Der mehr als seine Pflicht versieht,
Denn für uns alle ist Er – Vater!

Die an Identität grenzende Ähnlichkeit zwischen Mandelstams »Gedicht« und Nekrassows »Versen« liegt auf der Hand; die wenigen – formal durchweg unbedeutenden, inhaltlich jedoch recht bemerkenswerten – Unterschiede bestehen im wesentlichen darin, daß die von Nekrassow mit Bezug auf die Niederwerfung des Polenaufstands (1863) verwendete Kriegsmetaphorik – »Schnitter« für *Feldherr*, »Korn« für (feindliche) *Armee*, »Gewitter« für (feindlichen) *Angriff*, »Ernte« für (siegreiche) *Schlacht* – bei Mandelstam insofern deutlich abgeschwächt wird, als sie den »Führer«, unter Verzicht auf jede zeitgeschichtliche Relativierung, nurmehr in der stereotypen Rolle des *Volksfreunds* und *Volksernährers* zu charakterisieren hat.

Nachdem die Authentizität der Nekrassowschen »Verse« während Jahrzehnten unbestritten geblieben und im übrigen dadurch beglaubigt war, daß der Text in mehreren Werkausgaben Aufnahme gefunden hatte, wurde sie 1927 erstmals in Zweifel gezogen. Ein anonymer Rezensent der Academia-Edition hielt nämlich (in der *Prawda*) kritisch fest, daß es sich bei den »Versen« weder um das von Nekrassow im Englischen Club verlesene Gefälligkeitsgedicht, noch überhaupt um ein Gedicht Nekrassows handeln könne: »Der im Russischen Archiv abgedruckte Text enthält keinerlei Anspielung auf das kurz zuvor von Karamasow verübte Zaren-Attentat und die in diesem Zusammenhang erfolgte Ernennung des Grafen Tolstoj zum Großinquisitor der mit der Abklärung des Vorfalls betrauten Regierungskommission; dafür aber nimmt er Bezug auf die damals fast schon vergessenen polnischen Ereignisse, mit denen Tolstoj nicht das geringste zu schaffen hatte. Ganz zu schweigen davon, daß die ›Verse‹ (insbesondere deren erste und letzte Strophe) schon aus künstlerischen Erwägungen keinem unserer bekannteren Dichter des vergangenen Jahrhunderts zugemutet werden können.«

Solchen Vorbehalten zum Trotz sind die »Verse« auch in spätere Nekrassow-Ausgaben eingegangen, wobei freilich im einen Fall die letzte Strophe fortgelassen und im andern die Bemerkung hinzugefügt wurde, es handle sich um »ein Nekrassow zugeschriebenes Gedicht«. Während langer Zeit galt daraufhin Nekrassows Autorschaft an jenen ominösen »Versen« als ungesichert; sie konnte weder nachgewiesen noch widerlegt werden, bis Buchstab unlängst Klarheit schuf*, indem er aufzeigte, daß der Autor des angeblich von Nekrassow verfaßten Sendschreibens längst bekannt ist; daß er seinerzeit sogar öffentlich gegen Nekrassows postumes »Plagiat« protestiert und sich selbst als Urheber legitimiert hat; daß diese publizistischen Vorgänge aber offenbar von der zünftigen Literaturwissenschaft nicht zur Kenntnis genommen worden sind. Aufgrund von ausgedehnten Archivstudien hat Buchstab nun den aus Warschau stammenden kaiserlichen Ministerialreferenten Iossif Mandelstam (1809-1889), der in den sechziger Jahren unter dem russifizierten Namen Iwan Mindalin vorübergehend in Tolstojs »Sonderkanzlei« *(Osobaja Kanceljarija)* Dienst tat, als Verfasser der oben zitierten »Verse« eruiert. Und ergänzend teilt er mit, Mandelstam habe sein Gedicht »nicht ohne Erfolg« aus Anlaß des erwähnten Banketts vom 27. April 1865 im Englischen Club vorgetragen, zu dem auch Nekrassow eingeladen war. Die »Verse« jedoch, mit denen Nekrassow nach dem offiziellen Teil der Veranstaltung Tolstojs Unwillen erregt haben soll, müßten als verschollen gelten. Ob anderseits Ossip Mandelstam das Gelegenheitsgedicht seines Onkels als solches erkannt und weiterverwertet hat; oder ob auch er der Überzeugung war, es mit einem wenig bekannten Text Nekrassows zu tun zu haben, bleibt ungewiß; sicher ist nur, daß er als vermeintlicher Verfasser des »Gedichts« seiner Sache geschadet, sein Ende beschleunigt hat.

---

* Vgl. Jakow Buchstab, *Literaturwissenschaftliche Erkundungen über einen verschwundenen Text Nekrassows* (Literaturowedtscheskije rassledowanija ob istschesnuwschem tekste Nekrassowa), Woronesch 1982.

BORGES: »Ich behaupte, daß die Universalbibliothek kein Ende hat!«

HAUPT: »Wo läge dann ihr Anfang? ihr Sinn?«

LASSWITZ: »Aber die Zahl der möglichen Kombinationen gegebener Schriftzeichen ist doch begrenzt. Also muß alle überhaupt denkbare Literatur – alles, was je geschrieben worden ist und je geschrieben werden kann – sich in einer endlichen Anzahl von Büchern unterbringen lassen.«

WOLFF: »Ja. Rund einhundert Schriftzeichen genügen, um jedes geistige Erzeugnis, gleich welcher Art und in welcher Sprache, als Text festzuhalten. Wir brauchen dazu die Klein- und Großbuchstaben des lateinischen Alphabets, die Satzzeichen, die arabischen Ziffern von 0 bis 9, einige mathematische Symbole und, nicht zu vergessen, das Spatium, den Leerraum, durch den wir die Wörter voneinander absetzen, dann aber auch eine Reihe diakritischer Zeichen, die es uns ermöglichen, Sprachen wie . . .«

BORGES: ». . . das Tlönische, das Uralhebräische, das Baltomordwinische . . .«

WOLFF: ». . . ebenfalls in lateinischen Lettern wiederzugeben.«

LASSWITZ: »Dann ließe sich freilich problemlos ausrechnen, wieviele Bücher im üblichen Umfang von rund einer Million Buchstaben – die Kritik der reinen Vernunft mag als Vergleichsgröße dienen – unter Verwendung jener hundert Schriftzeichen hergestellt werden können. Jedes Buch wäre dann, der Kunst der Kombinatorik entsprechend, eine Wiederholungsvariante der millionsten Klasse, und die Summe sämtlicher Bücher beliefe sich auf einhundert hoch eine Million, was als Ziffer darzustellen wäre durch eine Eins mit zwei Millionen Nullen – eine Zahl, für die es keinen Namen gibt!«

BORGES: »Um auf meine Bibliothek zurückzukommen . . .«

FELLMANN: »Wenn wir uns die vorhin errechnete Gesamtheit aller möglichen Bücher – diesmal ausgehend von der Kritik der praktischen Vernunft, deren Taschenausgabe zehn auf achtzehn mal zwei Zentimeter mißt – konzentrisch zum Erdmittelpunkt angeordnet denken, Band an Band gereiht und gestapelt, so würde eine weit über unser Milchstraßensystem hinausreichende sphärische Bibliothek entstehen, deren Volumen – ich habe es eben durchgerechnet – mit viermal hundert hoch eine Million mal zehn hoch minus zwölf Kubikkilometer zu beziffern wäre. Die meisten Bücher Ihrer Bibliothek, verehrter Borges, wären also um viele Lichtjahrtausende von uns entfernt.«

BORGES: »Dann dürfte es genügen, wenn ich – als Klassiker – mich selbst zitiere und sage: ›Die Bibliothek ist eine Kugel, deren eigentlicher Mittelpunkt jedes beliebige Sechseck sein könnte, und deren Umfang zwar endlich, nicht aber denkbar ist ...‹«

WOLFF: »Und dieses bibliothekarische Universum würde sich mehrheitlich aus völlig sinnlosen, ja unlesbaren Büchern zusammensetzen; ihr Inhalt wäre identisch mit einem kaum noch entwirrbaren Sammelsurium aleatorisch aufgereihter typographischer Zeichen. Auf Quadrillionen von derartigen Druckerzeugnissen käme vielleicht ein einziges Buch verständlichen Inhalts, vielleicht aber auch nur ein regelmäßig angeordnetes Textmuster, das – zum Beispiel – aus lauter Nullen oder Doppelpunkten bestünde, so daß der Benützer der Bibliothek in jedem Fall mehrere Lichtjahre zurückzulegen hätte, um von einem lesbaren Buch zum andern zu gelangen. Die respektiven Standorte der Kritik der reinen Vernunft und der Kritik der praktischen Vernunft wären durch ebenso viele Galaxien voneinander getrennt wie Also sprach Zarathustra und Mein Kampf...«

HAUPT: ».... so daß man sich wohl auch keinerlei Chance ausrechnen kann, jenes eine Buch aufzufinden, von dem jeder Autor irgendwann einmal – mit Schrecken – geträumt hat? Das Buch, das ausschließlich leere Seiten enthält, in welchem sich also das Spatium eine Million Male wiederholt...«

FELLMANN: »Das Buch, dessen Lektüre man erst noch erfinden müßte...«

HAUPT: ».... indem man es – in der Ich-Form – schreibt!«

(Ich schreibe nun eben, da ich nichts mehr zu sagen habe, für dich; und schreibe ich dir, so hast du es schon – das Sagen.

Der Rest ist Gerede; Literatur.

Gesagt. Vertan.)

Als Photograph wirst du notwendigerweise zum Funktionär des Apparats; photographierend machst du dich selbst zunichte, verbirgst deinen Standort, deine Präsenz: nur Anfängern fällt der eigene Schatten ins Bild.

•

Die Photographie ist das Ergebnis eines bestimmten, also bestimmbaren Prozesses von technischen Manipulationen und chemischen Reaktionen. Das photographische Bild hält sich; es hält sich in Evidenz kraft seiner ständigen Bedrohung – deiner Angst nämlich, es könnte verschwinden; der Angst vor dem Verschwinden deines Verschwindens. Und so bleibt es denn, nachhaltiger noch als die Wirklichkeit, von der es abgezogen ist, im Gedächtnis.

•

Eine unverwischbare Photographie von stets gleichbleibender Farbenfrische wäre, falls es sie gäbe, ein Phänomen; unantastbare Substanz: im Korn des Bilds wäre dessen Gegenwart – wie auch deine Vergänglichkeit – besiegelt. So nimmt jede Ablichtung, gleich der Spur des Polarforschers im Eis, den Tod des Photographen recht verläßlich vorweg.

•

Andererseits – ihrerseits – verwischt die Photographie nicht, was sie, indem sie es zeigt, entstehen läßt: das gekörnte Bild; um deine Präsenz zum Verschwinden zu bringen, muß die Photographie im Salzbad sich zum Bild verfestigen. Denn durch nichts wird deine Abwesenheit deutlicher markiert als durch das Bild, das du dir – für mich – von der Welt gemacht hast; mit einem Fingerdruck.

Müßte ich das Stichwort
FENSTERLÄDEN
übernehmen würde ich
nebst all den losen
Schlag- Klapp- Fall- Roll- Zug- und Schiebeläden
auch die Perser
die Franzosen und mein persönliches
Bedürfnis nach Abschirmung
gegen Hitze und Licht
zur Sprache bringen
nicht zuletzt die Innenläden
wie sie (auffällig oft im Zusammenhang
mit der Verkündigung)
aus niederländischen Malereien des fünfzehnten Jahrhunderts
in allen möglichen
meist ganz schön komplizierten
Perspektiven bekannt sind oder
auch die winzigen rechteckigen Öffnungen
mit Schiebetürchen
die man in manchen Bündner Schlafstuben findet
als Seelenfenster
durch die wer zu Hause stirbt
diskret sich davonmachen kann.

WIE ES SICH SO TRÄUMT
....
wirklich von Evi
die aus einem blauen Autobahnbriefkasten mit mir spricht oder
um es einfacher zu machen
zu mir spricht
aber doch wieder nicht ganz so einfach oder einfach so
nicht nur einfach so zu mir
sondern zu uns und zu euch allen
aus diesem links- und vorwärtsüberlegten Reichsempfänger
der auf einem großen Fuß genau im Freien steht
so spricht sie eben und
von innen
klimpert sie dazu mit allen Fingern
ans blecherne Lädelchen vorm Einwurfschlitz
zeigt eher auffällig wenn auch zweideutig
eine spitze gelbe Zunge
und während sie nun aus dem Kasten zu mir spricht
sagt sie immer das eine
also Adolf der ist wirklich
und wiederholt ohne sich zu wiederholen: *eine Frau*
die Worte nimmt sie
immer wieder anders in den Mund
als wolle sie verschweigen
ich bin du bist du sind wir
und sagt also der Adolf
der ist eine Frau der Adolf
das ist eine Frau die Adolf ist
eine Frau die wiederum ein
Adolf ist und so
das klingt wie ein Gedicht
da kann man nur sagen
die Evi die ist Manns genug
und Adolf wirklich
....
wie er es sich träumt.

A

ANFANG
ABSCHIED

Kehren wir also zum Anfang zurück, zu Gogols letzten Worten, zu seinem Abschied: »Der schönste Augenblick ist für mich die Zeit des Abschieds von meinen Freunden . . . Ich bin sogar überzeugt, *wenn ich einmal im Sterben liege*, werden alle, die mich liebhaben, *fröhlich von mir Abschied nehmen*; keiner von ihnen wird weinen, und jeder wird nach meinem Tod weit heiterer sein als zu meinen Lebzeiten. Nun will ich Ihnen noch –« Aber nein, das würde ja doch viel eher der Abschied *der andern* von ihm, Gogol, gewesen sein: *sein* Abschied war schwieriger, er selbst, Gogol, komplimentierte sich – hüpfend auf hohen Absätzen, seinen Lesern mehrfach salutierend, unablässig Schwüre (*Flüche?*) zischend – rückwärts aus der Tür, wobei er seinem Publikum mit höflichem Hohn *noch bei Lebzeiten* ein Vermächtnis

ABSCHIEDS-
NOVELLE

verpaßte, eine *»Abschiedsnovelle«*, für die er sich für die Zeit nach seinem Tod »Ohr und Herz« des Pöbels erhoffte: »Ich vermache allen meinen Landsleuten (indem ich davon ausgehe, daß jeder Schriftsteller seinen Lesern einen guten Gedanken hinterlassen sollte) *das Beste von allem*, was meine Feder hervorgebracht hat –« Und er vermachte ihnen, als Gabe aus dem Grab, ein literarisches Abschiedsgeschenk, das sich spekulativ auf sie, die Leser, beziehen würde: »Doch bitte ich inständig, es möge sich keiner unter meinen Landsleuten beleidigt fühlen, wenn er aus diesem Werk etwas herauszuhören vermeint, das einer Belehrung gleicht . . .« Und wieder: »Ich schwöre, ich habe es NICHT *erdichtet* und NICHT *erfunden* . . .« Ein Spiegel also, der dem Lesermob, als kollektive Fratze seiner selbst, das Bild-

AUTOR

nis des *Autors* hätte darbieten und, naja, *für immer* hätte vermachen sollen. Daß die *»Abschiedsnovelle«* ungeschrieben blieb, hat einen *guten* Grund. Gogol

ABLEBEN (*vgl.* TOT-LEBEN)	war vor seinem physischen Ableben jahrelang damit beschäftigt, detaillierte Instruktionen für die Behandlung und Bestattung seines Leichnams auszuarbeiten, um zu verhindern, daß man ihn – (»weil mich schon während meiner Krankheit Augenblicke der Erstarrung überkamen, in denen das Herz und der Puls aussetzten«) – *lebendig* »der Erde übergebe«. So hat man sich denn die *»Abschiedsnovelle«* zu DENKEN, beispielsweise als ein Stück Menschheitsgeschichte mit einem Helden (einem
ATTILA	Mann!) wie diesem: »Attila...«, der allein *durch seinen Blick* das christliche Europa zur Weißglut brachte und es mit gelben Völkern verschmolz, bis er, geschwächt von einer blutigen Hochzeitsnacht, »sein ganzes eisernes Leben« in *einem* Schrei erschöpfte und – aufgab.* Das von Gogol als Selbstporträt entworfene, ins ausgehende 5. Jahrhundert reprojizierte Bildnis des exzessiv scharfsichtigen und exzessiv enthaltsamen Attila hat den Autor nie wieder losgelassen und ist später in die programmatische Künstlernovelle *»Das Porträt«* eingegangen: hier stellt sich der Darsteller in der Gestalt des Dargestellten selbst dar, um in ihm fortzuleben!.. Ob-
(*vgl.* SCHULD, SCHLAG)	wohl Gogols qualvolle Eigenliebe derjenigen seines Protagonisten in NICHTS nachstand, empfahl er dem verehrten, ach so verachteten Publikum, sein Porträt (auf dem er sich, wie einst Attila, als *»Geißel Gottes«* präsentierte), zu vernichten und es durch *»Die Verklärung Christi«* zu ersetzen. Gogols größte Blasphemie war seine Bescheidenheit.

---

* Daß Gogol schon von seinen Schulkameraden, später auch im Gymnasium und nochmals kurz vor seinem Tod bald bewundernd, bald verächtlich als »Geheimzwerg« oder »Riesenzwerg« besprochen wurde, ist durch diverse Zeugen belegt. »Attila war«, so bestätigt der Autor, »von Gestalt klein, *beinahe ein Zwerg*, er hatte einen *riesigen Kopf* und winzige Kalmükenaugen, die aber so scharf blickten, daß ausnahmslos jeder seiner Untergebenen unwillkürlich erzitterte, wenn er sie auf sich gerichtet sah.«

B

BIBEL · Was Gogol an der Bibel, an der »Odyssee«, an klein- und großrussischen Chroniken *über alles* schätzte – daß sie »ohne Ende, ohne Anfang« waren – sollte
BUCH · auch das von ihm geplante Buch kennzeichnen, in welchem er die Welt zu resümieren gedachte, ein zur
BIBLIOTHEK · Bibliothek erweitertes Buch, an dem er in der Folge auch tatsächlich zeitlebens (bis zu seinem Hungertod) arbeitete, das ihm jedoch nicht zu jenem voll-
BAU-WERK · kommenen Bau-Werk geriet, durch das er sich von der Menschheit, ja vom Menschsein schlechthin zu erlösen hoffte, sondern zu einer labyrinthischen Ruine mit zahllosen Wehr- und Aussichtstürmen, in deren Verliesen er sich schließlich verirrte und verlor. Das Gogolsche Buchprojekt war von einer Ambition getragen, die – im harmlosen Tarnaufzug der *imitatio Christi* – nichts weniger erreichen wollte als eine zweite Weltenschöpfung: das *Ganze* nochmals von vorn. Das Unternehmen erinnert nicht zuletzt an den von Borges rapportierten Versuch chinesischer Kartographen, die Wirklichkeit der Welt durch originalgroße Abbildung der »Welt« *auf dem Papier* nicht nur darzustellen, sondern erst eigentlich zu schaffen.* »Die Welt«, so heißt es bei Gogol, »muß vorgestellt werden in eben der kolossalen Größe, die sie in Wirklichkeit hatte, sichtbar werden müssen jene geheimnisvollen Wege der Vorsehung, von denen die Welt auf so unbegreifliche Weise gezeichnet ist. Das Interesse muß unbedingt bis zur höchsten
(*vgl.* · Stufe gesteigert werden, so daß der Leser nicht imstande sei, das Buch zu schließen ... – und täte er es dennoch, so höchstens, um es abermals von vorn zu lesen.« Als Künstler hat sich Gogol »über die Natur
ZUKUNFT)

---

* Vgl. Jorge Luis Borges, »Von der Strenge der Wissenschaft«, in: *Universalgeschichte der Niedertracht* (Frankfurt–Berlin–Wien 1972), S. 71.

gestellt«, um das Ganze der Welt – zurück! – in Kunst zu verwandeln. Die göttliche Schöpfungstat ist in erster Instanz die Leistung eines »genialen Architekten«, und von daher wird auch klar, weshalb Gogol seine Poetik – zumindest dort, wo er *ernst* macht damit – in architektonische Metaphern faßt, (*vgl.* klar auch, daß er sich selbst als den neuen WeltbauHAUS, HEIM) meister (oder Weltmeister im Bauen) imaginiert, als Landschaftsgärtner und Geschichtsarchitekten: die höchste Kunst ist die *Baukunst*, und alle Baukunst – *Poesie*. »Genie« und »Gott« – bisweilen (selten) *glaubt* Gogol beides in einem zu *sein*: »Eine Leviathan-Geschichte schwebt mir noch vor. Ein heiliger Schauer überläuft mich schon jetzt, wenn ich an sie denke . . . Das eine und das andere aus ihr zeigt sich mir schon in Wortgestalt, im Satzbau . . . Göttliche Minuten genieße ich . . . Dabei . . . Jetzt bin ich ganz in die ›*Toten Seelen*‹ vertieft. Riesig, gewaltig ist mein Werk, und das Ende wird so bald nicht erreicht sein . . .«* – Gogol brach das Experiment ab, sobald er die Gewißheit hatte, daß es ihm *gelingen* würde (kein Versagen! wieder die Bescheidenheit!): »Mir fehlt die *Zeit* zum Fertigzeichnen . . .« Um nicht der göttliche Architekt werden und etwas schaffen zu müssen, das seiner Kunst *erreichbar* ge-

---

* In der Nacht vom 12. auf den 11. Februar 1852 verbrennt Gogol das Manuskript zum zweiten Teil der *»Toten Seelen«*; 1847 legt er nebst einer *»Autorenbeichte«* einen Sammelband mit *»Ausgewählten Stellen aus dem Briefwechsel mit Freunden«* vor; 1843/1842 erscheint von Gogol eine Werkausgabe; im Dezember 1842 wird *»Die Heirat«* uraufgeführt; im Mai 1842 erscheinen *»Die Toten Seelen«*; am 19. April 1836 findet im Alexander-Theater die Premiere der *»Revisor«*-Komödie statt; 1835 erscheinen die Prosazyklen *»Arabesken«* und *»Mirgorod«*, 1832 der zweite, 1831 der erste Teil der *»Abende auf dem Vorwerk bei Dikanjka«*; 1829 läßt Gogol unter dem Namen W. Alow das Poem *»Ganz Küchelgarten«* und kurz zuvor – in der Zeitschrift *»Sohn des Vaterlands«* – anonym sein erstes Gedicht erscheinen.

wesen wäre, verwarf Gogol sein poetisches Werk
und wagte, nochmals, das Unmögliche: als Dichter
emigrierte er ins Schweigen, verschrieb sich dem
Nutzen und damit der Vergänglichkeit. Sein im-
(*vgl.* BIBEL, menses Buch – einst imaginäre Universalbibliothek,
BIBLIOTHEK) nunmehr eine Handvoll warmer Asche – befand er
für zu leicht; heute ist es in aller Welt zerstreut.*
Und bitte: »Das Fehlende könnt ihr nach Eurer
Phantasie ergänzen.«

C

Anders als die meisten seiner russischen Wegberei-
ter, Zeitgenossen und Nachfolger hat Gogol die
CONFOEDE- Schweiz nicht als Tourist besucht, nicht um vor dem
RATIO Rheinfall in die Knie zu gehn oder vom Gott-
HELVETICA hard den Süden zu grüßen, sondern um »sich zu
vergraben« und einfach da – *dort!* – zu sein: »Ein
moderner Schriftsteller, ein Vertreter des komischen
Genres, ein Sittenschilderer muß sich recht fern von
(*vgl.* HEIM, seiner Heimat aufhalten.« Vorübergehend – unter-
RUSSLAND) wegs nach Paris – ließ sich Gogol im Herbst 1836 in
Genf, Lausanne, Vevey nieder (»das reinste
Tobolsk!«), wo er angestrengt zu *wohnen* versuchte
und sich nach längerer Unterbrechung wieder ans
Schreiben machte: »Mein Zimmer erwärmte sich,
und ich nahm die ›*Toten Seelen*‹ vor, die ich in Petersburg begonnen hatte. Alles schon Geschriebene arbeitete ich um, ich bedachte genauer den ganzen

---

* Denn was wäre, mit Gustave Gogol gefragt, »die Schönheit,
wenn sie nicht das Unmögliche ist?« Bei Jean-Paul Sartre (*L'Idiot
de la famille*, I, Paris 1971, S. 976) heißt es – mit Blick auf den jungen
Flaubert – dazu: »Mais, chez lui, nous le verrons, il existe une
tendance à généraliser son cas: aussi, tantôt il s'afflige sur sa médio-
crité et tantôt il déclare que l'Art est un leurre. Puisque *la Beauté c'est
la totalisation imaginaire du monde par le langage* et puisque le langage,
par nature, est incapable de remplir cette fonction, la conclusion
s'impose: ›Qu'est-ce que le Beau, sinon l'impossible?‹«

CHRONIK

(vgl. BUCH,
BAU-WERK)

CHILLON

Plan, und nun bin ich dabei, ihn auszuführen – ich schreibe ruhig, als wär's eine Chronik.« Auch in der Schweiz war es die Architektur, und nicht die schwere Küche, nicht die welsche Bonne, von der sich Gogol »überwältigt« fühlte und die ihn zur Wiederaufnahme seines Buchprojekts *ermächtigte*: der gothische Bau der Alpen wurde ihm, wie zuvor das gothisierende Romanwerk Walter Scotts, zum Vorbild für sein eigenes architektonisches Vorhaben. Im Verlies des Schlosses zu Chillon, dessen Frischluftschlitze immerhin einen schmalen Blick auf den Montblanc freigaben, stieß Gogol, nach eigenem Bericht, »einen Seufzer aus und ritzte mit russischen Buchstaben seinen (meinen!) Namen ein, ohne selbst recht zu wissen, was er (ich!) da *tat*«. – »Nur den Geschlechtsnamen!« bat der einheimische Winzerjunge, von dem Gogol sich die Hand führen ließ: »Bitte, nur den Geschlechtsnamen.« Und schon hatte sich der Autor verschrieben, er hielt mitten im Namenszug die Hand seines Begleiters an, überlegte sich, ob er rasch noch das Datum hinzusetzen sollte, sah jedoch gleich wieder davon ab – er hätte damit, bei der Nachwelt, den Vorwurf »trivialer Vieldeutigkeit« riskiert – und schrieb nun gleichwohl den eigenen Namen aus*.

Das einzige, was Gogol der Schweiz vermacht und auch *tatsächlich* hinterlassen hat, ist seine in Stein

---

* Am Tag darauf war Sonntag. In seiner Kammer war Gogol mit der liegengebliebenen Korrespondenz beschäftigt, während im Salon der als Page angeschirrte Winzer mit unbestimmbaren Tanzschritten auf und ab ging, wobei er leise vor sich hin pfiff. Gogol, der bald seine ganze Aufmerksamkeit an jene Geräusche verlor, glaubte aus dem Getrippel des Knaben ein Geheimnis – eine geheime Topographie – herauszuhören und horchte dessen Schritte nun intensiv nach verschlüsselten Botschaften ab: er fühlte sich angesprochen wie noch nie. »Aber eben«, so berichtet dazu (in *Dar*, New York 1952, S. 202) Nabokov: »... wir lesen, und wir werden immer lesen. ›Tiefer, noch tiefer, noch viel tiefer werde ich

geritzte Unterschrift:

Da diese aber trotz intensivsten Nachforschungen
– Wände, Boden, Stützpfeiler des Verlieses sollen
vor kurzem Quadratdezimeter um Quadratdezimeter abgelichtet worden sein – noch nie hat identifiziert werden können, bleibt ungewiß, ob sich Gogol
wirklich als »Autor« oder bloß als Saisonnier mit
unklarem, vielleicht gar illegalem Status in der
Schweiz aufgehalten hat.*

D

DRAMA   Das ideale Drama – die komödiantische Travestie
der Tragödie – hat sich Gogol als Monolog gedacht:
der »künstlerisch beste Schauspieler« sollte für den
dramatischen Text »die ganze Verantwortung«

---

mich einleben in diese fremde Erde. Und obwohl meine Gedanken,
mein Name, meine Werke einzig für Rußland bestimmt sind, werde
ich, wird meine irdische Hülle weit von dort – nämlich irgendwo
hier – verwesen . . .‹ Der solches schrieb, pflegte bei seinen Wande-
rungen durch die waadtländische Schweiz alle Eidechsen, die ihm
über den Weg liefen, mit seinem Spazierstock und mit der Verach-
tung des kleinrussischen Dandys treffsicher aufzuspießen: ›Teufels-
gezücht!‹ Und doch nicht Grund genug, um *nach Hause* zurückzukehren.« So blieb Gogol, unter Eidgenossen, im Exil.

* Zur Problematik der semiologischen und pragmatischen Wech-
selbeziehung zwischen Signatur und Ereignis hat Jacques Derrida
auf dem Congrès international des Sociétés de philosophie de lan-
gue française (Montréal, August 1971) Erhellendes beigetragen;
seine damaligen »Randgänge der Philosophie« (vgl. *Marges de la
philosophie*, Paris 1972) ließen die Rede freilich nicht auf Gogol
kommen, könnten aber durchaus zu diesem hin und über ihn
hinaus verlängert werden.

übernehmen, ja, er sollte »über alles verfügen«, über Stimmen und Helden, über Bühne und Beleuchtung, über Kasse und Regie. Das heißt – das ganze Theater, außer dem Autor, sollte abgeschafft werden, und jener Darsteller hätte nun die Aufgabe, »alle Nebenrollen der Reihe nach öffentlich vor versammeltem Publikum zu spielen«; die Hauptrolle bliebe dem Lachen vorbehalten, welches zudem als einziger Held des idealen Dramas in Erscheinung (*vgl.* AUTOR, träte. Gogol – in ihm ist unschwer jener »künstle-LEBEN) risch beste Schauspieler« zu erkennen – darf somit als Begründer des monodramatischen Theaters gelten, welches im frühen 20. Jahrhundert von Jewreinow folgerichtig zu einem »Theater für sich selbst« umfunktionalisiert und dem unendlichen, eminent theatralischen Dramentext des Alltagslebens zugeordnet wurde.* In diesem Sinn ist Gogol – mit *allem*, was er geschrieben hat – auf dem Welttheater zu (*vgl.* KOMIK) einem der »künstlerisch besten Dramatiker« geworden. »Und schon sieht man in der Ferne, wie etwas durch die Luft jagt und Staub aufwirbelt...«

E

Unter *E* wäre – man vergleiche etwa »Das Absurde bei Beckett«, »Das Politische bei Brecht« – über *Das Englische bei Gogol* zu dissertieren, über das Gogol-
ENGLAND sche Englandbild, über Gogols Verhältnis zur englischen Gothik, über eine bisher unbekannte englische Vorlage zu Gogols »*Petersburger Novellen*«, über Gogols Menschenbild (mit besonderer Berücksichtigung der in seinem Prosawerk rekurrenten engli-
ENGLÄNDER schen Exzentriker und Emigranten). Aus Platzgründen sei hier nun aber lediglich darauf hingewie-

---

* Vgl. dazu Nicolas Evreinoff, *The Theatre in Life* (London–Calcutta–Sydney o. J.).

(*vgl.* IOSSIF, WEIBLICH-KEIT)

sen, daß Gogol im Hochsommer 1836 auf einem »gar zu komischen Ball« – wohl in Aachen, vielleicht auch in Aarau – erstmals persönlich mit Vertretern der englischen Nation bekannt geworden ist und mit einem von ihnen (»wie ein Ziegenbock«) Walzer getanzt hat, denn »an Damen fehlte es, aber Männer hatten sich in ungewöhnlicher Menge eingefunden – Männer mit und ohne Schnurrbart. Die meisten waren Engländer. Ein Engländer ist ein Mensch von ziemlich hoher Statur, der sich immer ziemlich ungeniert hinsetzt, der Dame (mir!..) den Rücken zugekehrt und die Beine übereinandergeschlagen. Ach...« Wenn übrigens Mandelstam gesprochenes Englisch als »durchdringender denn eine Pfeife« (*morr pyerrsink tänn ä uissel*) empfindet, so gewiß nur deshalb, weil er Gogols *»Tote Seelen«* gelesen hat. In den *»Toten Seelen«* jedenfalls macht Gogol sich lustig über jene Russen, die sich, indem sie ein »Vogelgesicht« schneiden, um die korrekte Aussprache englischer Laute bemühen und es doch nie zur »artikulatorischen Finesse eines Raben« bringen. Gogol spricht an jener Stelle ausschließlich von den Lautqualitäten, nicht von der Bedeutung – oder gar vom Sinn – englischer Wörter. Denn in genanntem Poem findet sich auch ein Hinweis darauf, daß »die Sprache der Britischen« ausgezeichnet sei durch »subtile Herzenskenntnis (*serdzewedenije*) und weise Lebenserfahrung«; inhaltlich könne diese Sprache »durchaus tief«, lautlich jedoch »kaum menschlich« sein.*

F

FEUER

Gogols Element war, wir wissen es nun, das Feuer: das kalte Feuer der Begeisterung, das Feuer der Nordbiene, der Schreibtisch- und der Totenkerze;

---

* Vgl. dazu Simon Karlinsky, »Notes on English Sounds in Russian Ears«, in *The State of the Language*, Berkeley 1980, S. 532 ff.

sein Spiel mit dem Feuer bestand lange Zeit darin, den sengenden Blick des Zwerges Attila, der ihm im Nacken saß, mit Hilfe eines Handspiegels zu bannen, den er sich, vor dem Wandspiegel stehend, hinter den Kopf hielt, um sich selbst über die Schulter sehen zu können und an der *unmöglichsten* Stelle – dem Wundmal – zu kratzen. Gogols Werk, nicht Gogol selbst wollte den Freitod, *autodafé*; nächtelang beheizte Gogol mit seinem Buch, das unendlich sein sollte und also nicht vollendet sein *konnte*, nicht nur seine Zimmerflucht, sondern auch das obere Treppenhaus und den Abtritt im Zwischenstock: »Mir fiel es nicht leicht, die Frucht von fünf Jahren Arbeit zu verbrennen, bei der jede Zeile mich tiefe Erschütterung kostete und die vieles enthielt, das meinen besten Absichten entsprach.« Doch schon kehrt Gogol, jetzt als Dr. Peter Kien (oder Kein) – in sein Zimmer zurück, wo inzwischen »die Flamme die letzten Blätter seines Buchs mit sich fortgerissen hat«: »Vor dem Schreibtisch der Teppich brennt lichterloh. Er geht in die Kammer neben der Küche und schleppt die alten Zeitungen sämtlich heraus. Er blättert sie auf und zerknüllt sie, ballt sie und wirft sie in alle Ecken. Er stellt die Leiter in die Mitte des Zimmers, wo sie früher stand.* Er steigt auf die sechste Stufe, bewacht das Feuer und wartet. Als ihn die Flammen endlich erreichen«, so schließt der Bericht des Ohrenzeugen, »lacht er so laut, wie er in seinem ganzen *Leben* nie gelacht hat.«**

(*vgl.* BUCH, TOTLEBEN)

FRUCHT

FLAMME

---

* Andrej Donatowitsch Sinjawskij hat (*Im Schatten Gogols*, Berlin–Frankfurt–Wien 1979, S. 61a) außerdem beobachtet, daß die Leiter, »deren Bild Gogols gesamtes Weltbild durchzieht«, unter anderm in Gestalt von Amts- und Instanzstufen erscheint, über die die Gesellschaft »bis in die ewige Seligkeit hinaufklettert«; sogar die Liebe übertrage sich bei Gogol bloß auf dem Dienstweg, der sich zu einer kosmischen Pyramidentreppe füge.
** Elias Canetti, *Die Blendung* (Frankfurt–Hamburg 1971), S. 413.

G

GLÜCK Gogols Buch sollte – seinem Traum vom Glück entsprechend – die ganze Menschheitsgeschichte enthalten und also mit der »Menschheitsgeschichte«
GESCHICHTE identisch sein: Geschichte *ohne* Menschen, »tote Geschichte – ein geschlossenes Buch«. Gogol täuscht sich deshalb in sich selbst (und täuscht auch seine Leser – *Sie!*), wenn er, immer wieder, unterm Titel eines »psychologischen Schriftstellers« auftritt, um wenigstens postum am Erfolg der schaurig-schönen Seelensagas vom Boden- und vom untern Zürichsee
GOGOL teilzuhaben. Nein, Gogol ist kein Geschichtenschreiber, er ist Geschichtsschreiber, und als solcher – notwendigerweise – Geograph, denn nur die Länder- und Landschaftskunde kann »enträtseln, was ohne sie in der Geschichte unerklärlich wäre; sie
GEOGRAPHIE muß zeigen, wie die Lage eines Gebietes Einfluß hatte auf ganze Nationen . . .; wie diese Lage des Landes als mächtiger Faktor dem einen Volk alle Lebenstätigkeit ermöglichte, das andere hingegen zur Unbeweglichkeit verurteilte; auf welche Weise sie Einfluß hatte auf die Sitten, die Bräuche, die Regierungsform, die Gesetze.« Na und? »In eins soll sie alle Völker der Welt zusammenfassen, die geschieden sind durch die Zeit, den Zufall, durch
GANZHEIT Berge und Meere, ein harmonisches Ganzes soll sie aus ihnen bilden, *eine einzige, großartige, alles enthaltende Dichtung* aus ihnen schaffen.« In diesem Sinn ist Gogols Werk (und sind namentlich »*Die Toten See-*
(vgl. BUCH, *len*«) Welt-Literatur und Welt-Geschichte zugleich:
BAU-WERK) *Welt-Architektur.*

H

HAUS Gewohnt hat Gogol nie. Zu *Hause* war er unterwegs – »en route« in seiner Kalesche, dem fahrbaren
HEIM Sarg; *daheim* – in seinem Werk, das er sich bald als gläsernen Babelbau, bald als horizontal verlaufende

(*vgl.* BAU-WERK, GANZHEIT) HOCHZEIT	Permanentszene, in der sämtliche Architekturformen, -stile und -epochen resümiert gewesen wären, zurechtgerückt hat: erst viel später, nach explosionsartiger Gogolscher Zellteilung, sind die Hochzeiten der Scheerbarts, Habliks, Tauts, Gaudís möglich und sogar legal geworden. Ja, man *halte* sich an den gothischen Gogol: »Sein Gebäude flog himmelwärts; die schmalen Fenster, die Säulen, die Ge-
HÖHE	wölbe strebten unendlich in die Höhe; die luftige Turmspitze, wie aus feinem durchbrochenem Gewirk, schwebte rauchgleich über ihnen, und das majestätische Gotteshaus – si-sic!. . . – war so groß gegenüber den gewöhnlichen Behausungen der Menschen, wie die Bedürfnisse unserer Seele groß sind gegenüber denen des Körpers.« Und weiter,
(*vgl.* BAU-WERK, LEBEN)	noch höher: »Das Gebäude soll ins Unermeßliche sich erheben, geradezu überm Kopf des Betrachters, damit er innehalte, überwältigt von plötzlichem Staunen, kaum imstande, mit den Augen die Höhe zu fassen. Und deshalb wirkt ein Bauwerk immer besser, wenn es auf einem engen Platze steht.« Und so hat auch Gogol, der Autor, die Enge des Exils
(*vgl.* OPTIK, RUSSLAND)	gewählt, um Rußlands Größe und Weite *auf einen Blick* – durch den Spion gewissermaßen – umgreifen und auf Millimeterpapier festhalten zu können. Doch das von ihm projektierte Bau-Werk – sein Lebens-Werk – ist ein amorpher »Haufen«, ein
(*vgl.* GANZHEIT)	»Scherbenhaufen«, ein gefährlicher »Riesenberg« geblieben; so jedenfalls lauten die Synonyme, mit denen Gogol stets Eines und Dasselbe zu bestimmen suchte – den *Wert* seiner literarischen Arbeit, und das heißt: die *Wohnlichkeit* seines Werks.*

---

* Hochhäuser in Form von aufgeschlagenen, jedoch vertikal stehenden Büchern hat wohl als erster Welimir Chlebnikow entworfen. – Vgl. auch Göran Lindahl, »Von der Zukunftskathedrale bis zur Wohnmaschine«, in: *Figura* (Acta Universitatis Upsaliensis), NF, I, 1959, S. 226-282.

I

>>Nirgends«, so heißt es noch – und wieder – in einem Offenen Brief Gogols aus dem Jahr 1845, »sehe ich einen wirklichen Mann.« Der wirkliche Mann, dessen Auftritt Gogol sich jahrzehntelang erhoffte und dem er, als er kam, erlag, war eine Frau: IOSSIF (oder Joseph oder auch Giuseppe) VIELHORSKY (oder Wielhorski oder gar Veligurski), der dreiundzwanzigjährige Sohn eines gewissen Sir Mikhail, dem Gogol nicht zuletzt die Aufführungserlaubnis für seinen *»Revisor«* zu verdanken hatte.* Als Gogol am 20. Dezember 1838 in Rom durch die Fürstin Volkonskaya, eine exilierte russische Schönheit und einstige *One-Time*-Geliebte des Zaren Alexander I., mit Iossif bekannt gemacht wurde, war die junge Frau – sie sah einem »wirklichen Mann« *wirklich* zum Verwechseln ähnlich – bereits auf den Tod krank. Die kurze Bekanntschaft mit Joseph, der schon am 21. Mai 1839 an Tuberkulose sterben sollte, wurde für Gogol zur glücklichsten Zeit seines Lebens. »I catch his every minute«, gestand Gogol, nachdem er für Giuseppe auch die Sprache gewechselt hatte, gegenüber Maria B.: »His smile or his momentary joyous expression make an epoch for me, an event in my monotonously passing day.« In der achten Nacht, um zehn Uhr, rief Vielhorsky den Autor zu sich: »He saw me. Waved his hand slightly. ›My savior‹, he said to me... – ›My angel! Did you miss me?‹ – ›Oh, how I missed you‹, he replied. I kissed him on the shoulder. He offered his cheek. We kissed; he was still pressing my hand...« Der einzige *wirkliche* Held unter Gogols toten Seelen starb in den Armen des Autors.

IOSSIF

(*vgl.* WEIB, WEIBLICHES)

(*vgl.* VERWESUNG)

(*vgl.* ENGLÄNDER)

---

* Zum »Fall Vielhorsky« siehe Simon Karlinsky, *The Sexual Labyrinth of Nikolai Gogol* (Cambridge/Mass.–London/Engl. 1976).

K

KRANKHEIT

Auch darüber wäre wohl manches noch zu sagen: daß Gogol seine Krankheit als eine Form von Selbsthaß und Selbstkritik kultiviert und bis zum Hungertod durchgehalten hat (»oh, wie notwendig brauchen wir doch die Krankheiten! wären nicht diese Leiden, so würde ich glauben, ich sei bereits, wie ich sein sollte!«); daß Gogol seine Rezensenten weder gefürchtet noch verachtet, sondern, umge-

KRITIK

kehrt, verehrt und zu möglichst hartem Urteil, ja sogar zu dessen Vollstreckung aufgerufen hat (»oh, wie notwendig brauchen wir unaufhörliche Nasenstüber und diesen beleidigenden Ton, und diese bissigen, durch und durch verletzenden Spötteleien!

(*vgl.* SÜHNE) vor allem aber: Dank für das Todesurteil! oh, du mein wahrer Erzieher und Lehrer!«); daß Gogol alle Komik – wie auch alle Kunst – im Ernst als Ausdruck von Schmerz begriff (». . . Euer Excellenz, dieses Lachen ist doch vom Weinen erfunden

KOMIK

worden!«), so daß er dem Lachen jede Komik absprechen und es dem Ritual von Waffengängen zuordnen mußte (»und das sagt Ihnen ein Mensch, der andere zum Lachen bringt!«).

L

LEBEN
(*vgl.* BUCH, FEUER)

Gogol beschreibt die Welt, als ob sie »wirklich« *wäre* (überscharf wie ein immenses Präparat unterm Mikroskop) – und weist sie (wie auch sein Leben) umso klarer als Schein aus; nur als Literatur schlägt die Welt und schlägt auch das Leben des Autors zu Buch: indem Gogol sein Buch dem Feuer übergibt, bringt er sich ums Leben.* »Leben« – das ist Gogols

---

* Am 21. Februar 1852, um acht Uhr früh, stirbt Gogol in Moskau; vom Frühjahr 1851 bis zum Herbst 1850 weilt er, nach einem

(*vgl.* TOT-
LEBEN)

LITERATUR

permanente Krankheit zum Tod, »Kunst« – seine permanente Therapie; doch dürfte der Prozeß der Gesundung niemals durch ein Stadium der Gesundheit abgelöst werden: Gesundheit hätte das Ende der *Kunst* zur Folge und, für den Autor, das Ende des *Lebens*. (Dennoch betrieb Gogol das Schreiben nicht zur Gesundung seiner selbst, er schrieb »für die Ewigkeit«, er schrieb, ständig leidend und als Hungerkünstler »von Stunde zu Stunde« sich verzehrend, um die absolute Gesundheit zu erreichen, jenen Nullpunkt, an dem das Schreiben überflüssig würde – den Tod:) »Wer verliert, gewinnt.«*

---

kürzeren Aufenthalt in der Wüste Optina, »lebend in Odessa«; Anfang 1848 unternimmt er eine Pilgerfahrt nach Jerusalem; 1844 gründet er einen Hilfsfonds »für notleidende junge Studenten«; 1848 bis 1842 lebt er im Ausland; am 9. Mai 1840 lernt er Lermontow kennen; 1840, 1839 hält er sich wieder in Rußland auf, 1839 bis 1836 arbeitet er in Westeuropa; im Wintersemester 1835/1834 liest Gogol als Assistenzprofessor für allgemeine Geschichte an der Sankt-Petersburger Universität, muß jedoch, wegen häufiger Zahnschmerzen, zahlreiche Sitzungen, ja sogar die Schlußprüfungen ausfallen lassen; im Mai 1831 Bekanntschaft mit Puschkin; 1830 amtliche Tätigkeit als Departementsschreiber; Ende 1828 übersiedelt Gogol nach Sankt-Petersburg; 1828 bis 1818 Grundschul- und Gymnasialausbildung in Poltawa; am 20. März 1809 wird Gogol, Nikolaj Wassiljewitsch, in den Großen Sorotschinzen (Kleinrußland) geboren.

* »Aber«, so gibt Michel Foucault (*Schriften zur Literatur*, Frankfurt–Berlin–Wien 1979, S. 12) zu bedenken, »da ist noch etwas anderes: ›Die Beziehung des Schreibens zum Tod äußert sich auch in der Verwischung der individuellen Züge des schreibenden Subjekts. Mit Hilfe all der Hindernisse, die das schreibende Subjekt zwischen sich und dem errichtet, was es schreibt, lenkt es alle Zeichen von seiner eigenen Individualität ab; *das Kennzeichen des Schriftstellers ist nur noch die Einmaligkeit seiner Abwesenheit*; er muß die Rolle des Toten im Schreib-Spiel übernehmen.«

M

MANTEL

(vgl. UNIFORM)

MÖGLICH-
KEIT

(vgl. WEIB)

Daß aus dem viel zu großen, mehrfach gefütterten und schwer gepolsterten Mantel Baschmatschkins – als wär's eine kollektive Riesenlarve – so unterschiedliche Autoren wie Dostojewskij, Babel und Nabokov gekrochen sind, läßt zumindest ahnen, in welchen Dimensionen Gogol seinen poetischen Raum zu denken pflegte und zu pflegen gedachte. Kaum ein Gogolscher Text ist so oft, so gründlich, so widersprüchlich ausgelegt worden wie – eben – *»Der Mantel«*. Doch keiner der Exegeten scheint im Mantel *etwas anderes* als ein Uniformstück oder eine säkularisierte Priesterkutte erkannt zu haben: der Interpretationsspielraum reicht von der Heiligenlegende bis zur sozialkritischen Anklageschrift. Daß es sich aber bei dem Beamten Baschmatschkin um eine Frau, bei seinem Mantel um einen als mausgrauer Fetisch getarnten Weiberrock hätte handeln können (und folglich handeln *könnte*), ist von der bisherigen Forschung, wie es scheint, nicht einmal als Möglichkeit bedacht worden. Und doch bauscht sich jener Mantel (in den *»Toten Seelen«*) über dem knospenden und *zusehends* anschwellenden Leib einer Dame *unversehens* zum Rock und expandiert, bis er »die halbe Kirche füllt«. Die strukturelle Ähnlichkeit von Weib und Werk ist offensichtlich, und in der Tat entspricht die dynamisch sich steigernde Komposition der *»Toten Seelen«* am ehesten einem Frauenkleid: der goldenen Kuppel. »Unter keinen Umständen«, meint nachträglich Gogol, »hätte ich ein Werk aus den Händen geben dürfen, das zwar in seinem Zuschnitt nicht schlecht, jedoch nur flüchtig mit weißem Faden zusammengeheftet war gleich einem Kleidungsstück (Mantel/Rock), das der Schneider zur Anprobe mitbringt.«*

---

* »Ich soll dir also«, seufzt auch die Schneiderin D. bei Peter

N

NAME, NASE Name und Nase sind bei Gogol eins: Pseudonym,
(*vgl.* Simulacrum. Mag sein (man stelle sich vor!), daß
CHILLON) Gogol zu Füßen des Gefangenen von Chillon seinen
Namen mit der Nase in den Staub gezeichnet hat –
ein Bild, das ebenso unvergänglich sein könnte, wie
die Schrift vergänglich war ... (Daß einer – ein R.
– sich vor lauter Reinlichkeitsbedürfnis oder auch
aus purer Scham die Nase aus dem Gesicht scheuert,
kommt bei Gogol mehrfach vor und wird ein Jahrhundert später bei Canetti erneut registriert: »Vor
ihm saß eine Uniform ohne Nase.«* Und diese,
versteht sich, fragte den Kien – oder Kein – zuerst
nach dem Namen.) Einen Namen, eine Nase wollte
Gogol *ehrenhalber* haben: »Schreib«, schrieb Gogol
aus Paris an Prokopowitsch, »den Familiennamen
recht leserlich, sonst gibt es bei der Post Mißverständnisse. Schreib mit *lateinischen* Buchstaben, einfach so, wie's *ausgesprochen* wird: G O G O L.« Hört
alle zu: »Was für eine Luft! Atmet man tief ein, so
scheinen wenigstens siebenhundert Engel durch die
Öffnungen der Nase zu schlüpfen. Ein erstaunlicher
Frühling!« Dafür spricht auch die wiederholte (offene oder verkappte) Erwähnung seiner Eigennase
(*vgl.* GOGOL) wie auch seines Eigennamens in literarischem Kontext. – »... fliegt eine stolze Ente flott dahin ...« –
Wobei der Name Gogols (*gogol'*) für die Schellente

Handke (*Die Lehre der Sainte-Victoire*, Frankfurt a. M. 1980, S.
116 ff.), »von dem Mantel erzählen. Es fing damit an, daß ich das,
was ich mir überlegt hatte, die große Idee nannte. Der Mantel
sollte leibhaftig machen ... Täglich schaute ich auf den angefangenen Mantel, ein oder zwei Stunden lang; ich verglich die Teile
mit meiner Idee und überlegte mir die Weiterführung ... Ich legte
die Teile nebeneinander vor mich hin, keines paßte zum andern.
Ich wartete auf den Moment, wo ich auf einmal das eine Bild finden
würde ...«
* Elias Canetti, a.a.O., S. 411.

(*bucephala clangula L.*), beziehungsweise diese für den Autor einzustehen hat. Von daher wird auch deutlich, weshalb Gogol immer wieder von seinem »Vogelnamen« spricht, um ihn der Nachwelt zu überliefern, den er allüberall »eingeritzt« haben will: »In der letzten Reihe, die schon im Schatten ist, wird dereinst ein russischer Reisender ganz unten meinen Vogelnamen entziffern, vorausgesetzt, (*vgl.* ENG- daß nicht ein Engländer den seinen darübergekraLÄNDER) kelt hat . . .« So, kann man sagen, kennzeichnet und wahrt die von Gogols »Nase« im Staub – oder im Schnee? – der Weltliteratur hinterlassene Markierung (seine Signatur) auch das Anwesend-gewesen-Sein des Autors in einem vergangenen Jetzt, das ein zukünftiges Jetzt *bleiben* wird! »Ich weiß, mein Name wird *nach* mir mehr Glück und Bestand haben . . .«

O

OPTIK Gogols künstlerische Optik – sein Auge – hat die doppelte Fähigkeit, das Immense zu miniaturisieren, das Geringste zu monumentalisieren, und zwar das eine wie das andere für sich, oder aber (nur der Breughelsche Blick hat Vergleichbares geleistet) beides *aufs Mal*. Jede Form von Totalität gab Gogol (*vgl.* GANZ- verloren, das Ganze der Welt und das Ganze seines HEIT, HAUS) Wissens über diese Welt war für ihn nur noch ein ruinöses Riesengebirge, eine unübersehbare Ansammlung von in sich disparaten Versatzstücken aus einem nicht mehr rekonstruierbaren Sinn-und-Form-Zusammenhang, den er aber – bald durch die Lupe, bald durchs Fernglas – mit permanent erigiertem Blick ganz neu ins Werk zu setzen hoffte.*

---

* Daß der Zustand der zersplitterten Welt auch bei Schlegel explizit als »ein realer Effekt des analytischen Geistes der Neuzeit und

Dies »gelingt mir nur dann, wenn ich in mein Denken den ganzen, so viel Raum einnehmenden Kehricht des Lebens integriere, wenn ich ... bis zur kleinsten Stecknadel all den Kram, der den Menschen tagtäglich umgibt, wohl bedenke – kurz, wenn ich *alles*, vom Kleinsten bis zum Größten, erwäge und NICHTS auslasse.« Als Künstler – mithin als gelernter Außenseiter – hat sich Gogol den authentischen *Blick von drüben* zu eigen gemacht, den Blick des Provinzlers, des Emigranten, des Forschers.

(*vgl.* RUSSLAND)

P

PERSPEKTIVE

(*vgl.* BAU-WERK, LITERATUR)

Gogols Vorstellung einer großstädtischen Prachtstraße, in der sämtliche Architekturformen – vom hanseatischen Bürgerhaus bis zum grusinischen Minarett – unter *einer* gemeinsamen Perspektive exponiert gewesen wären, entsprach (und entspricht noch heute, wenn auch, leider, unbemerkt) sein im eigentlichen Wortsinn kritikloses Literaturverständnis. Literatur und Architektur hat sich Go-

---

besonders der Aufklärung« gedeutet wurde, hat Manfred Frank am 26. September 1980 auf einer Arbeitstagung über *Fragment und Totalität* in Sils-Maria anhand einschlägiger Textstellen aufgezeigt: »Es ist das Wesen der Analyse, daß sie die synthetischen Formationen der geistigen und kulturellen Tradition im Wortsinne – *analyei* – auf-löst oder zer-fetzt oder in Atome zer-schlägt!« Gogol seinerseits hat immer wieder (zuletzt in der »Autorenbeichte«) darüber geklagt, daß die Welt *in seinem Kopf* geborsten sei, sich bis zur Unkenntlichkeit zerbröselt habe und deshalb nicht länger als Vor-Bild für künstlerische Darstellung dienen könne: ». . . so kam bei mir alles verkrampft und erzwungen heraus, und . . . ich erkannte deutlich, daß ich nicht länger ohne einen Plan würde schreiben können, der klar zu sein und die Handlung bis ins einzelne zu bestimmen hätte . . .« Mit Wut und Entsetzen haben in der Folge – nach Gogol – Autoren wie Dostojewskij, Grigorjew und selbst ein Turgenjew die Evidenzformel $2 \times 2 = 4$ von der »Lebens«-Praxis her zu widerlegen und aufzuheben versucht, doch erst bei den Imaginisten des frühen 20. Jahrhunderts gelang, von der Kunst her, der polemische Gegenzug: $2 \times 2 = 5$!

PERPETUUM MOBILE	gol gleicherweise – und ausschließlich – *enzyklopädisch* gedacht, als ein textuelles Perpetuum mobile, das alle je dagewesenen Gattungen und Stile ineinanderrühren sollte; folgerichtig hat er denn auch
PROSA	seinen einzigen Roman, *»Die Toten Seelen«*, als Poem geschrieben, das Volkslied als Grabspruch der Nation bezeichnet, den Theaterzettel als Gedicht gelesen. »Schau dich um! *Alles* ist jetzt Gegenstand für den
POESIE	Dichter...«

Q

QUELLEN	*Belesen* war Gogol nicht; die literarischen Quellen, von denen er, ohne sie je zu erschöpfen, *lebte*, blieben auf die Bibel, den russischen Homer, die Volksdichtung, das Sprichwort, die *faits divers* aus der *»Nord-*
(*vgl.* LITERATUR)	*biene«* beschränkt. Dazu kam allerdings »eine große Zahl höchst uninteressanter Bücher«, deren diagonale Lektüre für Gogol nicht weniger anregend gewesen sein dürfte als die »hohe Literatur«, von der er sich und sein Werk *erbauen* ließ. Wer also wäre der Autor? Was? In unverschämter, ja obszöner Selbstbescheidung hat sich Gogol, durchaus überzeugend, als »Schreiberling« und »Hündelein« präsentiert*: der Literat – ein Detektiv! ein sekretärer Schnüffler! Werkspion! Nachfahr und Kopist! Der
(*vgl.* LEBEN)	Schriftsteller – ein Abschreiber!

R

RUSSLAND	Rußland (*Rossija*) war für Gogol ein monumentaler weiblicher Bau, ein poetisches Imperium, in dem er, der Autor, zu verschwinden, sich aufzulösen drohte und von dem er sich nur durch einen lebensgefährlichen *Sprung* abzusetzen vermochte: durch freiwil-

---

* Vgl. dazu Helmut Heissenbüttels autobiographische »Hundsgeschichte« (*Das Ende der Alternative*, Stuttgart 1980, S. 72 ff.).

lige Emigration. »Ich kann nicht umhin, bei dieser Gelegenheit das große Staunen zu erwähnen, das viele darüber bekundeten, daß ich so sehr *Nachrichten über Rußland* wünschte, dabei selbst aber im Ausland blieb; diese Leute bedachten nicht, daß ich ...
(*vgl.* OPTIK) dieses *Fernsein von Rußland* brauchte, damit ich in Gedanken mit umso stärkerem Empfinden *in Rußland verweilen* konnte.« So – genauso – hielt es Gogol, im Unterschied zu Attila, mit der Frau, vor der er sich, um nicht verschlungen und verdaut zu werden,
(*vgl.* HOCH- in der Hochzeitsnacht durch einen gewagten Satz
ZEIT) aus dem Fenster zu *retten* suchte.*

S

»*Schuld und Sühne*« – unter diesem Titel hat Gogol jenes seiner sieben Leben verbracht, das später von Dostojewskij in einen Kriminalroman umgearbeitet und, dem Geschmack der Zeit entsprechend, mit
SCHLUSS einem melodramatischen Schluß versehen wurde.
SCHULD Gogols ungeheuerliche Schuld residierte, so glaubte der Autor zu *wissen*, in seiner Kunst, und folglich
SÜHNE konnte die Sühne einzig durch konsequenten Kunsthaß, der letztlich zum Freitod des Autors führen mußte, geleistet werden. In Gogols Katechismus findet sich denn auch die folgende Empfehlung (»an einen kurzsichtigen Freund«): »Bete zu Gott, daß dir irgendein *unerträgliches* Mißgeschick zustoße; daß sich ein Mensch finde, der dich tief beleidigt und *vor aller Augen* derart bloßstellt, daß du nicht mehr
SCHAM, weißt, wo du dich vor Scham verstecken sollst, und
SCHLAG *auf einen Schlag* alle empfindlichsten Saiten deiner Eigenliebe zerreißt...« – »Naja, Bruder, *du* hast

---

* Vgl. dazu die entsprechenden Regieanweisungen (*Die Heirat*, XXI. Auftritt): »*Nach einem Schweigen* – – – *er tritt ans Fenster* – – – *er steigt aufs Fensterbrett* – – – *jetzt springt er auf die Straße hinunter* – – – *man hört ihn ächzen und stöhnen* – – –«

eben den Teufel zustande gebracht! Darum beeilst du dich so (und bedrängst mich erst recht!), *meine* Vergangenheit zu verleugnen und *deinen* literarischen Weg als Irrgang zu blockieren. *Mein* Schuldgefühl ist nämlich aus dem Bewußtsein der Macht der *dir* innewohnenden magischen Impulse entstanden. Da aber *ich* die Heiligkeit (welche allein diese (*vgl.* FEUER) furchtbare Teufelskunst in das erlösende Licht der Auferstehung – klar? – verwandeln konnte) nicht erreichte, war *dir*, dem Autor, die Hölle gewiß ...«

T

TAT, »Was du nicht sagst! Was du nicht tust! Es ist zum
TOTLEBEN Totleben ...« Gogols reales, biographisch wie auch literarisch überprüfbares Totleben bestand – ich vereinfache beispielshalber! – darin, daß er sich bei lebendigem Leib von allen andern verwaisen ließ,
TOD dafür aber den Tod als Erfüllung des Seins denunzierte*: als die pralle, unaufhaltsam anschwellende, dennoch nie ausreifende Fülle kosmischer Trivialität. (Nicht zufällig hat Wjasemskij *»Die Toten Seelen«* mit Holbeins Totentanz und den Autor mit dem Toten Christus verglichen! Und ausgerechnet in
(*vgl.* LEBEN) dieser Leichenluft geht das Poem wie ein Hefeteig auf, schwillt an und bringt reichen Ertrag an mancherlei Materialien und Fressalien, an Füllstoff und feisten Leibern, an Bau- und Redeteilen.) »Eine Leiter!« Das war Gogols letzter Wunsch. *Luft!*

U

Schon als Kind und noch als Dichter hatte Gogol nur den einen weltlichen Wunsch: Beamter zu wer-

---

* Siehe neuerdings auch Samuel Beckett, *Le Dépeupleur/Der Verwaiser* (Frankfurt a. M. 1972).

UNIFORM den, ein Amt zu bekleiden, und das heißt – eine Uniform zu tragen. Doch der Autor hat es bloß zum Professor gebracht, und auch in dieser (übrigens recht kurzfristigen) Beamtung hat er das Ornat – einen weiten, bis zum Boden reichenden Rock – als *Dichter* getragen. Alles was Rang und Namen hatte, war für Gogol, versteht sich, Poet. »Jetzt dünken mich alle Ämter gleich, alle Aufgaben scheinen mir gleichermaßen bedeutsam, von der geringsten bis zur gewaltigsten, wenn man sie nur mit dem rechten, das Bedeutsame erkennenden Blick betrachtet . . . Zudem bin ich überzeugt, daß man Amt und Aufgabe auch um seiner selbst willen braucht, für –«

(*vgl.* LITERATUR) – ». . . kein Wunder also, wenn unter all den beamteten Autoren mal wieder *einer sich beim Schreiben so überanstrengte, daß er die Schwindsucht bekam und starb.*« (Aus dem Jenseits läßt auch der »Schreiber« Baschmatschkin als *Schriftsteller* grüßen! Wer von euch Autoren hat sich die Uniform noch *nicht* anmessen lassen? Vortreten! Es kommen frühere Zeiten . . .)

V

VERGEHEN Das Leben, Autor, ist ein doppeltes Vergehen, Schuld und Sühne, freier Fall, ist eine Falle, die dich hat und hält, bis du – aber wirklich! – vergehst. (Ob du dich an jenen chinesischen Meister erinnerst, der

(*vgl.* BAU-WERK, FEUER) sein Lebens-Werk vollendete, indem er darin aufging und verschwand? Benjamin Canetti hat davon berichtet.) Während du, Autor, dir Unsterblichkeit erschreibst, verrätst du »Gogol« ans Praeteritum; unter den lebendigen Augen des von ihm geschaffe-

VOLL- ENDUNG VERLUST nen Porträts wird er verenden *sein*, vollendet: ein Greis, ein Kind! »Denk an Kant, der in seinen letzten Jahren gänzlich das Gedächtnis verlor und, als er starb, wie ein Kind war!« Doch kehren wir nun, über Kind und Kant, zurück zu K., der, was hiermit einmal mehr vermerkt sei, an einem Märznachmittag des Jahres 1915 (*in Erwartung von Ottlas Besuch*) »Gogols Aufsatz über Lyrik« las*, einen Text, als dessen geheimer Mitverfasser wohl Jasykow zu betrachten ist, obgleich Gogol als alleiniger Autor zeichnet. »Wie dem auch sei«, schreibt er am 5. Juni 1845 an seinen Dichterfreund, »meine Krankheit nimmt ihren natürlichen Verlauf. Sie ist nichts anderes als Auszehrung ... *Ich nehme jetzt ab und werde zusehends weniger*, nicht von Tag zu Tag, sondern von Stunde zu Stunde. Meine Hände werden überhaupt nicht mehr warm und sind angeschwollen, als hätte ich Wasser. Weder die Kunst noch irgendwas anderes – nicht mal ein Klimawechsel – kann etwas *ändern*, und ich erhoffe von dieser Seite keine Hilfe mehr. Aber mit Gewißheit kann ich das eine sagen: ein Wink von *Ihm* genügt, und der Tote würde – auch wenn *Ich* den letzten Atemzug getan hätte und mein Körper bereits in Verwesung überginge – sofort auferstehen...« Man sieht: Gogols Glaubenspraxis hatte mit dem theatralischen Überlebenskampf eines Hungerkünstlers manches gemeinsam.

(*vgl.* AUTOR)

VERLAUF

(*vgl.* KRANKHEIT)

VERWESUNG

W

WEIBLICHES

WEIB, WEIBER

Weibliches war ihm zuwider; am schlimmsten – Damen und Huren von Welt, Mütter und Frauen von Männern. »Ergibt's sich, daß ich zwischen Weibern sitze, so trifft es mich am allerschwersten; denn dann werde ich mich weder mit den Ellbogen aufstützen noch ungestört schlafen können.« Erträglich, bisweilen sogar angenehm waren ihm einzig (sofern sie *unerreichbar* blieben!) Novizinnen und Nymphchen im Alter zwischen elf und höchstens fünfzehn Jahren, namentlich dann, wenn es sich – wie in den

---

* Franz Kafka, *Tagebücher, 1910-1923* (o. O. 1954), S. 467.

»Aufzeichnungen eines Wahnsinnigen« – um die Töchter hochgestellter Amtspersonen handelte, oder aber – wie in *»Wij«* – um tote, der Kinder- wie der Frauenwelt entrückte Mädchen: *Puppen.* (Vor dem achtlos und undeutlich skizzierten Hintergrund von Gogols ereignisarmem Leben »hoben sich, klar und bis in die feinsten Einzelheiten ausgeführt, die zarten Züge eines reizenden Blondinchens ab, das süße Oval ihres Gesichts, die unendliche Schlankheit der Gestalt, wie man sie nur bei ganz jungen Mädchen sieht, die das Pensionat erst einige Monate hinter sich haben, und ihr schlichtes weißes Kleid, das die anmutigen Linien ihrer kindlichen Glieder so schmiegsam umwallte. Einem schneeweiß schimmernden, kunstvoll aus Elfenbein geschnitzten Spielzeug gleichend, trat einzig sie, hell und diaphan, aus dem undurchdringlichen Dunkel hervor . . .«) Gogols *Problem* war – jenseits der sozialen Dunkelkammer, in der seine homosexuellen und nekrophilen Neigungen gelegentlich kritisch (unterscheidbar) wurden – ein ästhetisches, nicht ein klinisches Problem; daß es als solches nicht gelöst, nur beschrieben und durch Beschreibung zumindest gebannt werden kann, ist bei Nabokov zu lernen: als *Schmetterling* ist Humbert Humberts Lo-Lolita der Gogolschen Pannotschka entschlüpft.* *Kunst* um des »Lebens« willen!

WEISSE

---

* »Nackt«, schreibt Vladimir Nabokov (*Lolita*, Reinbek 1964, S. 135), »bis auf eine Socke und ein Talismanarmband, übers Bett gestreckt, von meinem Zaubertrank gebannt – so sah ich sie *vor mir*; ein Samthaarband noch zwischen den Fingern, ihr Körper – das Negativ eines rudimentären Badeanzugs auf die honigbraune Haut gezeichnet – zeigt mir seine blassen Brustknospen; im rosigen Lampenlicht glitzert ein kleines Vlies auf seinem Hügelchen.« *Endlich!* »Der kalte Schlüssel mit seinem warmen hölzernen Anhänger war in meiner Tasche.«

X/Y

X/Y   Die Unbekannten (*x/y*) treten bei Gogol in der Regel als Doubletten auf und haben häufig die dramaturgisch wichtige Funktion von Türstehern oder Hintergrundfiguren. Nur selten tragen sie auch
(*vgl.* NAME) Namen (wie Bobtschinskij/Dobtschinskij), meistens aber handelt es sich lediglich um »zwei Damen«, »zwei Angsthasen«, »zwei Ratten von ungewöhnlicher Größe« oder auch, wie hier, um »zwei Schellenten«: »... der eine Gogol war weiß, der andere Gogol war schwarz. In Gestalt der beiden Gogols schwammen Gott der Allmächtige selbst und – Satan ...« Diese Textstelle kann als besonders aufschlußreiches Beispiel dafür gelten, daß – und wie – die *Helden* einer Erzählung (als Repräsentanten des Autorenstandpunkts) bisweilen zu Statisten degra-
(*vgl.* UNIFORM) diert und nur mehr als *Beamte* oder *Puppen* (als Spielfiguren des Autors) eingesetzt werden*, wobei die Doublette im vorliegenden Fall dem verdoppelten, aber noch immer von *einem* Mechanismus (Gogol/ »Gogol«; Gott/Satan) zweier miteinander verbundener, funktional koordinierter Schellenten (weiß/ schwarz) entspricht. Ein Verfahren übrigens, das Kafka – man denke an seine ununterscheidbaren, stets gemeinsam, oft auch in gleicher Reihenfolge auftretenden Zimmerherren und Mörder – zur triadischen Funktion erweitert hat.

Z

Zurück nun zum Anfang! Denken wir, dem Vorsitzenden des Erdballs folgend, die »Weltvomend«; und betonen wir richtig: »*Mirskònza*...« Und

---

* Siehe dazu Boris A. Uspenskij, *Poetik der Komposition* (Frankfurt a. M. 1975), S. 177 ff.

(*vgl.* NASE) nochmals – mit frisch gelüfteter Lesernase – in diagonalen Zeilensprüngen zum Füßchen des Windbergs! Und Laura ins durchsichtige Ohr gehaucht: »*Ad montes!*« Denn das »Leben« des Autors ist eine Rückwärtsgeschichte, die wir, stets von neuem, nachzulesen, nachzutragen haben*; sein »Werk« sind *wir*. »Der heutige Tag«, so heißt es in einer Aufzeichnung Gogols vom *43. April des Jahrs 2000*, »ist der Tag des größten Triumphs! Spanien hat wieder einen König! . . Dieser König ist ›Ich‹ . . . *Ich*

(*vgl.* UNIFORM) gestehe, die Erleuchtung kam mir wie ein Blitz. Ich kann mir nicht denken, wie ich mir denken konnte, ich sei ein Titularrat (ein Beamter!) . . . Jetzt aber sehe ich alles ganz deutlich, jetzt liegt alles auf der Hand . . .« Kehren wir also zum Anfang zurück, *in*

ZUKUNFT *die Zukunft; ins Leben.*

---

* Vgl. Welimir Chlebnikows Rückwärtsgeschichte »Weltvomend« (1913), in: *Werke*, II (Reinbek 1972), S. 15 ff.

III
Leben

... es ziemlich anmaßend, ich weiß. Aber ich wünschte, man möge mich zweimal leben lassen, im Teil und im Ganzen; und eigentlich sollte man mich so auch lesen.

WIR FANGEN wohl am besten
an, indem wir anfangen . . .
(Bevor sie uns mit großen Gesten
für die Tücke des stets kleiner werdenden Subjekts belangen,
sollten wir das n-te
Blau des Himmels schleunigst überfrieren
lassen und sogleich – als wären wir am Ende!
selbst schon Eis! – nach allen Seiten expandieren.)
Fangen
wir also an, indem wir bei uns selbst anfangen.

JENES LAND ist mäßig
definiert: nicht auszumachen, welche
Völkerschaften – (Mäuse? Josefinen?) – es bewohnen und
welcher Küste es gelegen kommt.

Mag sein, daß die Vogulen
sommernächtens über Böhmen in das Mittelmeer
und auf dem Luftweg
in den Blätterwald einfallen –

Zähle dann wer kann zumindest noch
die Finger ab!
Er halte sich nicht auf
an männlichem Gereime, sondern –
laufe!

Der letzte Wunsch wäre dann nichts
als Wirklichkeit: nie gesehen und zu groß,
als daß –

(Jack Spicer zu ehren)

Früh morgens; zum Bahnhof mit der ersten Straßenbahn. Ich stehe im hinteren Teil des Wagens; es hat nur wenige Fahrgäste, meistens Skitouristen. Vor mir sitzt eine vielleicht vierzigjährige Frau; sie ist mit einiger Eleganz gekleidet, jedoch viel zu aufwendig geschminkt und frisiert. Die Frau redet ziemlich lebhaft auf ihre Nachbarin ein, wird immer lauter, fängt zu lachen an, steht auf, geht schwankend durch die Reihen nach vorn, wendet sich plötzlich um und beginnt, während sie die verschlafenen Fahrgäste, einen nach dem andern – so auch mich – mit wildem Blick fixiert, zu schreien; und schreit:

»Nein, keiner hört zu, niemand von denen hört mir zu, keiner, niemand, nicht einer . . .«

Einige der Fahrgäste wechseln bedeutungsvolle – verständnislose – Blicke, schütteln den Kopf; keiner sagt ein Wort. Die Frau steigt aus und hüpft, ohne sich umzusehen, auf hohen Absätzen durch den Neuschnee davon. Erst jetzt fällt mir auf, daß sie weder Mantel noch Kopfbedeckung trägt. Während die Wagentür zuschnurrt, höre ich noch, wie sie jubelnd ausruft:

»Nein, keiner hört mir zu . . .«

... von allen guten Geistern verlassen: dem Erdboden gleich; gemacht wie gehabt.

Und während im Libanon Stadt um Stadt, in Beirut Quartier um Quartier zur Wüstung wird und als kaputtes Denkmal menschlicher Niedertracht den Fortschritt markiert, *erfahre ich aus einem Gedicht*, daß im vorletzten Krieg die Ortschaft HIMMELREICH eines Tags – fast unbemerkt – »ausradiert« und in der Folge »sehr rasch vergessen« worden sei; als historisches Schlachtfeld sei HIMMELREICH, gekennzeichnet nicht durch seinen Namen, sondern durch zwei gekreuzte Degen, in späteren – also heutigen – Wanderkarten des preußischen Regierungsbezirks Merseburg, Kreis Liebenwerda, eingetragen.

Auf nach –
Sidon! . . .

»In Sarmatien wohnen folgende Völkerschaften: die Weneden am ganzen wendischen Meerbusen hin, die Peuciner und Bastarner jenseits Dacien (im Süden), an der Maiotisküste (Asow'sches Meer) die Jazygen und Roxalanen, hinter ihnen im Innern die Amaxobier und skythischen Alaunen. Kleinere Völker wohnen in Sarmatien folgende: an der Weichsel unter den Weneden die Gythonen, sodann die Phynnen, dann die Sulonen (oder Bulanen), unter ihnen die Phrugundionen, ferner die Awarener an den Weichselquellen, unter ihnen die Ombronen, dann die Anartophrakten, die Burgionen, die Arsieten, die Saboker, die Piengiten und Biessen am Kaukasus. Östlicher als diese sitzen unter den Weneden die Galinder, Sudiner und Stavaner bis zu den Alaunen, unter diesen die Igillionen, sodann die Coestoboker und Tranomontaner bis zu den Peucinergebirgen. Den Rest des wenedischen Meerbusen hatten die Welten, über ihnen die Ossier und ganz nördlich die Karwonen inne. Östlicher als diese wohnen die Kareoten und Saler, unter ihnen die Agathyrser, sodann die Aorser und Pagyriten, unter ihnen die Savaren und Borusker bis an die riphaeischen Gebirge, sodann die Akiwer und Nasker, unter ihnen die Iwionen und Idrier und unter den Iwionen und Alaunen die Sturner. Zwischen den Alaunen und Amaxobiern sind die Karionen und Sargatier und an der Krümmung des Tanais die Ophlonen und Tanaiter, unter diesen die Osilier bis zu den Roxalanen, zwischen den Amaxobiern und den Roxalanen die Rakalanen *(reucachili)* und die Exobygiter. Zwischen den Bastarnern und Roxalanen sind die Chuner; an den Bergen selbst die Amodoker und Nawaren. Am See Byces sind die Torekkadier und an der Meerenge Achilleum die Tauroskythen. Unter den Bastarnern wohnen neben Dacien die Tagrier und unter diesen die Tyrangiten.« Dies die Angaben von Ptolemäus über die europäischen Völkerschaften Sarmatiens; auch eine Totenliste.

(Paare: Passanten –)

»Hat man nicht schon in hunderttausend Gesichter geblickt? Diese Erfahrung ist das Gegenteil der ›repräsentativen Auswahl‹: es ist die Wahrheit der physischen, linearen Zahl. Mit wievielen Menschen hat man es denn zu tun im Verlaufe eines normalen Lebens, mit wievielen, wo Worte oder längere Blicke getauscht wurden – von der Mutter bis zu den vielen, die einen mal auf der Straße nach einer Straße fragten?«

Vorübergehend sein und bleiben.
Selbst Gewesenes noch viel präziser
auf die Spitze treiben!
Was? Reißt's dich denn aus deiner Bahn, wo dieser
Freak Geschichte statt Geschichten macht?
Der trottet eben, während du (du *in Person*)
durch alle Skalen spurst, schön sacht
im Kreis und nimmt mit Kehlkopfmikrophon
den eignen flachen Atem auf, um ihn,
als STIMME SEINES HERRN, in diachroner
Richtung zu verstärken . . .
                    Kannst kaum umhin,
Wortmaurerei – mit andern Mitteln – für Bewohner
unsrer hochversicherten Moderne fortzusetzen, etwa in der
Art des Schattenspiels, das dir erlaubt, dein Hauptgesicht
in der Geschichte des (nicht minder
echten) schwarzen Abbilds zu verlieren, ohne daß es gleich
zerbricht . . .

»*. . . und du mündest in die Weile eines anderen ein.*«

... ist der Ariadnestrick gerissen; die Geduld. (Da liegt sie in *S*-Form unterm ausgefransten Ende, das seit Jahrhunderten, kaum merklich, als widriger Klöppel in einer Dunstglocke schwingt.)

Und Theseus hastet weiter – weg vom Tier – zu ihr – zu dir ...

Die Wüste, obwohl im wesentlichen Leere, lebt: sie lebt von dem, sie lebt durch das, was in ihr fehlt – Anwesenheit derer, die sie durchqueren, ohne heimisch zu werden in ihr.

Was also lebt in dieser Wüste, ist die negative Anwesenheit, die Anwesenheit der Abwesenden, sichtbar und gesichert in der Spur, die – von wem? von dem wohl, der *dort* ist, wo jene gewesen sind! – als rasch verwehender Schriftzug hinterlassen wird und die, ununterscheidbar, auf Tote wie auf Überlebende verweist.

So lebt die Wüste stetig hin, indem wir sie begehen.

Immer wieder, während Wochen, war mir diese Frau zufällig vorgekommen, wie von selbst; wie im Traum. Und doch wohl – bei der Häufigkeit! – nicht ohne Grund.
Ob sie es wollte? Weil ich es hoffte?
Ich traf sie, sie traf mich auf den Plätzen und Brücken dieser Stadt. Oft saß ich ihr unversehens in der Straßenbahn gegenüber. Oder sie setzte sich zu mir auf eine öffentliche Bank. Und wenn ich gelegentlich aus dem Kellergeschoß durch die vergitterte Luke hinaus – hinauf ins Freie – sah, konnte ich ihrem gesenkten Blick begegnen.
Mehr nicht.
Aber ich begann sie zu mögen, sie wurde mir wichtig und leicht. Fast ebenso oft, wie ich in Wirklichkeit mit ihr zusammenstieß, dachte ich an sie; versuchte, mir ihre Stimme auszumalen, mal weiß, mal grün. Doch eigentlich war diese Frau präzis genug vorhanden; sie war sogar, indem ich sie mir dachte, überdeutlich da, wenn auch eben deshalb nicht zu haben.
So gewöhnte ich mich daran, daß es sie gab; daß wir einander da und dort trafen, ohne uns näherzukommen. Wir gehörten – wie nur? – jeder zu des andern Leben. Die Linie ihres Rists, ihres Nackens könnte ich noch heute nachzeichnen auf diesem Papier, und der Geruch ihrer Haut war mir bis zur Bewußtlosigkeit vertraut. Anders kam mir freilich ihr strahlend nach innen gerichtetes Lächeln vor; Leihgabe hinter Glas. So begann ich sie zu vergessen. Bis eines Tags eine starke, nicht mehr ganz junge Dame am Steuer ihres Sportkabrioletts scharf bremsend neben mir am Straßenrand anhielt, aus lachsroten Polstern vertraulich zu mir herübergrüßte und, während sie den Schlag aufstieß, sehr leise, fast beschwörend sagte:
»Komm! Schlafen wir zusammen. Wer schläft, der ist nicht tot...«
Doch war es schon zu spät; es war zu dunkel. Ich konnte mich nicht mehr erinnern. So blieb sie unerkannt.

Und jetzt treibt da draußen in der Uferströmung sehr langsam ein grellgelbes Schlauchboot mit der weithin sichtbaren Aufschrift PRO INFIRMIS vorüber –

– so langsam, daß ich von meinem Fenster aus erkennen kann, wie zwei Schwerbehinderte in prall mit Luft gefüllten Schwimmwesten sich heftig, so gut es eben geht, begatten.

Aber da werden sie auch schon von ein paar Jugendlichen, die unten beim Bootssteg auf ihren im Leerlauf ratternden Mopeds hocken, gesichtet und höhnisch ausgebuht.

Worauf die Liebenden, ganz ohne Hast und unbeirrt sich küssend, voneinander ablassen.

(Rote Fabrik; am 23. August 1982)

NUR EINFACH SO, zu zweit,
gevögelt fast wie damals! Aber nein,
ganz unvorstellbar (zu gewöhnlich): sanfter Fight
– »er« *dich,* »sie« *mich,* »wir« so allein
und leicht, als täten *sie* es auf
der Titelseite, ließen sich beim Ficken
von euch denken . . .
               Doch der Lauf
hat seine Richtung, folgt nicht fremden Blicken,
sondern – einzig – unserm Wunsch: »ich«
dir, »du« *mir,* »wir« *euch* (wie immer) –
bis dies Schwarzweißbild mit feuchtem Finger
umgeblättert wird und hinter einem kolorierten Stich
verschwindet.
      So könnte es in Wirklichkeit gewesen
sein, doch ihr habt – wie wir – das Leben bloß gelesen
(und vergessen).

Ich erinnere mich, wie ich einst – zum erstenmal – auf der Treppe mit ihm zusammenstieß; und daß er mir, über die Trümmer hinweg, entschuldigend zurief, der Zweifel sei das einzige Instrument, das unser Auge verlängern könne:

»Lupe und Fernglas in einem. Die einzige Brille, die zur Einsicht verhilft. Wie in der Wunde der Finger . . .«

Im Frühsommer 1980 starb er, siebenunddreißig Jahre alt, an den Unfallfolgen.

(für Dorette: Peter Straumann zum Gedenken)

– *Man ist unter sich.*

– Sind wir unter uns?

– *Du bist eins mit deinem Leib; allein.*

– Bleibt man, geworfen, dennoch unter sich?

– *Wie Bein und Stein!*

– Wer hebt es? und wer hebt ihn auf?

– *O nein!*

– Lassen wir es . . .

– *. . . sein?*

(Du! . . .)

». . . habe ich rechtzeitig
zu Beginn des Stellvertreterkriegs
geboren bin eine sehr
sehr glückliche Kindheit
abgerichtet auf den Mann als Warnung
im Schildchen geführt
aufs Beißen
geil sobald gemacht sich etwas regt
nur anders riecht nur
schon das Handgelenk aus der Manschette
fährt wenn der
nach einem Blick auf seine Armbanduhr
im Dunkeln wie man weiß
geduldet rechts denn widriger
versehrt jetzt völlig schwarz
– elliptisch . . .«

(. . . schreist!)

Wittgensteins geistige *Erscheinung*: wie sie sich jetzt, da man seine Schriften, seinen Briefwechsel gesamthaft übersehen kann, präsentiert.
Er, sie tritt in einem eher trivialen Stück – dem »Leben« – auf und geht erstaunlich groß und heil daraus hervor. *Vita Cartesii res simplicissima est.* Aber Dummheit ist seine Stärke nicht; nie gewesen.
Und *noch* eine Schwäche: der Gebrauch von Adjektiven; überhaupt: die Epitheta! Ein Buch von Ehrenstein, zum Beispiel, nennt er »Hundedreck«; Tolstoj findet er »tief«, anderes »schlicht« oder einfach »schön«. Gelegentlich argumentiert er mit dem »Feuerhaken«; auf Anhieb.
Und das »Leben« verringert sich – wird minder – in dem Maß, wie das »Werk« an Umfang, an Bedeutung zunimmt.
Schließlich, nachdem er seit langem die Sprache gewechselt und der Schrift ihr unverwischbares Gepräge gegeben hat, blickt Wittgenstein aus dem Exil seines Denkens zurück und sieht vor dem unbewegten Hintergrund des fast schon ausgespielten Lebens ein paar Gesichter, zwei, drei Opern und die Substanz von einem Dutzend Bücher, die er ganz für sich behalten hat. Es ist nicht die beste, auch nicht die schlechteste Auswahl; geblieben ist das, was einer braucht, um den Mann, den er im Leben zu stellen hat, auch *wirklich* darzustellen: Text, Mitspieler, Begleitmusik.
Im April 1951 starb Wittgenstein, zweiundsechzigjährig, in Cambridge.
Nach allem, was man nun über sein Leben wissen kann, muten seine *letzten Worte* wie ein Schlußakkord bei Verdi an: »Tell them I've had a wonderful life! . . .«
Dieses »Leben« vermag einen, anders als das »Werk«, nur darüber in Erstaunen zu versetzen, daß sich Wittgenstein nicht länger darin gefallen hat. Er muß wohl *eines schönen Tages* die sieghaften Momente seines Denkens aufgerechnet haben, um sie sich als ein großes Ganzes zu vergegenwärtigen; so, daß die Summe jenes »wundervolle Leben« ergab, dem eigentlich nichts mehr beizufügen war.

... WEIST, DIE FAUST geballt, ein
schwarzbestrumpfter Männerarm herüber in den
              Sonntagvormittag,
der kalt (ein
Ort?) als Esels Schatten die Fassaden wiederholt, vorübergehend sogar lobt.
Doch reißt die Hand, bereits zu zweit, Gardinen
wieder zu, weil ... Lieder
hört man draußen, wie die Armen – Männer! –
Wildfleisch auf die Pappe knallen und den Brenner
höher stellen, immer höher, bis das Feuer
aus dem Fenster schwappt und die Geranien versengt, die *heuer
an der Sonne noch viel röter* hätten werden
sollen. (Aber wer denn? ...)

Man hat sich selber nie genug gesehen, niemals ganz. Der Blick in den Spiegel stumpft ab, macht das Auge matt, ist Suche, oft auch Sucht, doch nie Gewinn. Nicht nur sieht man sich – doch wer sieht wen? – immer nur seitenverkehrt (eine ungewöhnliche Sicht, gewiß, deren Interesse aber illusionär bleibt, da es dazu für das Man im Spiegel keine Alternative gibt), man sieht sich auch meistens in Teilstücken, sieht sich beim Rasieren, beim Schminken, sieht sich beim Sehen, sieht das Gesicht, manchmal die Hände, die Schultern, die Brust, mehr nicht; und man sieht dies, sieht sich stets in jenem aufgebrochenen, zum Schnittmuster verflachten Raum, der kaum noch Wirklichkeitscharakter hat. Der Spiegel versammelt nichts als Fragmente – als wäre er, ohne je zerbrochen zu sein, aus lauter Scherben gefügt.

Statt sich immer wieder – wenn auch nie *von neuem* – so zu sehen, wie man sich zu sehen pflegt, müßte man sich mit andern Augen, mit den Augen der andern zu sehen *versuchen*; müßte sich als ein anderer – unter andern – sehen können.

Zum Beispiel sich selbst, von hinten, vor dem Spiegel stehen sehen und sich selber, vor dem Spiegel stehend, betrachtend, während einem – zum Beispiel mir – der andere – also ich – amüsiert über die Schulter schaut.

So zum Beispiel.

... bin ich zum erstenmal seit vielen Jahren – vielleicht zum erstenmal seit meiner schweren Krankheit damals – auf dem Rücken eingeschlafen und auch auf dem Rücken aufgewacht.

Und wieder sah ich mich, als ich die Augen öffnete, *aus weiter Ferne* meinen eigenen Füßen gegenüber, zwischen denen eben erst die Erde aufgegangen war.

Es dauerte eine ganze Weile, bis mir klar wurde, daß ich die Operation also doch nicht überlebt hatte; nur mich selbst.

KOMM
mach mir einen Überfluß
von allem andern
gibt es längst zuviel
komm näher ja
gib mir den Schuß
den Schmerz will ich nicht hören
nicht den Puls im Ohr
bevor das Projektil
die kaum behaarte Oberfläche sprengt
und ins Gewebe taucht
den Punkt zu finden
wo das Leben sitzt mein dunkler Sinn
der sich verbraucht und nur
ganz rasch nach außen
will. Komm
buchen wir
den Trip ins All.

(*»Seinen Tagen ein Ende machen wollen«*, schrie er begeistert: *»Welch treffende Redewendung!«*
»Was wir besitzen«, schrieb er mir später, *»ist tatsächlich dies: Tage, Tage, und das ist alles, dem wir Abbruch tun können.«*)

(Augenblick ...)

... Malerei, Photographie, Film, Fernsehen, Video, Polaroid – indem das Bild seine Abbildungsfunktion mit Bezug auf die dargestellte Wirklichkeit zeitlich und räumlich immer mehr (und bis zur Fixierung des Augenblicks, bis zu seiner Identifikation mit dem »Leben«) perfektioniert, wird es zur Armatur der Unsterblichkeit.

Literatur dagegen! Die trampelt nicht an Ort, wartet das Ereignis nicht ab, um es als Erlebnis widerzuspiegeln; sie selber inszeniert, was gespielt werden soll. Literatur wird nicht dem Leben nachgeschrieben, sie schreibt vielmehr das Leben vor, ist Lebensentwurf; mithin die Dramaturgie meines Sterbens. Fuge auf den Tod zu.

Denn darstellbar ist der Tod – der eigene – nur als Utopie; als Vorwegnahme eines Unorts, nie als Widerspiegelung ...

(... verweile doch!)

> (zur Erinnerung an jene Fernsehsprecherin, die während einer Nachrichtensendung ihren eigenen Tod ansagte und *unmittelbar* danach – »im Angesicht« ihres Millionenpublikums – sich mit einem Kopfschuß das Leben nahm)

21. MÄRZ. In den Mittagsnachrichten, vor dem abschließenden Wetterbericht, heute die Meldung, es sei am frühen Morgen – *rein zufällig* – in einer Zweizimmerwohnung im neunten Stockwerk eines großen, am nördlichen Stadtrand von W. gelegenen Mehrfamilienhauses die Leiche eines achtzehn Monate alten Kindes männlichen Geschlechts *entdeckt* worden. Der Knabe sei nach ersten Erkenntnissen der Polizei verhungert, nachdem ihn seine Mutter, eine sechsundzwanzigjährige unverheiratete Frau, die inzwischen bereits *verhaftet* worden sei, vor etwa drei Monaten in der Wohnung eingeschlossen habe. Zur Begründung ihres Verhaltens habe die Frau angegeben, sie sei es überdrüssig gewesen, jeden Abend nach Arbeitsschluß – sie war Telephonistin bei einer Reiseagentur – gleich nach Hause zurückzukehren, um nach ihrem Sohn zu sehen. Ein Kindermädchen habe sie sich nicht leisten können, mit den Nachbarn habe sie *keinen Kontakt* gehabt. Kurz vor Weihnachten habe sie sich dann entschlossen, nicht mehr in die Wohnung zurückzukehren, sich statt dessen in ihrem Büro häuslich einzurichten und die Nächte, je nach Gelegenheit, bei Freundinnen oder Bekannten zu verbringen. Damit sei für sie *das Problem* gelöst gewesen.

Im Anschluß an die Nachrichtensendung war ein Interview zu hören, in dessen Verlauf einige Mieter jenes Wohnblocks darüber befragt wurden, welchen *Eindruck* sie denn von Frau B. gehabt hätten. Doch hat offenbar niemand Frau B. persönlich gekannt, es sei denn ganz flüchtig, *vom Sehen*. Ihre unmittelbare Wohnungsnachbarin erklärte auf die Frage, ob ihr denn die ganzen Wochen und Monate hindurch *nichts aufgefallen* sei, mit wütend unterdrückter Erregung, sie selbst habe vier Kinder zu versorgen, nein, aufgefallen sei ihr nichts, und überhaupt, wozu auch, jeder habe schließlich seine eigenen Sorgen, nun ja, aufgefallen sei ihr nur, aber das habe ganz sicher nichts zu bedeuten, sei ihr in den Weihnachtstagen aufgefallen, daß, ja, so ein Kratzen an der Wand, kein Geschrei, nichts gerufen, ein paarmal in der Nacht, so gegen vier, das Kratzen, es habe einfach so gekratzt, nein, nicht geweint, kein Weinen, kein Rufen gehört, nichts, nur ein bißchen gekratzt habe das, aber da könne man doch nicht gleich die Polizei holen, wo kämen wir da hin, und sowieso habe das dann aufgehört mit diesem Kratzen, und sie habe nicht weiter darüber nachgedacht, denn schließlich habe sie – »ich selber« – doch vier Kinder, »was bleibt da noch Zeit«, und so habe sie *diese Sache da* eben vergessen. Schluß.

•

Seit einer Woche ungefähr, jeweils so gegen zehn Uhr vormittags, radelt hier vor meinem Fenster – ich wohne jetzt ziemlich weit draußen auf dem Land – mit entschiedenem Tritt eine vielleicht fünfzehn-, sechzehnjährige Frau in schwarzen Jeans vorbei, die auf ihrem weit nach vorn über den Lenker gebeugten Rücken ein Maschinengewehr mit sich führt, das ihr seitlich schwer an die Hüfte schlägt; ob es sich dabei um *ihre* Waffe handelt oder ob sie *solche* Waffen, Stück um Stück, von einem Versteck in ein anderes schafft – das freilich ist aus meiner Schreibtischperspektive nicht zu erkennen; es geschieht, hat also nichts zu bedeuten.

•

Im Tagblatt, auf der letzten Seite unten rechts, finde ich heute eine knappe Notiz über den Unfalltod eines neunzehnjährigen Schwerbehinderten, der nach einem Frühlingsgewitter zusammen mit seiner ebenfalls schwerbehinderten jungen Frau im Rollstuhl eine abendliche Ausfahrt unternommen habe, in deren Verlauf er bei einem Wendemanöver aus dem Gleichgewicht geraten, kopfüber zu Boden gefallen und – vor den Augen der hilflosen Begleiterin – in einer mit Regenwasser vollgelaufenen Radspur von kaum zehn Zentimeter Tiefe ertrunken sei.

Die Meldung ist datiert vom 1. April; was diesen unfaßbar komischen Todesfall in seiner Tragik erst eigentlich glaubhaft macht.

•

V. H., eben aus Brasilien zurückgekehrt, berichtet von einer neuen Erscheinungsform des Gewaltverbrechens in São Paulo.

Täglich, bei Einbruch der Dunkelheit, fluten Tausende von arbeitslosen Jugendlichen aus den peripheren Elendsquartieren in die Stadt, um sich durch Einbrüche, Raubüberfälle, Entreißdiebstähle ihren Lebensunterhalt zu sichern. War es bis vor kurzem allgemein üblich, daß bei derartigen Aktionen die Opfer auf offener Straße brutal niedergemacht wurden, indem man sie von hinten in Hüfthöhe umfaßte und ihnen von links und von rechts ein Messer in den Unterleib stieß, so scheinen die Täter neuerdings, zumindest teilweise, zu einer sanfteren und eben deshalb weit entsetzlicheren Art der Gewaltanwendung übergegangen zu sein, die darin besteht, das Opfer nach Möglichkeit nicht zu erschrecken, es freundlich zur Herausgabe seiner Habseligkeiten – Brieftasche, Schmuck, Uhr – aufzufordern und ihm gleichzeitig mit ruhiger Hand, fast zärtlich, über das Gesicht zu streichen, wobei dieses von den Rasierklingen, welche die Täter sich zuvor zwischen die Finger geklemmt haben, mehrfach aufgeschnitten und in eine einzige Wunde verwandelt wird.

Mag sein, daß in dieser neuen Erscheinungsform von krimineller Gewaltanwendung eine Tendenz zum Ausdruck kommt, die sich auch in den Rüstungsvorhaben der Großmächte – Giftregen, Neutronenwaffe, Nervengas – durchzusetzen beginnt.

•

MÜNCHEN, 4. JUNI (AP). Von den Nachbarn unbehelligt, hat der Rentner Gerhard König sieben Jahre lang tot in seiner Einzimmerwohnung im Münchner Stadtteil Laim gelegen. Wie die Polizei am Freitag mitteilte, wurde die Leiche des 1907 geborenen Mannes erst entdeckt, nachdem sich die Bank des Rentners mehrfach an die Hausverwaltung gewandt hatte, weil sie über längere Zeit keinerlei Bewegung auf dem Konto Königs verzeichnete. Jeden Monat wurde lediglich die Rente überwiesen und die Miete abgebucht. Schließlich hat man die Wohnungstür mit einem Nachschlüssel der Hausverwaltung geöffnet. Die völlig zerfallene Leiche des vermutlich schon 1975 verstorbenen König lag im Bett, vor dem ein Häuflein verbrannten Unrats gefunden wurde. Ein Polizeisprecher meinte dazu, der Mann sei möglicherweise in betrunkenem Zustand zu Bett gegangen, habe sich eine Zigarette angesteckt und sei rauchend eingeschlafen; König dürfte demnach am Rauch erstickt sein. In der Wohnung fand man, aufgehängt an einer Wäscheleine, zahlreiche Ansichtskarten, die sich der Verstorbene in seinen letzten Lebensjahren aus verschiedenen Urlaubsorten im Schwarzwald jeweils selber zugesandt hatte.

> (Das Sozialverhalten seiner Umwelt, sagte der Polizeisprecher weiter, sei *vorbildlich* gewesen: gute sieben Jahre lang sei Königs letzte Ruhe ungestört geblieben; auch in den ersten Wochen nach seinem Tod, als die Nachbarn einem penetranten Verwesungsgeruch ausgesetzt gewesen seien, habe niemand daran gedacht, in Königs Wohnung einzudringen oder die Leiche behördlich wegschaffen zu lassen. Das plötzliche Verschwinden des Mannes, der mit ihnen im Haus gelebt hatte, und die völlig verschmutzten Fenster gaben ihnen nicht etwa zu *denken*, sondern erregten ihr *Mitgefühl*.)

.

Spiegel – die Katze von nebenan – hat diesmal eine kleine Eidechse mitgebracht; jetzt spielt sie mit ihr auf unsrer Terrasse, hätschelt sie ein paarmal mit der weichen Pfote, faßt sie, etwas härter, im Genick, wirft sie hoch, hascht nach ihr, jagt sie in die Ecke, packt sie wieder, beißt ihr den Schwanz weg, läßt sie nochmals laufen, hastet ihr nach, schlägt und greift nach ihr, stellt sich mit den Vorderfüßen auf den zappelnden ledrigen Leib, den sie ruhig beschnuppert, kappt dann mit präzisen Bissen ein Beinchen nach dem andern, bis die Echse, wie ein Fisch sich windend, auf den Rücken rollt und für einen Augenblick ihren silbrig glänzenden, halb schon aufgerissenen Bauch zeigt, bevor Spiegel erneut über sie herfällt und ihr den Kopf abreißt.
Was macht das Grauen einer solchen Hinrichtung aus?
Daß sie *spielerisch* vollzogen und *ohne jeden Schmerzenslaut* erlitten wird.

Im Hombrechtikon gibt es, wie ich von T. H. erfahre, einen Zeitgenossen, der seit Jahren sämtliche Nachrichtensendungen des Zweiten Deutschen Fernsehens aufzeichnet und nach Sachgebieten archiviert. Die Videobänder verwendet er gern zur Erheiterung seiner Gäste, indem er, dem jeweiligen Anlaß – Hochzeit, Heimsieg, Geburtstag, Silvester – angepaßt, das Attentat auf den Papst, eine sensationelle Zoogeburt, die Verführung Walesas, Szenen aus dem Libanonkrieg, ein Endspiel aus Wimbledon oder die Wetterkarte vom 21. März 1982 über seinen Bildschirm flimmern läßt.

Adele Linder – Witwe des in Ulan Bator allzu früh verstorbenen bayerischen Fabrikanten Johann Christian Linder, der als Ersthersteller von schwarz-roten Schreibmaschinenfarbbändern aus reiner Seide schon in den zwanziger Jahren durch Massenproduktion mit billigen einheimischen Arbeitskräften und durch geschickte Lizenzvergabe zu einem beträchtlichen Vermögen gekommen war – hatte sich nach ihrer Rückkehr in die »bundesdeutsche Unwirklichkeit« (wie sie zu sagen pflegte) fast ausschließlich der Vervollständigung ihrer Teedosen- und Teeflaschensammlung gewidmet, einer nach Umfang und Qualität gewiß einzigartigen Kollektion, welche die alte Dame nunmehr, indem sie systematisch nicht nur besonders rare Stücke, sondern auch Doubletten zum bereits vorhandenen Bestand hinzukaufte, »bis zur Vollkommenheit« auszubauen gedachte.

So lebte sie jahrzehntelang, umgeben von ihrer scheppernden, allmählich an Glanz verlierenden Sammlung, in einer kleinen Villa bei Ingolstadt. Ihre Tage verbrachte sie damit, Hunderte, vielleicht gar Tausende von Weißblechdosen mit oder ohne Dekor abzuzählen – industriell gefertigte Einzelstücke, wie man sie seit dem mittleren 19. Jahrhundert in allen Kolonialwarenhandlungen der Welt finden konnte und finden kann; aber auch die doppelwandigen Sicherheitsdosen aus Messing, welche im 18. Jahrhundert von Hochseereisenden verwendet worden waren; flache Taschendosen (vereinzelt auch lederne Teebeutel), die bei den Truppen Wellingtons und später in der *Contemptable Little Army* des Generals French zur Standardausrüstung gehörten; dazu Unikate wie die Teesaugflasche Gullivers, der berühmte Teepokal von Landru und der Thermoskrug, den Sherlock Holmes von Professor Peirce als Geschenk erhalten hatte. Daß die Kunstteepulverschatulle, welche Armstrong bei seinem Mondflug mit sich führte, in der Sammlung fehlt, ist allein darauf zurückzuführen, daß Adele Linder kurz vor jenem Weltraumunternehmen starb.

Kurz vor jenem Weltraumunternehmen wurde Adele Linder, damals schon weit über achtzig Jahre alt, von einer bekannten

Frauenzeitschrift um ein Interview gebeten. Sie sagte sofort zu, lehnte aber zwei, drei Tage später ab mit der Begründung, Teedosen seien »eine zu intime Angelegenheit«, als daß sie sich »in aller Öffentlichkeit« darüber äußern wollte. Die Redaktion machte ihr daraufhin den Vorschlag, sie möge statt von ihrer Teedosensammlung ganz einfach vom Sammeln – »vom Sammeln an sich« – reden, wobei doch letztlich »irgendwelche Objekte« gemeint sein könnten.

»Irgendwelche Objekte?« soll Adele Linder darauf erwidert haben: »Aber *sowas* sammelt man doch nicht!«

»An welchem bevorzugten Ort der Erde
und des Geistes?« *(E. J.)*

Ende September ... Nochmals für ein paar Tage nach C ...
... ist wie immer um diese Jahreszeit an den öffentlichen Gebäuden des Dorfs in Dutzenden von Exemplaren der Aufruf des Präfekten zum »Tag des Bluts« ausgehängt, JOURNEE DU SANG, in großen Lettern rot auf weiß gedruckt. Spendet Blut! Wie üblich. Doch was? Die Leute scheinen mich nicht mehr zu kennen, sie grüßen kaum. Die meisten Ladengeschäfte sind ohne Angabe von Gründen geschlossen oder werden bloß am frühen Vormittag, für jeweils zwei Stunden, geöffnet. Da ich erst gegen zwölf Uhr angekommen bin, muß ich wohl, um einzukaufen, hinüber ins Nachbardorf fahren. Zurück also zum Parkplatz. Doch wie? Statt der unermüdlichen Pétanque-Spieler, welche hier, auf dem schmalen Sandstreifen zwischen den kreuz und quer abgestellten Wagen, nach undurchschaubaren Regeln ihre Stahlkugeln zu schieben oder in flachem Bogen zu schleudern pflegen...
... stehen mir plötzlich ein paar Dutzend Dorfbewohner gegenüber und fixieren mich mit schlimmem Blick. Doch sogleich beugen sie sich wieder über die wohl eigens herbeigeschafften riesigen Blechnäpfe, aus denen sie mit hohler Hand die Asche scheffeln, welche sie einander – oder auch sich selbst – auf die Schultern streuen. Ja! Ich erinnere mich jetzt. Sie alle wollen sich der freiwilligen Marter unterwerfen, sich in Gruppen umbringen und auf jede erdenkliche Weise verstümmeln. Schon setzt sich die Springprozession in Bewegung; Kinder und ihre Mütter, Bauern und Handwerker aus dem Dorf, ja sogar Nonnen aus dem nahegelegenen Kloster von Notre-Dame-de-Vie schließen sich ihr an, hüpfen schweigend mit, und bereits scheinen sie der Wirklichkeit nicht mehr anzugehören. Immer mehr Menschen, zumeist Männer in langen weißen Hemden, gliedern sich in den Umzug ein; ihre grob geschnittene Verkleidung läßt nur Hals und Hände frei. Henker? Nein, es sind ihrer schon zuviele. Opfer vielleicht? Doch wer hätte sie angeklagt – wofür? – und verurteilt – wozu? Unter aufmunternden Zurufen händigen ihnen nun, da die Prozession

wieder ins Dorf einschwenkt, die wartenden Frauen Messer und Sicheln aus. Die Männer beginnen sich tänzelnd um sich selber zu drehen und schwingen die Werkzeuge (die Waffen?), die man ihnen zugesteckt hat, über ihrem Kopf. Bereits übertönen ihre Schreie die der Masse. Sie wollen, sie müssen jetzt in einen Zustand von Katalepsie geraten. Mit den mechanischen, eher wippenden als stapfenden Schritten von Marionetten oder Automaten gehen sie vor, treten zurück, springen zur Seite, und offenbar folgen sie dabei gewissen Regeln, die aber für den Außenstehenden – für mich – undurchschaubar bleiben. Bei jedem Schritt, im Takt, stechen und schlagen sie sich mit ihren Klingen. Das Blut fließt ihnen ins Gesicht, schießt ihnen aus dem Maul. Die Hemden färben sich rot. Schon brechen einige dieser freiwilligen Opfer – was hat dieses Blutvergießen mit jener Blutspendeaktion zu schaffen? – tot zusammen. In ihrer Raserei trennen sie sich Venen und Arterien durch, bevor die nun plötzlich aus allen Gassen herbeieilenden bewaffneten Ordnungskräfte eingreifen können. Erst jetzt fällt mir übrigens auf, daß in mehreren Läden, hinter den herabgelassenen Storen, ambulante Pflegestationen für die erste medizinische Hilfeleistung bereitgestellt sind. Die Masse aber, unempfindlich geworden für die Schläge der Jäger und Hüter, schließt sich über den Uniformierten zusammen, nimmt sie in sich auf und schleppt sie in einen andern Teil des Dorfs, wo sich das Blutbad fortsetzt. Nicht ein Mensch – ausgenommen, vielleicht, jener Ausländer – bleibt bei klarem Bewußtsein. Wer für sich selbst nicht den Mut hat, sein oder mein Blut zu vergießen, bietet den andern Kola zur Stärkung an und reizt sie zugleich mit unartikulierten Schreien weiter auf. Hin und wieder entsteht im Umzug eine Lücke, noch ein Exaltierter fällt erschöpft zu Boden. Die Lücke schließt sich sofort, die Menge steigt über den Verlorenen hinweg, tritt ihn mit Füßen und hat ihn auch schon vergessen. Milizionäre und Sanitäter, die sich der Verletzten annehmen und die öffentliche Ordnung aufrechterhalten sollen, werden von der Erregung der Masse gepackt und mitgerissen. Sie entledigen sich ihrer Dienstverkleidungen, stürzen sich selber ins Blutbad . . .

. . . und so weiter: fort von hier!

(... auf nach Olympia!)

Was kann, was soll Literatur in einer Welt, für die »das Maschinengewehr einen weit höheren Symbolwert besitzt als die Feder, der Pinsel oder die Schere«? Und wie, worüber, wozu wäre heute, falls überhaupt, noch zu schreiben?

Mit solchen Fragen setzt sich der jetzt einundachtzigjährige Michel Leiris in seinem jüngsten Buch – *»Das Band am Hals Olympias«* – auseinander, wobei es ihm freilich nicht (jedenfalls nicht nur) darum geht, richtige Antworten zu finden, vielmehr darum, die Fragen richtig zu stellen; sie richtigzustellen. Das Buch enthält denn auch keine Antwort; es ist die Antwort.*

(Auf rund dreihundert Seiten entfaltet Leiris fächerartig – und das heißt: stets von denselben Fragen ausgehend, sie bald an diesem nächsten, bald an jenem fernsten Gegenstand erprobend – einen vielschichtigen und entsprechend vieldeutigen Text, dessen gattungspoetische und thematische Uneinheitlichkeit durch die Luzidität des Stils wie auch der Gesamtkonzeption zugleich akzentuiert und harmonisiert wird. Aus verschiedensten, scheinbar zufällig aneinandergereihten Texttypen – Essays von einer halben bis zu zehn Seiten Umfang, Beschreibungs- und Erinnerungsprosa, Traumprotokollen und Erzählstücken, Tagebuchexzerpten, Glossaren und Gedichten, einem poetologischen »Telegramm« und einem dreiaktigen Minidrama – baut sich allmählich ein geschlossenes Gebilde auf, genauer: eine streng strukturierte Szenerie, in die sich der Leser jäh versetzt sieht, wenn er feststellt, daß, wie der Autor die im Titel genannte Olympia auf der Bühne, die den Text bedeutet, als stumme Referenzfigur in Erscheinung treten und durch sie sein eigenes Anliegen – diskret, unmißverständlich – vorführen läßt.)

An die dreißigmal ist in Leiris' Text von »Olympia« – von einem Bild also – die Rede. Der berühmte, 1863 entstandene Akt Edouard Manets (seinerzeit ein Skandalon) wird, gewisserma-

---

* Michel Leiris, *»Le ruban au cou d'Olympia«* (Paris 1981).

ßen von den Rändern her, in immer neuen Annäherungsversuchen beschworen, verbal eingekreist, als Inkarnat jedoch unberührt, unbesprochen gelassen. Indem Leiris den Bildraum, mit dem der Künstler sein Modell umstellt, ja »eingekleidet« hat, szenographisch (der Bewegung des Blicks folgend) wie ein blinder Seher abtastet und beschreibt, bringt er die Peripherie zum Einsturz, läßt sie über das ausgesparte Zentrum – den nackten Körper der Frau – hereinbrechen. Die Nacktheit selber scheint den Körper zu verbergen; sie wird sinnlich wahrnehmbar gemacht durch eine Reihe von Requisiten, die (wie Fetische) die Aufmerksamkeit des Betrachters auf sich ziehen, ihn also von dem, was sie bedeuten, ablenken: Blumen und Schuhe; Arm- und Ohrenschmuck; die fleischfarbene Blüte im Haar, welche das von der fächerförmig gespreizten Hand kaschierte Geschlecht in bildhafter Übertragung anschaulich macht; das schwarze Band (Schlinge? Schlange?) am Hals Olympias und die schwarze Katze (deren Schwanz wie ein umgekehrtes Fragezeichen im Raum steht) zu ihren Füßen ...

Manets »Olympia« – das Bild, nicht die Person – dient Leiris als Bezugssystem für das, was er in seinem Buch auf wechselnden Schauplätzen sich ereignen, sich abspielen läßt. Alle diese Schauplätze – das Theater und das Kabarett, die Stierkampfarena und der Pferdesportplatz, Zirkus und Zoo, Klinik und Atelier, aber auch das Gedächtnis und die Sprache – zeichnen sich dadurch aus, daß sie als Innenwelt der Außenwelt funktionieren können; daß Exzentrizität hier zur Norm wird; daß Peripherie und Zentrum zusammenfallen:

»Ein solcher Zustand entspricht weniger der Zerstreuung des Ich in der äußern Welt als vielmehr der Verdichtung der äußern Welt im Ich. Jedenfalls hat man es – statt mit einer Rückkehr von den Rändern zur Mitte hin (als Einkehr in sich selbst, nachdem man sich hat gefangen nehmen lassen) – eher mit einem Zusammenfallen von Peripherie und Zentrum zu tun, mit einer Identität ohne jede Bewegung in irgendeiner Richtung (keine Schranke mehr zwischen diesem ›Ich‹, das da spricht, und jenem Zirkus der erfahrbaren Wirklichkeiten, von deren Fernen und Vorposten es umstellt ist).«

Die Verschränkung der Außen- mit der Innenwelt wird, nach Leiris, am ehesten (und auf immer wieder *neue* Weise) im Drogen- oder Alkoholrausch, in der Erfahrung des Schmerzes und in der Arbeit am Mythos, in der Sexualität und, letztlich, im Tod erreicht. Die rhetorische und metaphorische Grundoperation, welche diesem Vorgang (der immer nur als eine Abfolge von unterschiedlichen Zuständen manifest wird) allein gerecht zu werden vermag, ist die Analogiebildung. Leiris bedient sich dieses Verfahrens auf sämtlichen Textebenen und in jeder nur denkbaren Art; er schafft Anagramme und fiktive Etymologien, er verdinglicht die Sprache und versprachlicht die Dinge, er setzt das Sandkorn zum Kosmos, die Prostituierte zum Engel, ein Tapetenmuster zu einer Wüstenlandschaft, einen Krankenhausaufenthalt zu einer ethnologischen Expedition, *modernité* zu *éternité* in Beziehung, doch ist er dabei weniger um die Feststellung, vielmehr um die Herstellung von Ähnlichkeiten zwischen dem Unähnlichen bemüht. Die dichterische Einbildungskraft selbst scheint alle andern intellektuellen Energien zu übertreffen und zu verdrängen; ihre Wirkung besteht, wiederum nach Leiris, vorab darin, daß sie den Autor dazu befähigt, aus dem schlichtesten Alltagsmotiv ein poetisches Juwel zu gewinnen: gerade das, was gemeinhin als *nicht der Rede wert* erachtet wird, sollte folglich Inhalt und Gegenstand der Schrift, der Literatur sein. Jedes Ereignis, auch das trivialste, ist literarisch relevant; Literatur, auch die höchste, müßte, um glaubhaft zu sein, Ereignischarakter haben.

»... dem Wirklichen das Imaginäre abgewinnen, welches mir das Gefühl gäbe, lebend an ein anderes Leben angeschlossen zu sein, an eines, das mehr Fülle hat als das erste – das gewöhnliche Leben; dem Imaginären soviel Wirklichkeit einflößen, daß seine Schwere zumindest dem Gewicht entspricht, welches für manche unter uns der Traum hat?«

In solchem Verständnis ist das Band am Hals Olympias »weder Ariadnefaden noch schmückendes Beiwerk, sondern eine Kordel, an der jederzeit gezogen werden kann, damit sich ein Vorhang öffne und Klarheit sich einstelle...« – Vielleicht ist es das, was Literatur – sie allein? – auch heute noch vermag: am Leitfaden der Sprache hinzuführen zu dem, was noch nicht geworden, aber im Werden ist. Literatur als utopische Permanentszene: *R*êver – *U*nique *B*alise *A*u *N*éant! *Endlosschleife*...

Aus dem Strandkorb nebenan Schlagermusik von Radio Monte Carlo, immer wieder unterbrochen durch eingeblendete Funkwerbung, durch angestrengte Witzeleien des Sprechers; dann – fast übergangslos – folgen Nachrichten:

Stichwort Libanon; Westbeirut weiterhin von der Umwelt abgeschnitten; Wasserzufuhr gesperrt und – ja, eben erst erfährt man es – die israelische Armee soll ein Massaker an palästinensischen Zivilisten durch rechtsgerichtete Milizen nicht verhindert, nein – ermöglicht haben; und – und – und –

Und aus dem Strandkorb nebenan schreit einer (während nun erneut Musik einsetzt):

»– jetzt aber weg mit dem Judenstaat; abgeschafft; damit aus diesen Israeli endlich wieder Juden werden; und überhaupt, was ist das schon – ein Judenstaat, das ist doch undenkbar, genauso wie ein Dichterstaat, ein Staat von Freien oder von Frauen, das wäre ja gelacht –«

Und so geht das Geschimpfe weiter: ein Kleinstaat als Großmacht, das sei doch ganz und gar unnatürlich, das sei doch obszön; die Israeli müßten wieder lernen (und uns – »gerade uns Deutschen!« – zeigen), was es heißt, geistige Heimat zu erwerben, ohne eine Nation zu sein; was es heißt, Heimat zu schaffen, statt bloß sie zu haben . . .

»– hier reden wir von der wirklich notwendigen ›Nationalität‹. Diese Nationalität ist das menschliche Leben: wir haben ihr, dem in ihrer Entwicklung zu Erreichenden, a priori einen *Wert* gegeben und ich finde es richtig so. Mir ist nicht verborgen, daß hier die (reine) Philosophie aufhört (denn es ist nicht zu beweisen, wird nie zu beweisen sein, daß Nichtsein nicht ebenso gut wie Sein – und somit das Böse wie das Gute – angenommen werden kann), und ich finde es richtig so.« *Und so – bis zum nächsten antijüdischen Terroranschlag – auch ich.*

Merkwürdig – im doppelten Sinn von seltsam und bemerkenswert – ist übrigens, daß in Hohls »*Notizen*« an keiner Stelle – auch nicht dort, wo von der unvoreiligen Versöhnung gehandelt wird – die Judenfrage zur Diskussion steht; obwohl dieser Autor sehr viel Jüdisches (von Spinoza in sich aufgenommen!?) hat. Jedenfalls ist Hohl der »jüdischste« unter den Schweizer Literaten dieses Jahrhunderts. Keiner hat dem »Abdrehen ins Außen« soviel Kraftzuwachs abgewonnen wie er; er widerlegt (und bestätigt zugleich durch sein Werk) das Wort, wonach das »Leben« jener Ort sei, an dem man nicht mehr leben, nur noch überleben könne: das Ghetto.

(... da werden
noch mehr schwarz und weißer
wenn zuletzt
zögernd nach dem Vorentscheid
die Rechte überm Brett
kreist
einhält
weiterkreist:) SCHACHVERBOT

Deren Kommandos nämlich sind
scharf sind
wie Schüsse nein
kein Schach mehr jetzt
ist es offiziell
verboten nach viertausend Jahren
das Spiel ist aus
in – (»Tee?« – »He? ran!..«)

(Und während die Abbruchstellungen geräumt
am Rundfunk Marschmusik
übertönt die dumpfen Salven
fragen Vorsichtigere nach dem Unglück
das Zittern
ein knappes Atemholen
vor den Nachrichten am Abend
keine Frage
das mit dem Landesmeister
gleich erschossen
und aus seiner Faust der weiße König
rollte
rasch zertreten
von einem Hüter der islamischen
der Revolution:)

Da werden noch mehr weiß und immer
schwärzer das Vergessen
bis zuletzt . . .

Falls der Traum nicht trügt, war Hitlers rechte Hand weit kleiner als die linke, irgendwie verkümmert und doch, obwohl sie zur Faust nicht taugte, hart und stark genug; sie war so etwas wie 'ne Maulwurfskralle, ursprünglich schwarz lackiert, doch ist die Farbe bald schon abgeblättert vom Metall und nicht wieder erneuert worden; die rötliche Kruste zwischen den Zinken scheint nicht einmal den engsten Vertrauten aufgefallen zu sein. Erst als die Braun vor den Mikrophonen des Reichsfunks um jene Hand anhielt, schoß das Blut zischend in die Fingerspitzen und begann unter den Nägeln hörbar zu pulsen; fortan signierte Hitler die Anschluß- und Transportbefehle mit dem Mund. Mehr nicht.

Es sei
(heißt es auf dem Schild)
VERBOTEN
diese Unschlittblöcke
zu berühren oder anzufassen oder
sich darauf zu setzen oder
sich laut darüber zu unterhalten oder gar
(sagt leise der Museumswärter)
mit einem Schreibgerät darauf zu zeigen.

Diese Unschlittblöcke
(erklärt der Museumswärter)
nämlich sind aus rein
jüdischem
Knochenmehl gepreßt und darum
werden die hier auch
gute zwanzig Tonnen schwer
hier ausgestellt
damit man sie sehen kann
damit ihr niemals
nicht vergeßt.

Noch Lenin, Agnostiker und Mann der Tat, glaubte
Geschichte zu machen, indem er Fakten schuf – das
fait accompli hielt er für die einzige, die schlechterdings unumstößliche Wahrheit; er hat sich geirrt.
Geschichtliche (auch zeitgeschichtliche) Fakten
sind inzwischen in einer Weise und in einem Ausmaß manipulierbar geworden, daß sie durchaus –
die Beispiele liegen auf der Hand – in ihr Gegenteil
verkehrt werden können. Das eigentlich Schreckliche ist nicht mehr der reale Schrecken des Kriegs
und des Terrors (denn dieser bleibt ohnehin – schon
rein statistisch – unfaßbar), sondern die Tatsache,
daß das faktisch Geschehene durch systematische
Desinformation, die ihrerseits einem verbreiteten
Bedürfnis nach moralischer Selbstimmunisierung
entgegenkommt, seinen Wirklichkeitsstatus einbüßt
und schließlich zur Fiktion wird. »Das Schrecklichste«, so hatte bereits Orwell in seinem antiutopischen Gesellschaftsentwurf für »*1984*« festgestellt,
werde sein, »daß einfach alles wahr *und* falsch sein
könnte.«

Dieses Phänomen der Ausblendung historischer Faktizität analysiert Stanisław Lem in einem scharfsinnigen (als Rezension getarnten) ideologiekritischen Essay am Beispiel des millionenfachen Judenmords durch die Nationalsozialisten.* Für Lem ist der
Holocaust nicht bloß ein besonders düsteres, in seinen Konsequenzen noch weitgehend unbewältigtes Kapitel aus der Geschichte des Antisemitismus, sondern auch – und vor allem – ein
metaphysisches Problem, eine nach wie vor bedrängende Herausforderung des philosophischen und theologischen Denkens:
Welches waren die Gründe dafür, daß der Völkermord an der
europäischen Judenschaft einerseits mit großem materiellem
Aufwand betrieben und fast vollständig *verwirklicht* wurde, daß er

---

* Stanisław Lem, »*Provokation*«. Besprechung eines ungelesenen Buches (Frankfurt a. M. 1981).

aber anderseits – gemäß offizieller Darstellung – doch *nicht wahr* sein durfte?

Es ist dokumentarisch belegt, daß – und wie – der Nationalsozialismus sich beim Genozid an ein von Westen nach Osten (zwischen dem »Pol der Geheimhaltung« und dem »Pol der Öffentlichkeit«) verlaufendes Gradationsmuster gehalten hat, welches die gesamte moralische Bandbreite »vom verschämten bis zum schamlosen Mord« umfaßte: »Den unterjochten Völkern, die wie die slawischen dezimiert werden sollten, wurde ein Teil der Exekutionen öffentlich angekündigt, den total zu liquidierenden Gruppen hingegen, wie den Juden und den Zigeunern, wurden die Hinrichtungen nicht in analoger Weise zur Kenntnis gebracht. Je totaler ein Mord, um so mehr wurde er mit Geheimhaltung umgeben.« Die nationalsozialistische Propaganda hat jedenfalls bis zuletzt ihre euphemistische Sprachregelung beibehalten und die Deportationen als »Umsiedelung«, die Massenerschießungen, -vergasungen und -verbrennungen als »Endlösung« bezeichnet. Horst Aspernicus, der von Lem vorgeschobene fiktive Autor der Holocaust-Theorie, ist der Auffassung, »daß in dieser Doppelzüngigkeit der Versuch zum Ausdruck kommt, dasjenige miteinander zu vereinbaren, was unvereinbar ist. Die Deutschen sollten edle Arier sein, die ersten unter den Europäern, heldenhafte Sieger, und gleichzeitig Mörder von Wehrlosen. Das eine verkündeten sie, das andere aber taten sie . . .« Und er fährt, seine Argumentation polemisch zuspitzend, fort: »Gerade diese Verlogenheit zeigt nach dem Urteil des Autors – allen Aspirationen des Nazi-Regimes zum Trotz – die Zugehörigkeit der Deutschen zur christlichen Kultur: Sie waren von dieser Kultur derart stark geprägt, daß es ihnen trotz aller Anstrengungen nicht gelang, sich in jeder Hinsicht außerhalb des Evangeliums zu stellen. Selbst wenn man in diesem Kulturkreis alles tun kann, bemerkt unser Autor, so heißt dies noch nicht, daß man auch alles sagen kann.« (Diese polemische Argumentationslinie zieht Lem in der Folge weiter aus – bis hin zur kühnen Vermutung, daß es sich beim Völkermord an den Juden letztlich um ein Attentat auf Gott gehandelt habe, gewissermaßen also um den

Versuch, den »jüdischen Gottesmord« durch den kollektiven Mord am »auserwählten Volk« abzugelten und zu übertrumpfen.)

Der Holocaust gehörte wesentlich zur Alltagsrealität im Dritten Reich, und doch wollte zuletzt niemand davon gewußt haben oder gar daran mitschuldig gewesen sein – ein Faktum, welches bis in die jüngste Zeit durch zahlreiche NS-Prozesse bezeugt ist und das neuerdings eine zusätzliche Dimension dadurch erhalten hat, daß die Existenz von Konzentrationslagern und Gaskammern im nationalsozialistischen Deutschland durch Autoren unterschiedlichster politischer Herkunft immer häufiger in Abrede gestellt oder zumindest bagatellisiert wird. – Tatsächlich findet sich in den Programm- und Propagandaschriften der NS-Ideologen kein Hinweis und schon gar kein artikulierter Anspruch auf Konzentrationslager und Gaskammern zur »Industrialisierung des Todes« im Sinn der »Endlösung«: »Grundsätzlich konnte man auch ohne Verbrechen auskommen – so behaupten jene, die heute die Deutschen und die übrige Welt mit Büchern beruhigen und deren Interpretation so aussieht: Hitler wußte nicht, bemerkte nicht, wollte nicht, hatte keine Zeit sich zu beschäftigen, übersah, wurde mißverstanden, vergaß, unterließ; in seinem Kopf geschah alles mögliche, was aber auch immer dort herumgeisterte, Mord war es mit Sicherheit niemals.«

So fällt das Unerklärliche ein weiteres Mal der Verklärung anheim, und es besteht die Gefahr, daß der Slogan »*Niemals vergessen*« zum ideologischen Transparent wird und die zu leistende Trauerarbeit überblendet und verdrängt; dann freilich wäre es nur noch ein Schritt bis zur Legitimierung der »Endlösung« als *Erlösung* – als Selbsterlösung von jenem Bösen, das sich den Kriterien von Schuld und Sühne weiterhin entzieht, da es die adäquate Ethik dazu bisher nicht gibt: eine paradoxale Lehre vom Guten, welche dem Mörder den Status des Richters, dem Opfer jenen des Schuldigen zuzuerkennen vermöchte. »Der Tod«, schreibt Lem alias Aspernicus, »sollte also nicht im Namen seiner Wiedereingliederung in die Kultur verabreicht werden, sondern im Namen des Guten, des Lebens und der Rettung; und eben dieses Konzept erhob der Nationalsozialismus in den Rang einer Staatsdoktrin.«

> (Es entspricht dies, so könnte man beifügen, auch dem Konzept des heutigen Terrorismus, der die allgemeine Angst vor dem Tod in der Euphorie des Tötens aufzuheben versucht und den Mord als »gute« Tat legitimiert, indem er – zumeist mit effizienter Unterstützung durch die Massenmedien – die »Schuld« seiner Opfer und damit die eigene »Unschuld« nachweist. Mord wird als Vollzug der Gerechtigkeit spektakulär in Szene gesetzt, während gleichzeitig die Mörder selbst, als Liquidatoren des Bösen, die Autorität von sogenannten »Volksgerichtshöfen« für sich beanspruchen – ein Paradigma kriminellen Machtmißbrauchs, wie es auch für den Nationalsozialismus und die stalinistische Diktatur Geltung hatte, mit dem gewichtigen Unterschied allerdings, daß die RAF- und RB-Terroristen das, was die totalitären Unrechtsstaaten nur unter höchster Geheimhaltung, im Vernichtungsghetto der KZs und des Gulag, zu tun wagten, in aller Offenheit mit pathetischer Geste »vollstrecken«: »Mord in der Maske der Pflicht, der Entsagung und des gerechten Zorns...«)

Lems Fazit lautet denn auch: »Der Tod, der anderen mit kaltblütiger Entschlossenheit pflichtgemäß zugefügt wird, hat in der Kultur dank seiner sekundären Utilisierung wieder einen erhabenen Platz erobert, denn weggestoßen von der Kultur und aus ihr verbannt, ist er zurückgekehrt.«

Überleben: das kann eine Atemwende bedeuten, ein Dazwischen. Wer weiß, vielleicht nimmt das Leben seinen Gang um einer solchen – einmaligen – Wende willen?

Vielleicht gelingt es – gelingt es mir? – gerade hier, das Fremde vom Fremden zu scheiden; vielleicht schrumpft Haupt gerade hier und macht sich selbst zunichte, vielleicht versagen hier die Redner – für diesen einen kurzen Augenblick?

> (»Vielleicht wird hier, mit dem Ich – mit dem *hier* und *solcherart* freigesetzten befremdeten Ich, – vielleicht wird hier noch ein Anderes frei?«)

Das Leben erweitern? – Nein.
Sondern mit dem Leben in die Enge gehn; vergehn, bis du »ich« – *geworden* – bist: »Und setze dich frei.«

> (»Die Kunst, also auch das Medusenhaupt, der Mechanismus, die Automaten, das unheimliche und so schwer zu unterscheidende, letzten Endes vielleicht doch nur *eine* Fremde – die Kunst lebt fort.«)

Bei Celan hat die Kunst für das Leben einzustehn, und nicht – wie bei so manchen minderen Autoren – das Leben für die Kunst; wo die Kunst endet, tritt der Tod ein: das Verstummen wird zum Schweigen.

> (Denn was *bedeutet* schon der Satz: *Ich sterbe*, wenn nicht die Geschwätzigkeit des *Überlebenden*?!)

•

... ist das bißchen »Leben«, das ich auf meiner Seite habe, immer schon vorbei; Vergangenheit.

Auch an den Tod kann ich mich bloß erinnern; weit besser freilich als an alles, was »ich« war.

Von Baudelaire ist – außerhalb der Legende – überliefert, daß ihm der nahende Tod die Sprache (wenn auch nicht die Stimme) verschlagen habe.

»*Crénom! Crénom* . . .«, soll er, sterbend, unentwegt geschrien haben, ohne für sich – für's Ich – etwas anderes als den »heiligen« oder den »verfluchten« Namen zu finden.

Soweit war er sich selbst schon abhanden gekommen, daß er nicht mehr *ich* sagen, sondern nur noch, lallend, über sich hinwegsteigen konnte.

IHR SEID GESPRÄCH. – *Wir* sind,
was es zusammenhält,
das Schweigen, da. – Zerrinnt
euch Klartext, weitet sich das Feld
zum Kainsmal aus
– *wir* halten uns bereit,
halmoben, ohne Fraus
Appell und Manns Geleit
vorschnell zu unterscheiden. – Nein!
Ihr seid Widerrede! – *Wir* sind wider
Stände, wider Schein.
Mit euch verprassen wir die Wanderlieder . . .

(Beinahe hätte ich auch diesen Traum vergessen: hier – bevor er abgeschrieben wird – ist er; unkorrigiert ...)

... gehn wir also gehn wir aus dem Hörsaal durch den deutschen Blätterwald hinüber zum Blockhaus das dem Autor seit kurzem denn seit Feyerabend darf an Universitäten nicht zuletzt gelacht am besten als persönlicher als Wohnsitz dient. Das Haus ist vom zahlreich erschienenen Publikum bereits umstellt. Durchs Blattwerk kann ich im Augenblick gespiegelt auf der Innenseite meiner Brillengläser die Repräsentanten sehn vereinzelt auch die Andern Diener Wahrsagerinnen Treiber Beamte Stromer Mädchen Händler. Und so ein langes schwarzes Seil dessen flauschiges Ende bis auf Kniehöhe über der Außenmauer herabhängt hin- und herab hin- und herab und das von Friederiken erst aus der Nähe betrachtet dann aus der Hocke befühlt betrachtet wie befühlt wird führt durch eine Wüste bis es sich im halb offenstehenden Balkentor zum Goethehaus verliert. (Denn was die Mitte bringt ist offenbar / Das was zu Ende bleibt und eingangs war:) So daß die Leser sich wohl denken wenigstens sich wünschen können – aller Anfang sei in Goethes Faust. Sich denken könnten welche Ströme vom Autor aus- und auf sie übergehn eigentlich doch müßten hätten sollen. Längst. Durch das leitfähige Gemisch gleitfähig aus Kamel- und Pferdehaar das Seil! Trägt wer ein weißes o Olympier ein Band der es berührt die's hat! Zum Zeichen der – direkt, direkt – Verbundenheit eng um den Hals und vorn verschnürt ...

... habe von Goethe viel gelernt bevor mir jetzt Gelegenheit vielleicht sogar zu sehn. Gehört daß er dem Alkohol und *wie* – fast schon erblindet! Daß er äußerlich dem österlichen Diwan zugetan und innerlich bald wieder abgefahren auf die spätere Kultur auf die Europa sei. Mit Lust zu Abend Land und eine Angetraute die in seinem Namen männiglich empfange Boten ...

... empfängt in dem Zimmer das der Autor als privates mehr als Arbeitszimmer. Steht den Dichter versehend der Sekretär der hält die Feder. Tag und Nacht die Feder feucht den Siegellack zur Hand. John Eckermann auf Sprung gleich beim geringsten Wort. An Ort zu sein der Stellvertreter. Und genau zu wissen wie es weiter wo im Text. (Dem Schüler expliziert Mephisto über dessen rechte Schulter: »Ja, die Feder wird ihm schwer. Ich ahme seine Handschrift täuschend nach. Man sieht kaum einen Unterschied. Die meinige ist nur etwas nervöser. Sie interessieren sich für Autographen! Unter uns, Sie könnten das, was ich Ihnen da aufschreibe, sehr teuer verkaufen. Man reißt sich um unsere Manuskripte.«) Da lob ich mir die Lust als Hosenrolle Haupt als Faust und nochmals Lust – ein Gretchen . . .

. . . herrscht hier strengste Einfachheit. Auf einem niedrigen Lacktischchen liegen Goethes Megaphone und Diktiergeräte. Dazwischen halb verdeckt von einem der Trichter die in gelbe Seide eingeschlagene Schachtel mit den winzigen Holzstempeln wie sie vom mongolischen Schriftstellerverband als Gegengabe ausgehändigt werden. Neben dem Tischchen ein niedriger Lehnstuhl. Neben dem Lehnstuhl ein Bronzebecken für die Kohle. Neben dem Becken ein gußeiserner Ofen. An den Wänden Hakenkreuze tibetanische chinesische Embleme. (Die Inschrift aber hat nichts hinter sich/ Sie ist sie selbst und muß dir alles sagen / Was hinterdrein mit redlichem Behagen / Du gerne sagst: Ich sag es! Ich!) Hinter dem Lehnstuhl ein kleiner Altar. Auf dem Altar eine Buddhafigur vor der zwei Talglichter glimmen. Am Boden wie eine dicke gelbliche Fettschicht der Teppich . . .

. . . betreten wir wenn wir eintreten gleich das Nebenzimmer. Denn zum Sinnen zum Diktieren braucht der Autor einen weitern einen Andachtsraum mit dumpferer Akustik. Die Jurte im Blockhaus das Zelt in der Korkzelle nun für den regelwidrigen doch regelmäßigen Aufschwung der Mediokrität hoch bis zur Ununterscheidbarkeit von Rede und Rezitation von Bezugsfigur und Schreiber Berichterstatter E. und Autor G. es sollte da wäre gewesen dieser Wunsch »kein Mensch« in fünf Schriften steht's darf jenes eigentliche sein wattiertes Sprechzimmer betreten es sei denn. Ausgenommen der Selbst der Sekretär. Und sagt uns Schreiber der Dichter daß. Wie sei er »heute früh« und . . .

... habe er sich mittags ins Sprechzimmer statt zu korrespondieren zog er sich ins Ich zurück. Und noch immer hört in diesem Augenblick wieder kann man das Diktat wenn man hinhört. Man kann den Rhythmus nicht die einzelnen Wörter und Sätze nur die Stimmen wie Goethe beim Dichten beim Schreiben Eckermann spricht. Doch nicht was worum es geht ...

... eine andere plötzlich die noch nie gehörte die Stimme mischt wird klar vernehmbar so erklären jedenfalls erklärt es so der Sekretär und Faust zitierend: »... Dieses Werk soll in einem eigens von mir ersonnenen Stil geschrieben sein, einem Stil, der es mir erlaubt, mit wunderbarer Leichtigkeit vom Bizarren zum Gewöhnlichen hinüberzuwechseln und umgekehrt, von der freiesten Phantasie zur äußersten Genauigkeit, von der Prosa zum Vers, von der plattesten Wahrheit zu den ... zu den zerbrechlichsten Idealen ...«

... plötzlich zeigen Zeichen. Von Angst kommt Lust? Vor Zittern er wirft sich preßt das Ohr in den Teppich flach zu Boden bis. Flammt über der angelehnten Tür die Leuchtschrift auf HIS MASTER'S VOICE geht langsam kommt tritt er nun ein ein fetter alter solcher Kardinal ein Mann wie man ihn sich ganz protestantisch denkt. Mit ernstem glattrasiertem einem ganz tieftraurigen Gesicht trägt einen morgenländischen Talar aus gelbem und mit schwarzen Kordeln Seidenstoff für zwei ...

... stehn die Augen des Blinden weit offen. Goethe vor Entsetzen lacht sich in den Lehnstuhl fallen lassend zischt dem am Boden nach wie vor ein Hase starr in Z-Form kauert röchelt er vernehmlich – zischt dem Sekretär nun scharf ins Ohr er solle *schweigen*: »Was man nicht sagen kann, darüber muß man schreiben!« Los ...

(»... aufgewacht vor dem Diktat.« Also war es *wirklich*; ein Traum.)

EISENBAHNREISE. Rasche Fahrt auf unterirdischer Strecke. Komfortabel, mit wechselndem Nachdruck in die gepolsterte Ecke gepreßt, durch hell erleuchtete Tunnels und Galerien. Plötzlicher Halt dann auf weitläufiger Sandbank, wo wir – »wir« sind mehrere, mir unbekannte Personen – von all unsern noch lebenden, ganz schön sonntäglich gekleideten Verwandten erwartet werden.

•

EHER ZUFÄLLIG treffe ich, im Beton mühsam watend, auf Frau Babler, die jetzt die füllige Gestalt ihres Mannes angenommen, an Gewicht aber offenbar nicht zugenommen hat, denn sie eilt mit gerafften Röcken ins Meer hinaus, während ich – eben erst standen wir einander Aug in Aug gegenüber – langsam, den Blick auf ihre schrundigen, im Abendlicht blinkenden Fersen geheftet, versinke und grade noch spüre, wie der Betonbrei über meinen Schultern träg zusammenschlägt und mir den Hals für immer umschließt.

•

IN DER STADT dann plötzlich auf Brodsky gestoßen, worauf der mich umarmen will (»dreimal«, schreit er: *trojekratno*!), jedoch zurückfährt und seinen Schreibarm schwer auf meine linke Schulter fallen läßt. Und schon entfernt er sich in großen Sprüngen, verschwindet um die nächste Ecke in einen andern Traum, den – wie sich auch sofort zeigt – Susan in der Art eines Indianerzelts liebevoll aufgebaut und ausgestattet hat. Jetzt aber läßt Brodsky sein angestrengtes Miauen hören, klagend und geil lädt er uns ein nach New York, Morgue Street, ach ja, kennen wir doch, da waren wir schon, da wollen wir hin, da sind wir nun auch, vor uns ein langer Korridor, der sich, wenngleich auf merkwürdige Weise, schlicht erstreckt, nach hinten sich weitend, immer sich weitend, wie ein großes V, bis die Perspektive aufgehoben ist. So daß wir also gleich schon da sind, immer schon dagewesen. Und am andern Ende – dort, wo wir in Gedanken gerade eben uns aufgehalten haben – die Tür mit der kaum sichtbaren, eilig hingekritzelten Aufschrift ALL WERE TÓT, von Brodsky, der rücklings unter der Zeltbahn hervorkriecht, mit hohem Lob bedacht: TOT WAS HERE, SO HE'S DEAD.

•

JETZT BIN ICH – es muß vor zehn, zwölf Jahren gewesen sein – mit Konrad von Lichtsignal zu Lichtsignal gegangen. Nichts als Querstraßen, nichts wie los. Er hält mich an der Hand, zieht mich, vorsichtig springend, hinter sich her, mit sich fort. Ich fliege. Da, sagt er, das bin ich, und er zeigt, nach einem allzu abrupten Schwenker plötzlich tieftraurig geworden, auf ein Plakat, auf eine lange Reihe von Plakaten in Weltformat, die – so präzisiert er nun – meine Mitte darstellen: ein Herrenslip der Marke Jumbo, von Konrad souverän überm fülligen Geschlechtszeug getragen, auf vielleicht zweimal drei Meter vergrößert und von Plakat zu Plakat sich wiederholend in der nicht ganz perfekten, in der gleichwohl unabsehbaren Perspektive unter den Linden. Ja, wüßte ich den Bayer! Hätte ich ihn doch! Ich wollte schon als Junge Konrad heißen. Aber da steht nun, auf die Betonwand gesprayt: FUCK THE FUTURE, und wir fallen unversehens – Karl! schreit Konrad: Karl! – aus der Geschichte.

•

SODANN DAS MÄDCHEN (und wie oft wir, an sie denkend, ihr begegnen!), das uns heute in der Forchbahn gegenübersaß so frech, daß du eigentlich fast sicher warst, sie sitze *uns entgegen*, unverschämt mit ihren neunzehn, zwanzig Jahren. Und so legt es denn, nunmehr als Frau erkennbar geworden und auch bereits erkannt, die leicht gespreizten Beine quer durchs Abteil auf unsere Sitzbank. Lachend nimmt das Kind uns in die Zange, ja, wir spüren links und rechts an unsern Hüften den sanften Druck seiner Knöchel. Da! es hat uns wieder. Und der Rückfall ist dramatisch. Plötzlich rutscht die Frau in halb liegende Stellung, nur den Kopf hat sie noch, vom Rumpf stark abgewinkelt, angelehnt, das Gesäß läßt sie – und muß deshalb die Beine etwas hochziehen – über den Rand ihrer Sitzbank nach vorn gleiten. Und wirklich, sie beginnt zu rauchen, ja, sie raucht, fast gierig – laut schlürfend und schmatzend – raucht sie im grünen Teil des

Waggons, über dessen Schiebetür, in regelmäßigen Abständen rot aufflackernd, KEIN BRAUCH *geschrieben* steht. So ist es auch kein Wunder (uns jedenfalls, nicht wahr, überrascht es kaum?), daß in ihrer rechten, leicht geröteten Wange nun allmählich diese kleine trichterförmige Vertiefung sich bildet und bald schon ein etwas größeres Loch mit feuchtem schwarzem Wundrand, aus dem sie nun zischend ihren Atem schießen läßt, bis wir, inzwischen völlig eingenebelt, unsre Mutter nicht mehr sehen, sie nur noch vermuten können – und erwachen. Du! Und ich?

Eine Frau, eine vielleicht noch recht junge Frau, die ich nur ganz kurz – zuerst von hinten und gleich darauf, im Rückspiegel, von vorn – sehen kann, wird mir unvergeßlich durch ihren betont selbstsicheren, fast stampfenden, dennoch verhaltenen Gang, mit dem sie die Zierlichkeit, ja Zerbrechlichkeit ihrer Gestalt theatralisch dementiert; durch die Art und Weise, wie sie sich, als tanzte sie, bei jedem Schritt verschleudert und doch – sofort – sich für den nächsten Schritt zusammennimmt; durch den langen schwarzen Mantel, den sie offen trägt und dessen windgeblähte Schöße waagrecht hinter ihren Hüften flattern, als wollte sie – jetzt gleich – abheben von hier: Was denn sonst?

Nicht daß ich ihr nachgelaufen wäre. Es war mir angenehm, die Unbekannte selbstsicher vor mir her gehn zu sehen, als hätte sie dasselbe Ziel wie ich.

Nachdem wir gut zehn Minuten so gegangen waren und aus der Innenstadt in ein ruhigeres Quartier gelangten, hörte ich plötzlich, den Blick noch immer an ihren wippenden Schatten geheftet und nunmehr wie aus einem Traum aufschreckend, ganz nah hinter mir eine männliche Stimme, die laut und überdeutlich in das dumpfe Rauschen des Verkehrs einfiel:

». . . werden Sie aber heute noch sterben!«

Worauf die Frau sofort stehenblieb, sich ruckartig nach mir umwandte und ebenso ruhig wie entschieden sagte:

»Vielleicht. Vielleicht auch nicht . . .«

. . . und ihren Weg, der mein Heimweg war, fortsetzte.

> »Er erkennt sie nicht. Nicht daß es darauf ankäme. Nicht bei diesem Stand der Dinge. Aber es ist Galina, die zurückgekehrt ist in die Städte, doch noch zurückgekehrt aus ihrem Schweigen in das Kettennetz der Wörter . . .« (Thomas Pynchon, *»Gravity's Rainbow«*, S. 1105)

DIE FRAU als sirrendes Neutrum; das Nichtige, Unfruchtbare. – Das Störende; das Ärgernis. – Das Nicht-zu-Ende-Gedachte. Das Wüste; die Abwesenheit jäh im Jetzt. – Hanna, die Schwester und das Meretlein. – Lückenlose Erinnerungen; ohne Zuschlupf von *heute* und *hier*.

(»Vom Sinn zum Un-Sinn, vom Leben zum Tod, vom Fluß zum Meer – breit sind des Neutrums sandige Alleen!«)

Das Zelt zu Haus – ein Ghetto unter andern; unter Menschen. – Verdrehte Räume, paradoxe Zeiten.

Die Schrift der Frau: nur Stimme; *ein* Getuschel, Geflüster, Gezeter, Geschrei. – Nur Spur; Denunziation. – Und doch ist's DIE FRAU, die den Mann macht; sie macht ihn aus.

(»Dem Saftschaft am nächsten ist das Neutrum.«)

DIE FRAU bei Strauß: der außer sich geratene Mann.

... erinnere ich mich noch, wie sie
an einem späten Nachmittag

DAS LEBEN

auf einer zerknitterten handkolorierten Karte
der innern Mongolei
als Reiseroute – rot – eingetragen
hat: »Der kleine Grenzübergang wird nur von wenigen
Touristen benutzt, ohne Paßkontrolle – gleich bist du da,
drüben ...«

Gelegentlich wird zwischen Buch und Haupt kein Unterschied gemacht. Das Buch ist aber ein Objekt der äußern Welt, dem Haupt begegnet – das ihm begegnet – auf seinem Weg hin zum Tod. Ein Objekt freilich, das ihn am Fortkommen hindert und ihm seine Aussicht – die Aussicht aufs Ende – verunklärt, vermiest, indem es sie erweitert und zur Hoffnung werden läßt.

Die Gesamtheit der Bücher ist gleich jenem Buch, das die Welt bedeutet. Sieht Haupt sich einem Buch gegenüber, kann er es mit Händen greifen, kann es erfassen, kann es sich vor Augen halten, sei's als Fernglas, sei's als Lupe: als Brille. Und so, nur so läßt das Buch sich abheben von Haupts Weg; nur so kann er es benutzen, bezwingen: besitzen.

Haupts Lebensweg also ist gesäumt von Büchern, die er benutzt, bezwungen hat. Diese – jene – Bücher sind seine Vergangenheit; sie haben durch seine Lektüre ihre »Lösung« gefunden, sind also keine *Probleme* mehr. Die Bücher, von denen er umgeben (befangen) ist, ohne daß er ihnen jemals begegnet wäre oder sie sogar gelesen hätte, sind seine erinnerte Zukunft. Also sind sie – nicht zuletzt! – seine ungelösten Probleme.

Und hinter all den ungelesenen Büchern (es sind ihrer: beliebig viele) liegt lauernd der Tod; ihr gemeinsamer Horizont.

Doch gibt es auch *Phänomene*, denen Haupt begegnen kann und die ihm ihrerseits begegnen. Phänomene, die unberührbar, unabbildbar, mithin unbegreiflich sind; denn sie stellen sich ihm nicht entgegen wie die Bücher, vielmehr begleiten sie ihn, sie gehn an seiner Seite, sie gehn nicht vor, nicht hinter ihm, sie gehn *mit* ihm *weiter*; fort. Erkennbar sind sie ihm bloß als Schatten, bald länger, bald kürzer werdend, kaum zu unterscheiden von dem Schatten, den er selber wirft; der ihn hält.

Und niemals wird Haupt *dieses* Phänomen – irgendeinen Autor – begreifen können, denn in ihm erkennt er immer nur sich selbst; den Andern.

»A-au! ...«

    (Der Schrei, als Antwort auf den Schmerz oder als dessen unmittelbarer Ausdruck, entspricht – entspringt? – einem plötzlichen Wissen:)

»N-nein! ...«

    Mein Körper hat mich nämlich noch nicht aufgegeben, ihm gehöre ich auch dann, wenn ich ihn – mich in ihm – vergesse.

»Nur wenn mir was wehtut, bin ich wirklich; nah am Leben – da!« schrie sie. Doch der andere winkte ab: »Unmöglich! Mit dem physischen Schmerz zu *dialogisieren*?«

    (... und wie!)

Schwermut:

Es bleibt Haupts eigenste Regung, sich stets vom Leichteren – vom Werk – abzuwenden, dem nächst Schwierigeren zu, dem Leben; vom ICH BIN zum ICH WERDE.

Leichtsinn?

Oder eine Art von Glück? Oder schlicht diese trostreiche Einsicht vom Vorjahr:

»(nämlich das Annehmen der Notwendigkeit, durch künstliche Anordnung Belebung zu schaffen)«

Autogene Schweißung! »Die Glut nährt, macht Welt, ein Stück tote Welt flüssig, und ich – «, behauptet Hohl: » – ich lebe.«

... wird nämlich auch der Umgang mit Hohls Texten im allgemeinen zur Auseinandersetzung mit dem Autor als einer außer- oder überliterarischen Instanz!

Weit häufiger als nach Form und Sinn der »*Notizen*« wird jedenfalls nach deren Bedeutung gefragt, nach dem, was Hohl »uns zu sagen« habe, wobei selbstredend vorausgesetzt wird, daß das Werk – insbesondere deshalb, weil der Autor darin unter der bis zur Unkenntlichkeit *naturgetreuen* Maske (s)eines Ich auftritt – als persönliches Dokument zu verstehen sei, für das Hohl in jedem Punkt behaftbar sein müsse.

Hohls Qualität als Schriftsteller mißt sich fast ausschließlich an Kriterien wie Authentizität, Glaubwürdigkeit, Verbindlichkeit, und sein Text wird nicht als eigendynamisches, nicht als eigengesetzlich funktionierendes literarisches Gebilde wahrgenommen, sondern nach dem abgefragt, *was hinter ihm steht* und was er also vermeintlich verbirgt: Hohls Lebensfakten und Gesinnungsdaten.

Fast hat man den Eindruck, daß literarische Diskurse überhaupt nur noch in Funktion zu einem Autor – die »*Notizen*« nur noch in Funktion zu Hohl – rezipiert werden können. Künstlerische Anonymität ist der Kritik (den »Meyers«) wie auch dem Publikum (den »Schweizers«) unerträglich geworden, da man sich daran gewöhnt hat, beim Lesen »in die Tiefe« zu gehen, das heißt – hier – nach Bedeutungen zu suchen, die *auf Hohl zurückverweisen*; statt daß man im Umgang mit seinen Texten sich auf eine kreative Lektüre einläßt, die – horizontal verlaufend – an der Sprachoberfläche (an der Wort-, nicht der Darstellungsebene) orientiert bleibt und ihrerseits Bedeutungen hervorbringt, die über Hohls Intentionen hinausgehen oder diesen gar zuwiderlaufen.

> (»Den Wert der Dichtung« – Hohl bedient sich hoffnungsvoll der Worte eines bekannten Verfassers, der sich seinerseits der Worte eines unbekannten Verfassers bedient – »den Wert der Dichtung entscheidet nicht der Sinn, sondern die Form, das heißt

> durchaus nichts Äußerliches, sondern jenes tief Erregende in Maß und Klang, wodurch zu allen Zeiten die Ursprünglichen sich von den Nachfahren unterschieden haben. Der Wert einer Dichtung ist auch nicht bestimmt durch einen einzelnen, wenn auch noch so glücklichen Fund in Zeile, Strophe oder größerem Abschnitt. Die *Zusammenstellung*, das Verhältnis der einzelnen Teile zueinander, die notwendige Folge des einen aus dem andern – das ist's, was . . .«)

Denn wozu sollten wir noch lesen, wenn Romane, Dramen, Gedichte *nichts anderes* enthielten (oder eben bedeuteten) als das, was ein Autor über Gott, die Welt und sich selber darin ausgesagt hat? Wenn Lektüre also – auch bei Hohl – immer bloß Nachvollzug, Rekonstruktion von Widerspiegelungen wäre?

Daß der Text nicht ein Produkt des Autors, sondern – umgekehrt – der Autor ein Produkt des Textes ist, hat vor hundert Jahren auf exemplarische Weise der englische Philologe und Philosoph *Edwin A. Abbott* dargetan, indem er in Ich-Form einen »mehrdimensionalen Roman« (»*Flatland*«, 1884) schrieb, dessen Erzähler als Quadrat konzipiert ist und dessen Handlung sich aus einer Vielzahl von geometrischen Operationen ergibt, die dem quadratischen Ich das Überwechseln in die dritte, vierte, fünfte Dimension ermöglichen sollen – ein höchst dramatischer, letztlich tragischer Vorgang, der aber einzig im Text, und nicht im Leben des Autors stattfinden kann.

> (». . . das Ende ließ nicht lange auf sich warten. Mir wurden die Worte abgeschnitten: durch ein lautes Krachen außer mir und ein gleichzeitiges Krachen in mir, das mich mit einer Geschwindigkeit durch den Raum stürzen ließ, die mir das Sprechen unmöglich machte. Hinab! Hinab! Hinab! Ich sank rasch hinunter und wußte, daß es mein Verhängnis war, nach Flächenland zurückkehren zu müssen.

> Einen Augenblick lang sah ich die stumpfe, platte Öde unter mir vor meinem Blick ausgebreitet, die nun wieder mein Universum werden sollte. Dann Dunkelheit. Dann ein letzter, alles besiegelnder Donnerschlag, und als ich wieder zu mir kam, war ich wieder ein gewöhnliches dahinkriechendes Quadrat, daheim in meinem Arbeitszimmer, und hörte den Friedensruf meiner sich nähernden Frau ...«)

Abbotts Verfahren macht deutlich, daß es sich bei dem, der schreibt, nicht einfach um ein reales, eindeutig als Autor bestimmbares Individuum handelt, sondern um eine komplexe Instanz, die gleichzeitig mehreren Ichs unter verschiedenen Subjekt-Perspektiven Raum und Stimme geben kann. Denn es wäre gleichermaßen verfehlt, wollte man den Autor beim wirklichen Schriftsteller (Abbott) oder aber beim fiktionalen Sprecher (dem Quadrat) suchen, und ebenso verfehlt wäre es, Hohl mit seiner literarischen Hohlform (dem Ich, das den Autor der »Notizen« *darstellt* und *bedeutet*, nicht aber real vergegenwärtigt) zu identifizieren. Jene Hohlform nämlich ergibt sich, wie Michel Foucault in einem Vortrag einst angemerkt hat, stets als Folge eines Bruchs, einer Trennung, einer Distanznahme. Die Funktion »Hohl« ist also wohl nur *eine* der möglichen Spezifizierungen der Funktion »Notizen«. So daß beim Lesen nicht mehr nach der Person Hohls und nicht mehr nach dessen Erfahrungen oder Überzeugungen zu fragen wäre, sondern nach den Existenzbedingungen des Textes selbst: »Von woher kommt er? Wie kann er sich verbreiten, wer kann ihn sich aneignen? Wie sind die Stellen für mögliche Stoffe verteilt?«

(Doch seien Sie unbesorgt: Hohl wird Ihnen das Leben wieder geben. Er weiß, was das Leben mit dem Werk zu schaffen hat. Er liebt das Leben, ja er liebt nichts als das Leben. Aber er mag es nicht, daß man – zum Beispiel – in gemalte Portraits Goldzähne und auf die ehernen Bänke eines Parks gemeißelte Putten montiert, als wären es *echte* Leichen oder *künftige* Passanten. Hohl meint, Sie sollten sich abgewöhnen zu verlangen oder auch nur zu erwarten, daß man mit roter Tinte schreibt, um glauben zu machen, man schreibe mit seinem – des Autors – Herzblut . . .)

. . . WINDIG PASSIERT MIT GEWIRKTER

Spitze im Ursinn des Zeigers! Geschichte walkt
die sanfte Spur in Wüstensand.
                              Was birgt er,
der inmitten wippt, präzise Schatten wirft, den Asphalt
ritzt? Ist er wohl – federnd – Pfeils genug,
um Gnom zu sein und jene
Aporie zu widerlegen? Rückt Zeit denn bug-
wärts oder – . . . fließt? Sind schöne
Zeiten mehr Zeit oder minder? . . .
Leidlich steigt der Plan, Produktion fällt sacht
und sicher und Gelichter springt von einem schwarzen Winter-
tag auf blühende Tapeten über, macht
zunichte, was die Kälte tat, belebt,
was Uhr – wie der Geschichte! – widerstrebt.

Sand im Getriebe – der Zeit! Das stört, heute, keinen mehr. Der Imperativ hat sich verbraucht, ist vergessen.

Sand im Haar, Sand unter der Vorhaut oder – nach dem leichten Sommerregen – Sand auf der eben erst geräderten Karosserie; *dies* ist das Ärgernis.

(Und daß das Bild ausgedient hat?)

.

».. . heute beim Onanieren das erste graue Haar entdeckt...«
».. . so altern wir.«
»Wie? Wir!«
»Aber...«
».. . nicht doch!«
»Ja...«
».. . und?«
»So'n Sauwetter!«
»Ach...«
»Na schön. Bezahlen!«

(mitgehört; vom Nebentisch)

.

(aus Frischs Notizen zu einem »*Handbuch für Mitglieder*«:)

»Niemand will wissen, was ihm im Alter bevorsteht. Wir sehen es zwar aus nächster Nähe täglich, aber um uns selbst zu schonen, machen wir aus dem Altern ein Tabu: der Gezeichnete selber soll verschweigen, wie widerlich das Alter ist. Dieses Tabu, nur scheinbar im Interesse der Alternden, verhindert sein Eingeständnis vor sich selbst und verzögert den Freitod so lange, bis die Kraft auch dazu fehlt.«

Altern; der gewaltsam natürlichen Verringerung der Welt beiwohnen.

Die Menschheit wächst. Der Mensch wird rar; er stirbt weg, weil es für ihn keine Vorfahren mehr gibt – auch nicht unter den Tieren.

Das Alter; Bordell der verpaßten Gelegenheiten.

Die Erde nimmt ab; doch leichter wird sie nicht deswegen. Während sie, von den Polen her, *zusehends* verflacht, wird ihr der Abfall, mit dem sie sich selber vermint, zur zweiten Natur.

Altern; bis zum bitteren Beginn.

Ende gut. Alles.

»Der, der schreit, nimmt ab mit seinem Schrei...«

•

Schreit, wer schreit, nicht um sich selbst zu hören? Um für einmal außer sich zu sein? Im reinen! Bis – gleich danach – erneut das Bewußtsein des Schmerzes über den Schmerz hereinbricht, um ihn mit stummem Pathos zu verneinen.

•

Vergleiche die schreienden Päpste – genauer: die Schreie der Päpste – bei Bacon!

Als Riß durchmißt der Schrei das Bild. Fast scheint er es aufzubrechen; und erscheint.

> »Das geistige Sehen geht von den sinnlichen Wahrnehmungen aus, ist deren Kombination, verfährt durch Analogien, ist der sinnlichen Wahrnehmungen *Erweiterung*. Und zwar sind seiner Erweiterung keine Grenzen gesetzt. ›Wenn Phantasie sich . . . zum Ewigen erweitert.‹ Was ist Phantasie? Das Wort bezeichnet nur einen *Grad* des geistigen Sehens. Darum ist zwischen geistigem Sehen und sinnlichem Wahrnehmen die Grenze nie genau zu bestimmen. Im letztgenannten ist schon geistiges Sehen.« *(Ludwig Hohl)*

Was uns die Kunst (als *bildende* Kunst) »zu sagen« hat, bleibt beschränkt auf das, was sie über sich selbst und ihr Verhältnis zur Wirklichkeit aussagt, der sie intim angehört und die sie demzufolge nur vorstellen, nicht darstellen kann. – Und nur dort, wo sich das Gebilde als »Bild« dem Blick des Betrachters aussetzt und erschließt (nicht aber dort, wo figürliche oder gegenständliche Realitätsbezüge das Bild als »Darstellung« auf die von ihm dargestellte Wirklichkeit festlegen), wird ein intelligentes Sehen möglich, in dem sich Empfinden und Denken versöhnen und welches nicht allein das Auge, sondern den ganzen Menschen – den Menschen als ein Ganzes – aktiviert: den Augenmenschen. – Indem die Kunst (als *konstruktive* Kunst) darauf verzichtet, irgendetwas außerhalb ihrer selbst Liegendes abzubilden, einzubilden oder auch nur zu enthüllen, macht sie sich zur Offenbarung dessen, was sie – mit Bezug auf die Welt, in der wir leben – nicht mehr zu leisten vermag: *sie repräsentiert nicht mehr, sie ist; sie bedeutet nicht mehr, sie präsentiert.*

Nein, die Bilder *bedeuten* nicht mehr; sie bedeuten – wie Blanchot im Hinblick auf die Literatur der »Moderne« einmal angemerkt hat – *nicht mehr den Schatten, auch nicht die Erde; sie repräsentieren nicht mehr jene Abwesenheit des Schattens der Erde, die der Sinn, die Klarheit des Schattens und die Transparenz der Erde ist. Ihre Antwort ist Undurchsichtigkeit . . . Die Verwandlung hat stattgefunden.*

Ja, um das Bild sichtbar werden zu lassen, muß es undurchsichtig gemacht werden; denn das »durchsichtige« Bild (das altgewohnte »realistische« Malwerk, welches »Durchblicke« in die Wirklichkeit gewährt) kann nur wahrgenommen werden als das, was es darstellt, während Undurchsichtigkeit dem Bild dazu verhilft, als das was es *ist* (und nicht mehr nur als das, was es *bedeutet*) wahrgenommen zu werden: als abstrakt-konkretes Kunst-Ding.

Doch der Vorsatz des Kunstwerks, ein Ding sein zu wollen; seine stumme Weigerung, bedeutungsträchtig zu werden, Zeichen oder auch bloß Signale zu setzen für etwas, das außerhalb – jenseits – seiner Erscheinungs-*Form* zu suchen wäre; der Treffer, vielleicht gar das Schicksal, zu dem es wird, indem es niemandes – weder des Künstlers, noch des Betrachters – Bild sein will, sondern lediglich *Licht eines »ich«-losen Bewußtseins, sinnleeres Begehren, in sich zu gehen, sich selbst zu bergen, um sich zu verbergen vor – oder hinter – der Tatsache, daß es in Erscheinung tritt*: all dies tut sich in ihm kund und ist ihm, wenn wir nur genug Augenmerk haben dafür, zu entnehmen.

Solche *Kunst* aber – das hat schon Mondriaan festgehalten – »trägt in sich das *Ende* der Kunst«, will sagen: das Ende der darstellenden, nachahmenden, literarischen, kurz – der kulinarischen Kunst, an der sich die Menschheit während Jahrhunderten schadlos hielt, indem sie sie nach Inhalten aller Art abfragte, ohne sich um das Verständnis jener spezifischen Formen-Sprache zu bemühen, welche allein durch aktives Sehen (und das heißt: durch das Sichtbar-Machen des Un-Sichtbaren) erschlossen werden kann. Es würden – dessen war sich Mondriaan bewußt – »noch viele Jahre vergehen, bis die Menschheit die gegenstandslos-konstruktive Kunst (die er Neoplastizismus nannte) in ihrer ganzen Tragweite akzeptiert haben würde«.

Indessen setzt die gegenstandslose Bildgestaltung nicht nur jeglicher Art von Wirklichkeitsdarstellung in Malerei und Plastik ein ebenso logisches wie definitives Ende; vielmehr eröffnet sie, auf der andern Seite, eine neue und erneuernde Etappe der europäischen Kunstentwicklung insgesamt, die in der Folge einen derart radikalen Wandel räumlicher Vorstellungskraft und räumlicher Darstellungsweisen mit sich bringen wird: ein neues räumliches *Bewußtsein*, wie es – befreit von jeglichem literarischen und psychologischen Ballast – in den kosmischen, um eine vierte, ja eine fünfte Dimension erweiterten Welt-Bildern eines Malewitsch zum *Ausdruck* kommt, aber auch zum Ausdruck *wird*.

Die Kunst, so könnte man sagen, hat sich damit über den *Sinn* der Bilder hinweggesetzt; und was sie im Bildraum *unterhalb* aller Sinngebung – nämlich auf seiner *Oberfläche* – vorfand, war und ist der Ding gewordene Sinn ihrer selbst, *eine leere Macht, mit der nichts mehr anzufangen ist, die schiere Ohnmacht, den Geist aufzugeben*, mithin die eigentliche Bestimmung unbestimmter und sinnlos gewordener Existenz. Durch die Verdichtung und Verdinglichung ihres Sinns sind die Bilder zu opaken Tafeln – Ikonen – erstarrt und versteinert; sie haben gleichsam die Sprache verloren und sind, im Verstummen, reine Erscheinung geworden.

Jedenfalls – so lautet der Entschluß des Malers – *beeile ich mich und gehe heim und fange dann mit Malen an, wenn ich nichts mehr zu sagen, nichts auszuspeien und nichts von der Welt zu rekonstruieren habe. Der Mensch ändert sich* . . .

. . . und mit ihm die *Kunst*; die Kunst des *Sehens*.

»Die Welt«, so heißt es weiter im Text jenes Malers, den der Übersetzer dem Deutschen bis auf eine Sehmeile angenähert hat, »war nicht mehr dieselbe, sie war nicht mehr als selbstverständlich gegeben anzusehen. Die Welt würde«, meinte er, »verlernt und neu gelernt werden müssen, alles in einer anfallsartigen Zuckung.« Denn offenbar stand ihm die Welt – oder *wer* auch immer sie sein mochte – im Weg, und als sie schließlich unterzugehen drohte und tatsächlich sich zu verrücken begann, sagte er: »Nein, bleib da.« Die Horizontlinie war rot, mit einigen grauen Wischern. In der Ferne war es – wird es? – schon Nacht: »Jetzt sitze ich also vor einer Landschaft, nicht weil sie mich besonders rührt – ich will nicht sagen, sie sei meine Rührung nicht wert; ich bin ganz einfach über Rührung in diesem Sinn hinaus – sondern weil sie mir meinen Standort zeigt«, schrie er. »Ich finde«, setzte er dann, unbekümmert, fest hinzu, »nur noch die Zeitspannen bemerkenswert, in welchen ich nicht von Einzelheiten gequält werde. Ich weiß«, und er wiederholte: »Ich weiß, gerade eben bin ich mit Einzelheiten hausieren gegangen. Aber der Mensch«, flüsterte er nun und schrieb, was er sagen wollte, aber nicht auszusprechen wagte, mit der Fußspitze ins feuchte, fast schwarze Erdreich: »DER MENSCH ÄNDERT SICH.«

Wer dies *sehen* will, muß ganz Auge sein (können); ganz Körper, ganz Kind.
Und wer ganz Auge zu werden vermag, kann anders, kann anderes schon gar nicht mehr wahrnehmen. Da er sieht, wie er wird, kann er jederzeit auch wissen, *wer er ist*, vergessend, *was er war*.

Wenn einer – »ich bin nun mal eben angefressen von der Kunst!« – erklärt, er brauche die Bilder – »wie andere Leute ihre Brillen!« – zum Sehen . . .

. . . will er damit sagen, daß ihm die Bilder zu besserem (zu einem andern als dem gewohnten) Sehen verhelfen oder daß sie ihn – »nicht durch Entwicklung, sondern durch Verschiebung!« – vom Schlag der Blindheit heilen?

Beides wäre eine Korrektur an den Phänomenen und würde deshalb seine Einsicht vermindern; vielleicht verhindern.

Denn die Bilder stehen keineswegs vor, sie stehen hinter der Wirklichkeit, die sie nur eben nicht zur Darstellung, sondern zur Anschauung bringen. So wie das Bild auf der Staffelei genau der Wirklichkeit entspricht, die es zu verdecken scheint.

Einzig der Augen-Mensch, der sich der Wirklichkeit als Brille zu bedienen weiß, wird auch zur Wahrnehmung der Bilder fähig sein.

»Du sollst dir kein Bild . . .«
»Mir? Ich tu's doch für dich!«
»Wer sich ein Bild macht . . .«
». . . verändert die Welt!«

Was »der Mensch« als frühestes Zeugnis seiner bildnerischen
Kultur hinterlassen hat
(mehr als tausend Wandmalereien aus dem Steinzeitalter)
machen nun *die Menschen*
(falls nicht Abhilfe geschaffen wird)
durch ihre Ausdünstung zunichte. Und so . . .

. . . mußten unlängst
(wen erstaunt's?)
die Höhlen von Lascaux für das Publikum geschlossen werden
(weil der massive Zustrom von Besuchern
nicht nur das Höhlenklima ungünstig verändert
sondern auch zur Entstehung einer weitreichenden
Bakterienverseuchung
beigetragen hat)
so daß also kurzfristig zerstört zu werden droht
was über 15 000 Jahre
(fern von geilen Blicken und schwitzenden Leibern)
heil geblieben ist: für wen
denn sonst?

ES VERHÄLT SICH WOHL SO, daß
das Ganze erst richtig ins Tollen
geriet, als die Photographie aufkam (der Spaß
am unfruchtbaren Augenblick), die rollen-
de Dunkelkammer, dann der Stummfilm, der Volksempfänger
und die Fernsehwand
(als sekundäres modellierendes System
zur Erzeugung von Wirklichkeit in Form von Stand-
bildern) – und als die Dinge außerdem
den Zug ins Massenhafte kriegten:
Da wurde nämlich alles viel einfacher,
und so kann man denn (als wären nicht wir die Besiegten . . .)
ruhig beginnen, indem man sie beginnen läßt – die Macher!

Daß die Menschen, allesamt, bloß als Männchen zur Möblierung der machtvollen Architektur gedacht waren, zeigt sich jetzt, da das Gemälde merklich verblaßt und fast schon durchsichtig geworden ist, etwa darin, wie die Stufen der monumentalen Treppe die nur noch in Umrissen erkennbaren Körperformen waagrecht durchstoßen. Und wie das stört! In der Kunst ist der Mensch des Guten zuviel; er *ist* das Zuviel, schlechthin.

CAFÉ DES ZWANZIGSTEN JAHRHUNDERTS. Im runden, leicht gewölbten Eckspiegel, der das Lokal in *einem* Bild zusammenfaßt, sehe ich, wie hinter meinem Rücken zwei ältere, ziemlich aufwendig gekleidete Damen gemeinsam in einer »Illustrierten« oder »Bunten« blättern; wie sie mit dem kleinen Finger über die Seiten fahren, bald den Zeilen eines Texts entlang, bald die Konturen eines Gesichts, einer Landschaft ertastend. Ich höre, wie sie einander, immer heftiger und lauter werdend, aus dem Fortsetzungsroman, aus dem Horoskop, aus der Gerichtsreportage vorlesen; wie sie die Abbildungen kommentieren. – »Nein, aber nicht doch! Die Frau ist schuld! Ganz klar! Schau sie dir an! Der Mann da – sieht er nicht überhaupt deinem Karl ähnlich? – der kann es unmöglich gewesen sein!« – »Wie denn? Ist für mich ein klarer Fall, ganz klar. Der hat es getan! Und du sagst – das geht nun wirklich etwas weit, wenn du sagst, daß der dem Karl...« – »Na, komm...« – »Nein, wirklich, dabei ist das wirklich der Mörder, er, nicht sie, die hatte doch Kinder!« – »Was? Wo? Das ist sie doch gar nicht! Nicht die! Die daneben ist's gewesen, du – die da!« – »Ach...« – Und so fort, bis nur noch ein keifendes Hin und Her von »gelogen!«, »untersteh dich!« und »jetzt aber reicht's!« zu hören ist.

•

(Kurz vor Weihnachten. Tonhalle Zürich. Klavierabend mit Buchbinder.)

Unruhiges Publikum; oft wird gehustet, man schneuzt sich, mein Nachbar lutscht schmatzend ein Bonbon, ein zweites und noch eins.

Schon nach dem ersten Bis bricht man auf, drängt zu den Garderoben; man hastet zum Ausgang, nach Haus.

Draußen vor der Tür – es hat nochmals geschneit inzwischen – sitzen, mit dem Rücken an die Wand gelehnt, die gespreizten Beine ausgestreckt, zwei vielleicht fünfzehnjährige Mädchen in Jeans und schwarzen Kunststoffjacken, von denen das eine unablässig – laut vernehmlich – furzt und das andere in aggressivem Singsang, sich ständig wiederholend und dabei sich steigernd, einfällt:

». . . *Gaskrieggaskrieggaskrieggaskrieg* . . .«

.

Vor meinem Fenster, mitten in der Nacht, plötzlicher Motorenlärm, mehrstimmiges Lachen, unartikuliertes Geschrei.

Es regnet leicht.

Unter der Straßenlampe, gegenüber, erkenne ich zwei Jungen, die mit angezogenen Beinen auf ihren Mopeds hocken; außerdem ein Mädchen, das zwischen ihnen auf dem Bauch am Boden liegt.

Ich kann hören, wie der eine – wohl der ältere – der beiden Jungen mit noch merklich gebrochener Stimme zu dem Mädchen, das sich nun auf den Rücken dreht, hinunterbrüllt:

». . . also was? Willst du? Willst du, daß ich dir eine schenke? . . .«

Und sie brüllt zurück:

»Du, mach schon! Worauf wartest du? Komm!«

Worauf er langsam – sein Begleiter schreit: »Du, gib's ihr! Los!« – eine Handvoll Zigaretten aus der Brusttasche zieht, sich eine davon zwischen die Zähne steckt und vom Mädchen Feuer verlangt.

Er reicht ihr die Streichhölzer, sie springt auf, hält ihm die Flamme vors Gesicht und versucht gleichzeitig, ihm eine Zigarette zu entwenden; in diesem Augenblick gibt er ihr einen Stoß vor die Brust, sie fällt hin und beginnt mit den Fäusten auf den Asphalt einzuschlagen.

Die Jungen lachen, können sich kaum halten, kicken die Motoren wieder an.

»Willst du?« schreit der Ältere: »Nicht wahr, du willst!«

»Scheißkerl!« schreit das Mädchen.

»Selber Scheiß!« schreit der Jüngere.

»Komm, du!« schreit der Ältere und wirft eine Zigarette über die Schulter nach hinten auf den naßen Gehsteig: »Da!«

Sofort erhebt sich das Mädchen, macht einen Schritt, doch dann hält sie ein, schreit wieder:

»Du Scheißkerl!«

»Selber Scheiß!« schreit der Jüngere, und der Ältere stößt ihr die Faust, mit der er noch immer seine Zigaretten umklammert, ins Gesicht.

Das Mädchen taumelt, fällt aber nicht hin; und während die Jungen mit ihren Mopeds fluchtartig verreisen, sammelt sie *in aller Ruhe* die am Boden verstreuten Zigaretten auf, reibt eine davon an ihrem Ärmel trocken, steckt sie an und geht langsam, ohne sich umzusehen, ihres Wegs.

DIE KAM
besonders nah zum innern
Rand. Sie stellte
Ähnlichkeit her zwischen sich
und mir, statt *bloß*
zu sein, glich
ich ihr plötzlich restlos übertrieben.
»Sie« blieb als
Fürwort unversöhnlich und
verkam,
bis ich ihr ebenbürtig,
ja beliebig wurde.
Ob »wir« es
also gleichermaßen wollten?
Taten? Griff
sie mich an, war sie
gleich angegriffen: fetter Aal.
Zum Trauern Grund. Genug
zum Überleben.

Alle diese Krankheiten –

> *Pogoingauge*
> *Videohandgelenk*
> *Fernsehthrombose*
> *Fingerschnappkrankheit*
> *Flipperkastenschulter*
> *Discodesease*
> *Fahrradharnträufeln*
> *Jeansdermatose*
> *Schwarze Fersen*

– sind, obwohl man sie erst seit kurzem kennt, leicht heilbar und noch leichter zu vermeiden; was wohl der Grund dafür ist, daß sie nun »mit Riesenschritten *die zivilisierte Welt* erobern«. Man höre also, raten die Verwaiser, mit dem Spielen auf; ja, mit dem Spielen; und zwar sofort.

».. . zu rauchen? Schon
vor Jahren aufgehört. Ohne Rückfall
bisher. Obwohl das Bedürfnis
inzwischen viel stärker
– *da!* – ist: Lust! Lust nicht
am Rauchen. So – nein –
schon gar nicht – nichts. Aber
– immer wieder anders an der
Erinnerung die in mir die mir so
hochkommt und kommt wenn
– tja! – meine Erinnerung die
gehört mir noch gehorcht die
habe ich immer wirst lachen die gleiche
jedesmal neu nicht an das Rauchen
erinnert: an das Bedürfnis
zu rauchen . . .«, sagte sie noch.

»Ich bin«, redete sie sich ein, »die Zweck, die für den Dichter jedes Jahr 'nen Mantel macht, den gleichen jedes Jahr; 'nen neuen.« Und schon fiel sie, da sie es wirklich war, aus der Rolle, die er ihr auf den Leib geschrieben hatte. Den ganzen Rest las sie, häufig stockend, vom Blatt, bis zum Schluß, bis zu der Stelle, wo eigentlich ihre Unterschrift hätte stehen müssen. Daisy Zweck, Schneiderin. Doch der Dichter hatte ihr vor ein paar Tagen, als er, wie immer um diese Jahreszeit, sich den Wintermantel anmessen ließ, *sein* Buch mitgebracht, »Das Buch vom Sieg«. Sofort hatte sie es gelesen und deswegen sogar ihre Lektüre von »Anna Karenina« unterbrochen. Was sie daraus erfuhr, war nichts anderes als das, was sie selber schon immer gemacht und immer wieder erfahren hatte. Ja, der Dichter hatte ihr Leben, indem er es beschrieb, aufgebraucht, und sie mußte nun – wie sie es beim Lesen ohnehin gewohnt war – bloß diese und jene Stelle unterstreichen, um zu erkennen, worum es in ihrem Leben und in ihrer Arbeit wirklich ging. »Nichts anderes ist lesenswert«, hatte ihr der Dichter, bevor er ging, ins Ohr gezischt: »Nichts!« Und sie hatte ihn dafür, daß er ihr den Geist des Vertrauens gab, beim Lesen als das Helle, das Erhebende still gefeiert – als ihren Meister, ihren Mann. Daisy las, bis es tagte. Sie las sehr langsam, wobei sie jene Sätze mit dem roten Kugelschreiber unterstrich, die ihr gefielen, weil sie sie nicht verstehen konnte; Sätze, die ihr unmittelbar einleuchteten und also, was immer sie bedeuten mochten, für sie bestimmt sein und auch stimmen mußten. Daisy wunderte sich: »Ihre Eltern gehören zum ›verborgenen Volk‹, und sie kennt die Bilder, nicht nur als Beiwerk, von Anbeginn.« Zweimal, in der Mitte des Buchs, las sie: »Ihre eigenen Bilder sind die Kleider, von denen jedes einzelne seine besondere Idee hat ... Sie nimmt ihre Tätigkeit wichtiger als alle Leute, die ich kenne, bezieht ihren Stolz daraus, wie nur je ein Künstler, und ist unwirsch mit jedem, der sie dabei stört.« Und noch mehr wunderte sich Daisy, als sie auf Seite 105 unvermittelt erfuhr, daß an ihr »nichts Frauliches oder Weibliches« sei; sie unterstrich: »Daisy aber bleibt immer undurchdringlich – und erträgt auch kaum fremde Berührung. Und antwortete mir dennoch ... Frage, wozu ... bräuchte: ›Worte allein begütigen ...‹ Und auch sonst gemahnt sie an einen struppigen Bodenvogel: sie macht keine... kaum eine...« Und auf Seite 117 unterstrich die Zweck: »Daisy hatte wieder einmal mitgedacht und konnte... hatte sogar die Muster... für den Mantel bestimmt gewesen waren: ›Ich soll dir also von dem Mantel erzählen. Es fing damit an, daß ich... die große Idee... Der Mantel sollte sie leibhaftig machen. Ich... Es gab sofort Schwierigkeiten, dem... haltlosen Material die feste... Form aufzuzwingen, die ich wollte. Ich... Der Ärmel wurde fertig. Er kam mir so kostbar und schön vor, daß ich meinte, für die anderen Teile des Mantels nicht mehr dieselbe Kraft zu haben. Ich... Momente von Spannung und plötzlichem... wie eins ins andere... verlor ich den Zusammenhang... Stücke, die sich als verbindungslos... die Teile nebeneinander... keines paßte zum... Moment, wo ich auf einmal das eine Bild... fühlte ich mich körperlich schwach... unfähig. Ich... Ich sah, daß es einen Bereich des Dazwischen überall... nähte ich, ohne weiter zu überlegen... aufgeregt vor Sicherheit... jede bereits benutzte Form für die Weiterarbeit im Gedächtnis...« – Soviel verstand die Zweck: der Dichter brauchte sie; aber – Daisy wandte sich um, sie schaute zur Tür, lächelte dann – er brauchte sie nur halb, sie sollte nur zur Hälfte, genau zur Hälfte für ihn da sein, er begehrte das Unfrauliche (oder Unweibliche) an ihr; nicht ihren Körper, seinen Mantel wollte er haben: sie durfte seine Wilde sein und sich von ihm zivilisieren lassen. Und dafür mußte sie sich wohl erkenntlich zeigen. Die Zweck entschloß sich also, in der Zeit, die ihr bis zur Ablieferung des Mantels blieb, etwas zu schreiben, mit dem sie Handke ihre Dankbarkeit bezeugen konnte. »Bevor ich aber«, schrieb sie auf ein nierenförmiges, zu einem Schnittmuster gehörendes Stück Seidenpapier, »etwas schreibe, muß ich es doch erleben!« Also las sie erst mal weiter: »Sie dachte, sie werde sich damit begnügen, daraus eine Einzelheit der Ersten Art zu machen, eine Einzelheit, die nur eine unter vielen, ach viel zu vielen sein wollte; eine Einzelheit, die nicht für das Ganze zu stehen beanspruchte, geschweige denn für das Wesen des Ganzen. Dann aber gestattete sie der Einzelheit unwillkürlich, eine andere zu werden. Vor ihren Augen wandelte sich die Einzelheit von einer, die zu ihrer Gangrichtung parallel lief – ebenso wie ihre Geschichte ungestört parallel in ihrem Entwurf ablief – zu einer, die einen regelrechten Schnitt durch die Welt zog, so daß sie die Schnitt-Frau wurde, nämlich der Schnitt und die zerschnittene Sache in einem. Sie wurde zur Einzelheit, zur Welt, denn diese Einzelheit war die Welt...« Und da Daisy sich nun bereits vorgenommen hatte, einen Roman aus dem heutigen Leben zu verfassen, konnte ihr der Stoff, der in jenem »Buch vom Sieg« ausgebreitet war, nicht genügen. Was sie dort gelesen hatte, war Wirklichkeit, es war ihr Leben; jetzt aber ging es um die Kunst. Daisy wollte eine Geschichte schreiben, die kraft ihrer Schönheit wahr sein würde. Und da ihre melancholische Heldin in jedem Kapitel des Romans einen Selbstmordversuch unternehmen sollte, um dadurch, ganz am Schluß, die Liebe des von ihr angebeteten Dichters zu gewinnen, nahm die Zweck schon gleich am nächsten Tag Mäusegift, verlor das Bewußtsein, kam jedoch gegen Abend wieder zu sich und konnte nun beschreiben, was ihr widerfahren war. Wenig später sprang sie aus dem Fenster ihres Ateliers im zweiten Stock, brach sich dabei das linke Bein, wurde für einige Tage in die Klinik eingeliefert, rief sich ihren hellen, erhebenden Dichter in Erinnerung und ließ ihre Heldin aus dem zweiten Stock eines herrschaftlichen Hauses in die Tiefe springen. Überm Schreiben vernachlässigte die Zweck ihre Arbeit am Mantel des Dichters, ja sie vergaß sogar den Ablieferungstermin. Als Handke seinen Mantel vereinbarungsgemäß behändigen wollte, fand er Daisys Nähatelier verschlossen. Im »Eldorado« gegenüber erfuhr er, daß die Zweck gestern von einer Straßenbahn angefahren und tödlich verletzt worden sei.

> (Mit einem abgebrannten Streichholz kritzelte der Dichter auf die Rückseite des kleinformatigen Kassenzettels dies: »...ja, für einen, der schreibt, wäre das die beste Art und Weise, weiblich zu werden...«)

KENNST: nicht Sterne steigen
Kiel: nicht auf dem stillen
Viel: nicht auf noch ein
Rennst: blindlings rechtens Wild

Nennst: nicht was *die* erwarten
Stil: geziert zum hohen Lied
Spiel: ihr auf den Leib gereimt
Brennt: nieder jenen Dauerwald

Eben: nicht dies noch gar ver- . . .
Stehen: tiefer nahm sie's als die
Städte: licht und nichts wie

Leben: bringst ihr dieses lange
Sehen: und das Ende bei denn
Hätte: ich sie besser *nie*

Die *ungeheuerliche* Bedeutung, die Poe für uns behält und stets von neuem gewinnt, liegt nicht nur darin, daß er die juristische Wahrheitsfindung – das Verhör – als das einzig praktikable und deshalb allgemein verbindliche Kommunikations- beziehungsweise Instruktionsmodell der Zukunft erkannt hat (ein Modell, das heute in der Werbung weltweit Verwendung findet und in Form des massenmedialen Quiz bereits zur Alltagstrivialität geworden ist), sondern auch darin, daß er die Kriminal-, die Abenteuer-, die Gespenstergeschichte als erster in der Art wissenschaftlicher Versuchsanordnungen konzipiert hat, um allen Ernstes die Frage nach dem Autor – genauer: die Frage nach der Autorität des denkenden und sprechenden Menschen – zu stellen. Maelzels Schachspieler ist dafür ebenso beispielhaft wie der Stellv. Brigadegeneral John A. B. C. Smith, welch letzterer schon durch Rang und Namen als ein auktorialer Jedermann ausgewiesen ist, der stellvertretend für andere mit dem ABC umzugehen pflegt: der nurmehr als Kopf funktionierende, im übrigen aus lauter Prothesen bestehende Smith ist der Prototyp des modernen Schriftstellers, *The Man That Was Used Up*, der »Vernutzte«, wie Poe ihn bezeichnet, ein Ahne und zugleich das Vor-Bild Haupts.

> (Es gab noch eine Möglichkeit, eine einzige, um Licht in das Leben des Autors zu bringen; um seine Existenz ein wenig aufzuhellen. Ich konnte ihn persönlich aufsuchen und von ihm ohne Umschweife die Lösung des lästigen Geheimnisses erbitten. Aus seinem Mund waren jedenfalls keine Zweideutigkeiten zu erwarten. Ich würde ganz offen mit ihm reden, in eindringlichem Ton, in knapp gefaßten Worten.
>
> Es war noch früh, als ich mich melden ließ; der Autor war mit der Morgentoilette beschäftigt. Auf meine Einwendung, die Angelegenheit – ich sagte wohl: *die Sache* – sei dringend und dulde keinen Aufschub, wurde ich jedoch unverzüglich von seinem alten Sekretär, der während meines ganzen

Besuchs anwesend blieb, in das Schlafzimmer des Autors geführt.
Natürlich schaute ich mich gleich schon beim Eintreten nach John A. B. C. Smith um, der mir von einigen seiner Fernsehauftritte als gutaussehender hochgewachsener Mann in Erinnerung war, konnte ihn aber nicht entdecken. Nur ein merkwürdig anmutendes, etwas zerschlissenes Bündel – ein großes, mehrfach verschnürtes Konvolut von Manuskripten, wie ich zunächst annahm – lag dicht vor meinen Füßen auf dem Teppich, und da ich mich nicht eben in der besten Stimmung befand, räumte ich es mit einem Fußtritt aus dem Weg.
»He, Sie da! Eigenartige Höflichkeit das, ich muß schon sagen...«, ertönte es halb quieckend, halb pfeifend aus dem Bündel: »Eh – ahem!...«
Beinahe hätte ich aufgeschrien, unterdrückte aber meinen Schrecken und ließ mich schwer in den am Fußende des Bettes stehenden Sessel fallen, um – ich vermute starren Blicks und offenen Munds – des Rätsels Lösung abzuwarten...
... stellte es sich heraus, daß Smith bei einem schweren Verkehrsunfall nicht nur sämtliche Extremitäten, sondern auch Teile des Rumpfs eingebüßt hatte, so daß seine körperliche Existenzform auf die lebenswichtigen Bauch- und Brustorgane sowie auf den Kopf eingeschränkt wurde, wobei dieser ebenfalls durch erhebliche Dauerschäden gezeichnet war.
Doch für alles – selbst für den zertrümmerten Gaumen – hatte sich Smith Ersatz verschafft; zu achtzig Prozent bestand er nun [oder setzte sich zusammen] aus diversen Edelhölzern, aus rostfreiem Stahl und Porzellan – Materialien, die für die Herstellung seiner Prothesen verwendet worden waren. Seit Smiths Unfall war es die Hauptaufgabe seines Sekretärs, ihm morgens die künstlichen Glieder und

Organe zu montieren und ihn abends wieder zu zerlegen; ihn zur Ruhe zu bringen.

»Es war mir ein Vergnügen!« Mit diesen Worten wurde ich von Smith, nachdem ich seiner morgendlichen Auferstehung schweigend beigewohnt und dabei alle meine Fragen vergessen hatte, verabschiedet.

Ich bedankte mich in aller Form für seine Freundlichkeit und zog mich eilends zurück – vollkommen unterrichtet über den wahren, den wirklichen Stand der Dinge und gänzlich aufgeklärt über das Geheimnis, das mich so lange beunruhigt hatte . . .)

DASS DAS NICHTS NICHT NICHTS
sondern so – was? – wie Etwas
sei sei einerlei:

Reif fällt weil er fällig ist
und verfällt weil er gefällt.

(*Tanka;* für Shizuko Yoshikawa)

(»Natur«:)
Jedes Rätsel ist
geographischer, jedes
Geheimnis geologischer
Natur.

GANGBARE STUNDEN
weiß ich, rar, von innen:
jetzt reicht's zum Überleben. Runden
gewinnen.

Die Rampe vorm Himmel ist viel zu steil
für den Absprung: diesen Teil
des Flugs laß aus – Verstehn
heißt schwere Kraft zurück, zum Phänomen.

. . . aber wenn ich *wirklich* mal
wenn ich groß bin
aufs Abendland abfahre
(überlegt mein Sohn am Mittagstisch)
und ich sterbe dort: werde ich dann
(fragt er *mich*)
in einem abendländischen Friedhof begraben? . . .

»Seltsam, wie sehr das Leben einem selbst gehört, wenn man es erfunden hat.« (Djuna Barnes)

Venasque / Emmat / Wollishofen
Juni 1981 / Dezember 1982

Die Drucklegung von »Haupts Werk Das Leben«
wurde gefördert durch die Stadt Zürich
und den Dr. A. Bühler-Reindl-Fonds St. Gallen.

Edition Akzente
Herausgegeben von
Michael Krüger

Bettina Blumenberg
Vor Spiegeln
Erzählung

Roger Caillois
Steine

Elias Canetti
Der andere Prozeß
Kafkas Briefe an Felice

René Char
Rückkehr stromauf
Gedichte
Zweisprachige Ausgabe

Tankred Dorst
Der verbotene Garten
Fragmente über D'Annunzio

Lars Gustafsson
Eine Liebe zur Sache
Prosastücke

Dietmar Kamper
Das gefangene Einhorn
Texte aus der Zeit des Wartens

Jürgen Manthey
Wenn Blicke zeugen könnten
Eine psychohistorische Studie über das
Sehen in Literatur und Philosophie

Henri Michaux
Momente
Durchquerungen der Zeit

Czesław Miłosz
Das Zeugnis der Poesie

Oskar Pastior/Francesco Petrarca
33 Gedichte

Juan Rulfo
Der goldene Hahn
Erzählung

Schuldt
Leben und Sterben in China
111 Fabeln nach Lius Wörterbuch

Marleen Stoessel
Aura
Das vergessene Menschliche
Zu Sprache und Erfahrung
bei Walter Benjamin